本书得到中国青年政治学院出版基金资助

中/青/文/库

中国养老金体系构建研究

从宏观到微观的思考

杨　娟◎著

中国社会科学出版社

图书在版编目(CIP)数据

中国养老金体系构建研究：从宏观到微观的思考／杨娟著.—北京：中国社会科学出版社，2017.10

ISBN 978-7-5203-0035-3

Ⅰ.①中… Ⅱ.①杨… Ⅲ.①退休金—劳动制度—研究—中国
Ⅳ.①F249.213.4

中国版本图书馆CIP数据核字(2017)第054225号

出 版 人　赵剑英
责任编辑　吴丽平
责任校对　刘　娟
责任印制　李寡寡

出　　版　中国社会科学出版社
社　　址　北京鼓楼西大街甲158号
邮　　编　100720
网　　址　http://www.csspw.cn
发 行 部　010-84083685
门 市 部　010-84029450
经　　销　新华书店及其他书店

印　　刷　北京明恒达印务有限公司
装　　订　廊坊市广阳区广增装订厂
版　　次　2017年10月第1版
印　　次　2017年10月第1次印刷

开　　本　710×1000　1/16
印　　张　15.25
插　　页　2
字　　数　251千字
定　　价　65.00元

《中青文库》编辑说明

《中青文库》，是由中国青年政治学院着力打造的学术著作出版品牌。

中国青年政治学院的前身是1948年9月成立的中国共产主义青年团中央团校（简称中央团校）。为加速团干部队伍革命化、年轻化、知识化、专业化建设，提高青少年工作水平，为党培养更多的后备干部和思想政治工作专门人才，在党中央的关怀和支持下，1985年9月，国家批准成立中国青年政治学院，同时继续保留中央团校的校名，承担普通高等教育与共青团干部教育培训的双重职能。学校自成立以来，坚持"实事求是，朝气蓬勃"的优良传统和作风，坚持"质量立校、特色兴校"的办学思想，不断开拓创新，教育质量和办学水平不断提高，为国家经济、社会发展和共青团事业培养了大批高素质人才。目前，学校是由教育部和共青团中央共建的高等学校，也是共青团中央直属的唯一一所普通高等学校。学校还是教育部批准的国家大学生文化素质教育基地、全国高校创业教育实践基地，是首批"青年马克思主义者培养工程"全国研究培训基地、首批全国注册志愿者培训示范基地，是中华全国青年联合会和国际劳工组织命名的大学生KAB创业教育基地，是民政部批准的首批社会工作人才培训基地，与中央编译局共建青年政治人才培养研究基地，与国家图书馆共建国家图书馆团中央分馆，与北京市共建社会工作人才发展研究院和青少年生命教育基地。2006年接受教育部本科教学工作水平评估，评估结论为"优秀"。2012年获批为首批卓越法律人才教育培养基地。2015年中宣部批准的共青团中央中国特色社会主义理论体系研究中心落户学校。学校已建立起包括本科教育、研究生教育、留学生教育、继续教育和团干部培训等在内的多形式、多层次的教育格局。设有中国马克思主义学院、青少年工作系、社会工作学院、法学院、经济管理学院、新闻传播学院、公共管理系、中国语言文学系、外国语言文学系9个教学院系，文化基础部、外语教学研究中心、计算机教学与应用中心、体育教学中心4个教学中心（部），中央团校教育培训学院、继续教育学院、国际教育交流学院3个教育培训机构。

学校现有专业以人文社会科学为主，涵盖哲学、经济学、法学、文学、管理学、教育学6个学科门类，拥有哲学、应用经济学、法学、社会学、马克思主义理论、新闻传播学6个一级学科硕士学位授权点、1个二级学科授权点和3个类别的专业型硕士学位授权点。设有马克思主义哲学、马克思主义基本原理、外国哲学、思想政治教育、青年与国际政治、少年儿童与思想意识教育、刑法学、经济法学、诉讼法学、民商法学、国际法学、社会学、世界经济、金融学、数量经济学、新闻学、传播学、文化哲学、社会管理19个学术型硕士学位专业，法律（法学）、法律（非法学）、教育管理、学科教学（思政）、社会工作5个专业型硕士学位专业。设有思想政治教育、法学、社会工作、劳动与社会保障、社会学、经济学、财务管理、国际经济与贸易、新闻学、广播电视学、政治学与行政学、行政管理、汉语言文学和英语14个学士学位专业，其中思想政治教育、法学、社会工作、政治学与行政学为教育部特色专业；同时设有中国马克思主义研究中心、青少年研究院、共青团工作理论研究院、新农村发展研究院、中国志愿服务信息资料研究中心、青少年研究信息资料中心等科研机构。

在学校的跨越式发展中，科研工作一直作为体现学校质量和特色的重要内容而被高度重视。2002年，学校制定了教师学术著作出版基金资助条例，旨在鼓励教师的个性化研究与著述，更期之以兼具人文精神与思想智慧的精品的涌现。出版基金创设之初，有学术丛书和学术译丛两个系列，意在开掘本校资源与移译域外菁华。随着年轻教师的增加和学校科研支持力度的加大，2007年又增设了博士学位论文文库系列，用以鼓励新人，成就学术。三个系列共同构成了对教师学术研究成果的多层次支持体系。

十几年来，学校共资助教师出版学术著作百余部，内容涉及哲学、政治学、法学、社会学、经济学、文学艺术、历史学、管理学、新闻与传播等学科。学校资助出版的初具规模，激励了教师的科研热情，活跃了校内的学术气氛，也获得了很好的社会影响。在特色化办学愈益成为当下各高校发展之路的共识下，2010 年，校学术委员会将遴选出的一批学术著作，辑为《中青文库》，予以资助出版。《中青文库》第一批（15 本）、第二批（6 本）、第三批（6 本）、第四批（10 本）、第五批（13 本）陆续出版后，有效展示了学校的科研水平和实力，在学术界和社会上产生了很好的反响。本辑作为第六批共推出 9 本著作，并希冀通过这项工作的陆续展开而更加突出学校特色，形成自身的学术风格与学术品牌。

在《中青文库》的编辑、审校过程中，中国社会科学出版社的编辑人员认真负责，用力颇勤，在此一并予以感谢！

目　录

序　言

自2007年以来，老龄经济与养老金改革问题一直是笔者专注研究的领域。最初，笔者的研究重点即为非缴费型公共养老金体系的架构与可持续性分析，以及第二人口红利理论与个人账户养老金体系构建研究。随着对老龄经济与养老金改革领域的不断关注，笔者体会到关于覆盖全民的养老金体系构建研究方面还有诸多问题需要深入探讨，例如，如何从微观视角对公共养老金制度的公平性进行评价并设计尽可能体现微观公平的公共养老金制度？如何从实证角度验证第二人口红利效应？如何构建有利于实现第二人口红利效应的养老金体系？……基于以上思考，笔者申请了教育部人文社会科学规划项目：《覆盖全民的养老金体系构建研究》（项目编号：11YJA840027），本书即为该项目的最终成果。

中国老龄化速度远快于其他国家，根据联合国发布的《世界人口展望》，到2035年，中国的老年抚养比将超过50%，未来我们如何养老？这已成为当前我们必须考虑的问题。“社会养老”还是“家庭养老”？“代际赡养”还是“自我防老”？不同养老模式的经济效应有何差别？对上述问题的思考亦是对未来养老金制度体系的思考。

无论是早于19世纪末俾斯麦政府时期开始建立社会保险体系的德国，还是根据《贝弗里奇报告》构建完善三支柱养老金体系的英国，都构建了覆盖全民的公共养老保障制度。中国现有的公共养老保障制度是否能够有效应对人口老龄化的挑战？何种公共养老保障制度模式适用于老龄化的中国？缴费型的社会保险制度还是非缴费型的国民年金制度？中国碎片化的公共养老金体系该如何变革？未来中国所建立的覆盖城乡居民的社会保障体系中的基本养老保障体系的制度模式该如何选择？要回答上述问题，既要对现有公共养老保障制度安排有充分的认识，又需要对未来的制度发展提出合理的构架。本书第一章首先从各角度探讨养老金体系构建的相关理论，全面梳理中国养老金体系现状与局限性，探讨西方国家养老金体系改革对中国的启示。

第二章、第三章和第四章结合宏观视角和微观视角对中国当前公共养老金体系——城镇职工（含机关事业单位工作人员）养老金体系和城乡居民养老金体系进行分析。第二章阐述城镇职工（含机关事业单位）基本养老金体系变革、可持续性与统筹战略问题。第三章阐述城乡居民公共养老保险体系的构建过程、区域差异与可持续性问题。当前从微观视角对中国公共养老金体系所进行的研究是有限的，然而微观视角的分析一方面可以为宏观公共养老金政策的调整提供微观基础，另一方面可以为微观个体的优化选择行为提供参考，同时微观个体的最优选择行为可以进一步促进宏观养老金体系的调整。基本这一思考，本书第四章则从微观个体视角出发，分析公共养老金制度的性别影响，探讨灵活就业人员这一重要的微观主体在公共养老金体系下的最优参保选择行为。

在分析当前的公共养老金制度问题后，本书进一步探讨重构中国公共养老金体系的可能安排及该制度安排的长期可持续性。根据国内外的研究，要消除老年人口的贫困问题，同时又让大多数人能够实现老年时的财务生活独立，仅依靠公共养老保险体系是不够的，需要构建多支柱的养老金体系。根据既有研究，多支柱的养老金体系应由中央统筹的基础养老金（非缴费型公共养老金制度）与积累制的个人账户养老金构成。其中，中央统筹的基础养老金必须具有“广覆盖、低水平”的特征。但即使如此，也有必要测算该养老金制度的长期可持续性。这就需要在根据制度目标确立基础养老金待遇水平的基础上，预测长期人口发展趋势与经济发展趋势。本书第五章探讨国内外关于非缴费型公共养老金制度实践及其效果的相关研究综述，提出在中国构建普惠制公共养老金制度安排的设想，并探讨这一制度安排的长期可持续性。

随着老龄化程度的加剧，世界各国普遍开始延迟退休年龄，同时也普遍降低了基本养老金的相对水平。仅依靠第一支柱的公共养老金不足以养老，老年人养老需要第二与第三支柱养老金的支持，这亦已成为全球的共识。目前，各国的第二与第三支柱养老金制度基本是缴费确定型的制度安排，这种制度模式是典型的积累制养老金制度。构建积累制的个人账户养老金制度的主要目标是让大多数人能够通过自我的积累实现老年时的财务生活独立。这一制度安排既有利于缓解财政的养老金支出压力，又有利于解决我国一系列老龄化社会问题。同时，人口经济学的相关研究表明，有效的养老金积累机制仍然可能使老龄化的经济体获得相应的人口红利。个人账户养老金制度是否有利于老龄化中国实现人口红利效应？本书以此为研究出发点，尝试为个人账户养老金制度构建提供一个人口经济学的理论基础。本书第六章从理论与政策的角度探讨中国个人账户养老金制度构建问题。作为养老金体系的第二支柱，企业（职业）年金是对基本养老金的重要补充，也是个人账户养老金制度的重要组成部分。在明确个人账户养老金制度构建的理论基础后，本书第七章从政策实践的角度介绍了中国企业年金制度、机关事业单位职业年金制度与西方典型职业养老金计划。成熟的金融市场需要养老基金的支持，养老金（尤其是积累制个人账户养老金计划）的发展对金融市场与金融机构具有深远的影响，本书第八章即着眼于从金融视角看养老金体系的发展。

本书的学术特点与理论创新体现在以下三个方面。

第一，坚持宏观与微观相结合的视角分析中国公共养老金体系的问题。当前，或囿于数据限制，或囿于观念制约，关于中国公共养老金体系的研究往往缺乏对微观主体的关注。本书首先利用 CHARLS 微观调查数据从性别视角分析中国公共养老体系的公平性；并依据动态优化方法分析灵活就业人员最优参保年限选择问题。微观视角的分析可以为公共养老金政策的调整提供依据。

第二，跳出养老保险制度安排模式设计普惠制非缴费型的基础养老金体系。既有关于中国养老金制度安排的研究往往囿于养老保险这一现有的制度安排。本书跳出养老保险制度安排模式设计了普惠制非缴费型的基础养老金体系，并结合人口预测思想与长期经济趋势判断分析了这一制度安排的长期可持续性。尽管这一制度设计与现有制度安排有较大的差异，在重构中国养老金体系的过程中，分析其他可能的制度选择这一尝试无疑是有必要的。

第三，从老龄经济视角出发研究个人账户养老金制度构建。人口结构与经济增长的关系研究即为人口红利理论研究的范畴，这一研究从 20 世纪 90 年代才开始起步。目前，关于人口红利的研究主要是分析第一人口红利的影响，而关于老龄人口红利或第二人口红利的研究更是处于起步阶段。本书明晰了老龄化社会的人口红利效应，结合中国的长期人口发展趋势说明老龄化中国人口红利效应实现的可能性，并从第二人口红利的角度提出个人账户养老金体系的构建设想。这一视角的研究不仅说明构建积累制个人账户养老金体系的社会意义，还说明其可能的经济贡献，有利于加强各界对个人账户养老金体系发展的重视。

应该说，本书是对2007年以来笔者在老龄经济与养老金改革领域所进行的相关研究的一次大综合。构建养老金体系需要经济学、管理学、法学、社会学等多学科的视角。局限于本人的学科背景，本书更多是从经济学视角研究养老金体系构建问题。宏观与微观视角结合分析中国公共养老金体系问题是本书的特色之一，当然本书在微观角度所进行的研究是有限的，未来有必要丰富这一方面的研究。

在本书的编写过程中，清华大学养老金工作室的杨燕绥教授及各位同人提出了诸多宝贵的意见，中国社会科学院经济所的金成武副研究员对老龄人口红利模型的构建提供了重要的技术支持，吕雪丽、尚进、王嘉冰等同学亦为第八章的部分内容提供了资料支持，在此一并表示感谢！

杨娟

2016年4月18日

第一章　理论、现状与经验

第一节　养老金体系构建的理论探讨

养老金制度可以起到平滑消费、保险、减贫、再分配等功能（Barr, 2009），养老金制度安排的差异——例如，现收现付制与预先积累制养老金制度安排、缴费型与非缴费型养老金制度安排、强制性与自愿性养老金制度安排间均存在显著的差异——会影响到不同群体的福利效果，因此，养老金体制构建一直受到人们的广泛关注。

一　养老金体系构成的理论探讨

世界银行1994年的报告（《防止老年危机》）建议各国建立多支柱养老金体系，即基本养老金、与收入相联系的强制型缴费计划、自愿储蓄计划。其中的基本养老金被称为零支柱，目标即为消除老年人的绝对贫困（消费低于社区最低生活标准）；第二支柱是为覆盖群体提供的强制型储蓄计划；第三支柱是向任何希望得到补充养老金收入的个人所提供的自愿储蓄计划（Willmore, 2007）。关于养老金体系各支柱的结构与功能，Barr（2009）做出了进一步的解释：第一支柱养老金，可能是缴费型养老金也可能是税收融资的非缴费型养老金，其基本目标是减贫；第二支柱养老金，强制性的，目标是强化消费平滑；第三支柱养老金，在公司或个人层面上发展的自愿计划，需要政府监管，也许可以获得税收优惠支持，其基本目标是满足不同偏好的人员的差异性。

世界银行的三支柱养老金体系构建思想在实践与理论上均遇到了相应的挑战。Holzmann 和 Stiglitz（2001）一书从经济、政治等对三支柱思想进行了全方位的评估。在实践层面上，三支柱思想在20世纪90年代对拉美国家产生了重要影响。拉美国家于那一时期纷纷进行养老金改革，由于许多国家都是在财政紧缩的背景下改革养老金制度的，因此在世界银行倡导的“三支柱”中更偏好“第二支柱”。然而，上述改革产生了以下三方面的弊端：第一，养老金覆盖率下降；第二，“助推”了老龄人口间的贫困差距；第三，国家财政负担未能减轻（贺瑛、华蓉晖，2012）。在理论层面上，国际劳工组织指出，三支柱模式使养老金制度暴露于投资风险中（董克用、孙博，2011）。

为了纠正三支柱思想的弊端，2005 年年底世界银行出版《21 世纪的老年收入保障——养老金制度改革国际比较》一书，扩展三支柱的思想。该书提出多支柱的养老金体系由以下五个支柱组成：第一，非缴费型养老金或“零支柱”（待遇形式为国民养老金或社会养老金）；第二，与不同工资收入水平相关联，旨在发挥某种收入替代水平的缴费型“第一支柱”体系；第三，主要是个人储蓄账户式的强制性“第二支柱”；第四，多种形式但本质上强调灵活性和自由支配的自愿性“第三支柱”安排（个人和雇主发起的、待遇确定型和缴费确定型）；第五，向老年人提供的非正式的家庭内部或代际之间的资金或非资金的支持，包括医疗卫生和住房方面的支持（蔡亮、邓芸辙，2008）。世界银行于 2008 年制作了《世界银行养老金概念框架完整报告》并于 2010 年 7 月 1 日于其官网发布了该报告，该报告肯定了 2005 年提出的五支柱思想，明确了养老金体系的初始条件、核心目标、达成目标的措施以及评估标准（世界银行养老金概念框架的具体内容见表 1—1）。

表 1—1　　世界银行养老金概念框架

初始条件	Ⅰ. 沿袭的体系 无论根据绝对贫困条件还是相对于其他年龄群体，老年人的脆弱性和贫困状况都更加普遍 现存强制的或自愿的养老金体系 现存的社会保障制度 现存的家庭和社区支持水平 Ⅱ. 改革需要——比如说，当面临根据下面所列的首要与次要评估标准存在财政不可持续性、覆盖缺口、老龄化、社会经济变革等情况而需要修正现存制度 Ⅲ. 实现性环境 人口概况 宏观经济环境 机构能力 金融市场状况

续表

核心目标	避免老龄阶段的贫困风险 实现从工作到退休的消费平滑
达成目标的措施	零支柱——在财政条件允许的情况下，由政府提供资金支持的非缴费型社会救助 第一支柱——强制与收入关联的缴费，目标是替代部分退休前收入 第二支柱——强制进行的独立的投资管理的缴费确定型计划 第三支柱——采取多种形式（例如，个体储蓄；雇主发起；待遇确定型或缴费确定型）的自愿型计划 第四支柱——非正式的支持（例如家庭），其他正式的社会计划（例如健康照顾或住房供给），以及其他的个体资产（例如房屋所有权和反向抵押贷款）
首要评估标准	充足性 可支付性 可持续性 可预测性 平等性 坚固性
次要评估标准	通过以下途径对产出和增长的贡献 降低劳动力市场扭曲 对储蓄的贡献 对金融市场发展的贡献

注：译自 World Bank. 2008. *The World Bank pension conceptual framework*. World Bank pension reform primer series. Washington, DC: World Bank. http://documents.worldbank.org/curated/en/2008/09/9898950/world-bank-pension-conceptual-framework。

20 世纪 90 年代以来，中国的养老金制度亦在进行一系列的改革。关于中国养老金体系构建问题，学者们亦进行了一系列的讨论。李绍光（1998a）指出，中国的养老金制度必须同时具备收入再分配和保证储蓄这两个功能，但这两个功能不能在一个制度框架中来实现。为此，我们需要建立一个多重的复合型养老金制度。目前，中国复合型的养老金制度模式由三个层次的养老金制度组成，它们分别是：基本养老保险、企业补充养老保险和个人储蓄性养老保险（李绍光，1998b）。中国三层次养老金制度与世界银行 1994 年报告所提出的三支柱仍然有一定的区别，例如，中国目前缺乏以消除老年贫困为目标的零支柱的养老金制度安排。针对这一现状，黄劲松（2008）建议中国改革目前的养老保险制度安排，构建三支柱的养老金体系，其具体建议如下：第一层次，将现行的养老保险制度中的社会统筹基金部分独立出来，使其成为一个由中央政府直接管理的公共养老保险计划；第二层次，将现行养老保险制度中的个人账户基金部分独立出来，使其成为由政府监管、强制性的、规定缴费额的养老保险计划；第三层次，自愿的个人储蓄和个人投保，以及企业开办的职业年金计划。该文认为，以上三层次的养老保险计划可以达到将再分配功能、储蓄功能与保险功能有机地结合在一个共同养老保险制度之中的目的。笔者认为，从消除老年贫困、实现收入再分配、保证储蓄等功能的角度出发，中国目前的养老金体系有待进一步的改革。但是，是否要将多层次的养老金制度全部纳入养老保险的制度模式之中还有待进一步探讨，本书后面的讨论也将进一步阐述这一点。

二　现收现付制与预先积累制养老金制度安排的理论探讨

现收现付制（pay as you go，PAYG）与预先积累制（funding）是两种筹资模式不同的养老金制度安排。前者是一种代际转移机制，即以同一时期正在工作的一代人的缴费来支付已经退休的一代人的养老金的制度安排；后者指雇员在工作期间把一部分劳动收入交给一个基金，退休以后，该基金再以投资所得的回报向他（她）兑现当初的养老金承诺（李绍光，1998c）。一般情况下，现收现付制养老金体制下，计划参与者的养老金待遇取决于其工作时的收入状况和全部工作时间，通常其养老金以指数化生存年金的方式支付；而在预先积累制养老金体制下，计划参与者退休后能够领取的养老金数额取决于其工作期的缴费以及养老基金的投资收益，其投资收益可能为正也可能为负，在纯粹的预先积累制下，计划参与者的养老金领取额取决于其积累的金额，长寿风险将由计划参与者自己承担（Krivoshchekova et al.，2007）。

随着人口老龄化的加剧，各国所采取的养老金体系改革的一个趋势是由现收现付制转向预先积累制，至少部分地引入预先积累制。支持这一改革实践的诸多观点包括预先积累制有利于应对人口老龄化的冲击、预先积累制更有利于经济增长、更多的选择有利于提高人民的福利，等等。Barr（2002）对主张向预先积累制改革的激进派所提出的诸多观点进行了驳斥。尽管人们对现收现付制与预先积累制对一国经济增长以及该国不同群体福利影响的差异展开了热烈的讨论，但是，养老金制度安排的本质目标在于消费，为了实现这一目标，未来的产出才是关键因素。现收现付制与预先积累制仅是构成对未来产出要求权的筹资机制，从宏观经济的角度来看，二者有差别，但这种差别不应被过分夸大（Barr，2009）。

国有企业改制之前，在企业办福利的背景下，中国的养老金体系属于现收现付制的养老金体系。但随着国有企业改制，中国的养老金体系改革也由现收现付制向部分积累制转变。与此同时，国内学者也展开了关于现收现付制与预先积累制养老金制度安排的热烈讨论。李绍光（1998c）首先从再分配效应和经济增长效应角度出发对两种制度安排进行了分析与比较，得出结论认为无论是从收入再分配的角度来看，还是从经济适度增长的角度来看，现收现付制和预先积累制在功能上都是互为补充的。该文指出这一结论意味着，养老金制度改革的要点在于如何搭配现收现付制和预先积累制这两种基本的制度安排，而如何搭配又是以一个经济在其所处的特定增长阶段上和人口增长趋势之下的效率与公平的权衡，即资本积累的需要和收入分配的帕累托改进的权衡的基本考虑为标准的。费尔德斯坦（1999）针对中国的情况，从长期成本、收益、税收扭曲等角度，认为在养老金收益率能保持在 12% 的基础上，中国应该实行完全积累制。

北京大学中国经济研究中心宏观组（2000）通过一个宏观增长模型比较了现收现付制和积累制两种养老保险制度长期的差别，认为从经济增长的角度来看，积累制优于现收现付制。郑伟、孙祁祥（2003）针对伴生于国有企业改革的社会养老保险制度变迁构建了一个两期的动态生命周期模拟模型，从宏观经济、微观经济（生产者）、微观经济（消费者）、经济公平和转轨代价五个方面对制度变迁的经济效应进行了模拟量化分析。其分析的基本结论是：制度变迁将使资本量和产量增加，资本—产出比提高；利率下降，工资率上升；两类劳动者个人效用上升，养老金替代率上升；收入分配差距缩小，同时发生一定转轨代价。制度变迁在宏观经济、微观经济、经济公平等方面都将产生正面影响，但转轨代价亦属合理。即总的来看，此次中国养老保险制度变迁的经济效应是正面的。程永宏（2005）通过在职者养老负担理论模型，详细分析了现收现付制与人口老龄化的关系，认为面对未来几十年中国人口老龄化程度不断加剧的现实，现收现付制度并不会引发危机。封进（2006）通过一般均衡迭代模型，对中国城镇人口年龄结构变化和养老保险制度安排对宏观经济变量的影响做了数值模拟，评价了养老保险制度的福利效应，论证了中国养老保险制度改革应当保证一定的再分配规模，现收现付制的养老保险制度依然是当下我们应该选择的模式。何立新（2008）对1995年和2002年养老保险制度改革的收入分配效应进行了实证分析，认为2002年时社会保障缩小收入差距的作用下降了，而目前中国城镇社会保障的再分配主要依赖于代际间的收入再分配，在人口老龄化趋势加剧的情况下，保留一定的现收现付制仍有必要。

除公共养老金领域的部分积累制筹资实践外，积累制的养老金筹资模式在第二支柱职业养老金制度中被普遍采用。郑秉文、孙守纪（2008）以澳大利亚、冰岛和瑞士三国为例分析了强制性企业年金制度对金融发展的影响，认为，强制性企业年金制度能够促进储蓄率的增加，极大地提高了金融发展水平，促进了经济增长。2004年以来中国构建的企业年金制度以及2015年拟构建的机关事业单位职业养老金制度即是积累制的养老金筹资模式。但由于中国职业养老金制度发展的时间较短，其基金积累规模有限，目前鲜有研究分析这种积累制的养老金制度对中国经济的宏观影响。

三　缴费型与非缴费型养老金制度安排的理论探讨①

从养老金领取者的缴费责任角度来看，养老金制度安排可以分为缴费型（contributory）与非缴费型（non - contributory）养老金制度两类。其中，前者指养老金计划成员需要供款（缴费）并且其未来的养老金领取资格亦与其缴费责任的履行情况挂钩；后者则指养老金计划成员无缴费义务，其养老金的领取资格取决于制度的相关规定。② 一般来看，养老保险制度安排是典型的缴费型养老金制度安排，而社会救助养老金制度安排则是典型的非缴费型养老金制度安排。

从三支柱养老金体系的构建来看，零支柱即应为非缴费的社会救助养老金计划安排。尽管世界银行1994年的报告提出了零支柱，但该报告认为养老保障第一支柱可以从以下六种模式中选择：缴费型的统一待

① 本小节仅对缴费型与非缴费型养老金计划安排做简要对比，有关非缴费型养老金计划的详细讨论请参见本书第五章（非缴费型公共养老金制度研究）。

② 非缴费型养老金制度安排又分为普惠制与家计调查型两种模式。对于前者，其养老金的领取资格可能只取决于年龄、居住年限；而对于后者，其养老金领取资格还要受到家计调查结果的影响。

遇水平的养老金、缴费型的最低养老金保证，非缴费型的普惠制养老金、非缴费型的以居住时间为基础的养老金、非缴费型的事后家计调查型养老金、非缴费型的事前家计调查型养老金（社会救助型养老金）。然而，近二十年来，欧洲与拉美各国的养老金改革实践中普遍忽视了非缴费型养老金计划（Willmore，2007）。目前，各国的养老金体系中均有缴费型养老金制度的成分，但只有少数国家有普遍性的非缴费型养老金制度安排实践。①

如前所述，缴费型养老金制度安排中，领取养老金的资格取决于领取者历史的缴费状态，若一国的养老保障体系均由缴费型养老金制度构成，则会置无缴费能力的人口于养老保障制度安排之外，例如，缴费型的养老保险制度安排不利于将非正规就业人员纳入养老保障体系。因此，为了减轻老年贫困状态，越来越多的国家，尤其是发展中国家开始关注非缴费型养老金计划安排。世界银行 2005 年的报告亦进一步强调零支柱只能由非缴费型养老金计划构成（Holzmann 和 Hinz，2005）。

四　强制性与自愿性养老金制度安排的理论探讨

根据制度强制性不同，养老金制度安排可分为强制性（mandatory）和非强制性（或自愿性，voluntary）养老金制度两种类型。前者是指由法律或政策强制公民参加的养老金计划安排，目前各国的公共养老金计划以及强制性雇主养老金计划均属于此类，例如智利的 AFP、澳大利亚的超级年金、中国香港的强基金等。后者是指由雇主自愿建立的养老金计划或者是公民自愿建立的养老储蓄计划，例如美国的 401（K）计划、中国的企业年金计划以及各国第三支柱中的自愿性养老储蓄计划。

一方面，强制性养老金计划安排可以解决购买养老年金产品中所存在的逆向选择问题，以及私人机构难以解决的搭便车（free－rider）问题（Mitchell & Bodie，1996）。另一方面，做好养老保障制度安排是各

① 例如，为了解决中国 80 岁以上高龄老人养老服务的资金保障问题，中国民政部提出：有条件的地区可建立困难老人、高龄老人津贴制度。该制度的补贴人员范围为经济困难的高龄、失能等老年人。其中，经济困难的高龄老人须经县级以上民政部门核定；经济困难的失能等老年人须经县级以上医疗卫生机构鉴定（参见《财政部 民政部 全国老龄办关于建立健全经济困难的高龄 失能等老年人补贴制度的通知》）。可见，高龄津贴并非普遍性的非缴费型养老金制度。

国政府的职责之一，由于自愿性养老金计划安排往往导致个人养老金积累不足，为了避免政府在人口老龄化严重时期有过重的养老负担，也需要由政府出台相关的法律与政策强制个人参加养老金计划以补充自愿性养老金储蓄不足的问题。基于以上两个因素，各国普遍有强制性公共养老金计划实践。

传统上采用强制性职业年金计划的国家经验表明，这一制度有助于实现养老保障制度的全面覆盖（郑秉文、孙守纪，2008）。近年来，一些传统上实行自愿性雇主养老金计划的国家也有加强职业养老金计划的强制性的改革举措。例如，英国 2006 年以来养老金改革的方向是构建自动注册（auto – enrolment）的退休储蓄计划，这种自动注册机制的强制性体现为符合条件的雇主必须按时为没有参加某项合格的养老金计划的全部雇员提供合格的职业养老金并为其缴费，而雇员则有权利选择退出。自动注册的退休储蓄计划在很大程度上提高了职业养老金计划的覆盖率（王雯、李珍，2013）。尽管美国养老保障体系强调 401（K）等雇员自愿参加的养老金计划的作用，但这种实践使得美国一半以上的人口没有参加养老金计划，因此，Forman（2009）提出美国亦应实施强制且普惠的养老金计划。

五　待遇确定型与缴费确定型养老金制度安排的理论探讨

待遇确定型养老金计划与缴费确定型养老金计划主要是根据受益方式的不同而对养老金计划进行的分类。待遇确定型（defined benefit）养老金计划（以下简称 DB 计划），是指明确规定养老金待遇水平或养老金待遇发放规则的计划。这类养老金计划由计划发起人保证按计划所规定的待遇规则为计划受益人发放养老金，纯粹的 DB 计划不为受益人设立个人账户，由计划发起人承担投资风险、长寿风险等与计划相关的风险。

缴费确定型（defined contribution）养老金计划（以下简称 DC 计划），是指明确规定养老金缴费水平或缴费规则的计划。这类养老金计划由计划发起人或受益人自身按缴费规则为计划供款，计划为受益人设立个人账户以计入上述供款，计划发起人保证按缴费规则供款，但并不保证受益人的养老金待遇水平，投资风险、长寿风险等与养老金计划相关的风险均由受益人自己承担。

公共养老金计划、职业养老金计划与金融机构所开发的个人养老金计划均可区分 DB、DC 这两种类型。由于 DB 计划由计划发起人承担长寿风险，为了计划的可持续，计划发起人必须做好精算，而随着人口预期寿命的延长，DB 计划往往出现计划发起人精算的准备金不足以支付养老金的情形，造成计划发起人的财务负担过重，因此随着人口老龄化的加剧，职业养老金计划和个人养老金计划往往设计为 DC 计划或者 DB 与 DC 的混合计划。需要指出的是，DC 计划最大的缺陷就在于，DC 型养老金计划的风险完全由投保人（或受益人）承担。由此，DC 型养老金计划投保人未来的退休给付根本无法得到保障，养老金水平也有可能无法满足退休后的基本生活需要。针对这一缺陷，各国在设计公共养老金制度时，提出了伴随最低保障的 DC 型养老金计划（张初兵等，2011）。

历史上，中国的退休职工养老金制度是典型的 DB 计划。当前，中国各公共养老保障体系体现为 DB、DC 混合计划，企业年金制度往往是针对新人的 DC 计划，部分企业针对中人安排 DB 补充的养老金计划。未来，如何更好地结合 DB 与 DC 计划特征，设计能够提供一定保障水平的职业养老金计划与个人养老金计划将是养老金行业发展的方向。

第二节　中国养老金体系现状与局限性分析

中国的养老保障政策在新中国成立后随着经济发展的不同阶段而发生了巨大的变化，20 世纪末，中国基本形成了城镇职工的基本养老保障体系，21 世纪初，中国旨在建立覆盖全民的养老保障体系。目前，中国三支柱的养老金体系表现为全面覆盖的第一支柱、逐步构建的第二支柱与基本缺失的第三支柱。除三支柱尚不完善外，中国的养老保障体系在发展的过程中还存在很多局限性，例如，公共养老金制度由于具有分割性而导致了社会分配不公与劳动力流动障碍、由于个人账户未做实而产生了历史债务、由于人口老龄化趋势加剧而可能导致未来的可持续性危机、由于制度设计与女性自身的就业特征而导致性别歧视，职业养老金制度覆盖率偏低，等等。本节旨在简要地对中国养老金体系的现状进行分析，着重讨论中国养老金体系发展的局限性，本书的后续章节将详细介绍各养老金制度的历史沿革、构建过程与所存在的问题等方面的内容。

一 中国养老金体系现状分析

从20世纪90年代中期构建养老保险体系开始，中国就意欲构建多支柱的养老金体系。[①] 但是目前，中国养老金体系仍然主要由第一支柱（公共养老金体系）构成。而且，中国公共养老金体系又处于一种碎片化的制度安排状态。中国公共养老金体系主要由覆盖不同人口的城镇职工基本养老保险制度（主要覆盖城镇职工和自雇人）、机关事业单位养老保险制度与城乡居民基本养老保险制度（通过整合新型农村居民养老保险和城镇居民养老保险制度而来）构成。除这三种制度外，中国公共养老金体系还包括贫困人口最低生活保障、军人养老金、农村计生家庭养老补贴、失地农民养老保险等公共养老金制度。截至2014年年末，全国城镇职工基本养老保险的参保人数为3.41亿人，城乡居民基本养老保险的参保人数为5.01亿人。[②]

中国自2004年起建立了自愿性的企业年金制度，截至2015年年末，我国建立企业年金的企业有75454家，参与企业年金的职工高达2316.22万人。[③] 2015年年初，国务院发布的《关于机关事业单位工作人员养老保险制度改革的决定》（国发〔2015〕2号）明确要建立事业单位的职业年金制度，未来事业单位工作人员将普遍参加职业年金计划。随着国家针对企业年金税收优惠力度的加大与事业单位职业年金制度的建立，中国第二支柱养老保障体系的覆盖范围将不断扩大。

由于缺乏规范的退休规划理财产品，中国养老保险第三支柱主要体现为个人储蓄性养老保险计划，例如，劳动者购买相关商业保险公司的养老保险产品等。2013年，我国寿险责任准备金约4.4万亿元，有效保单数量1635万件，平均约每10人拥有1张保单。而2013年中，美

---

① 1997年国务院发布的《关于建立统一的企业职工养老保险制度的决定》第二条明确指出：“……贯彻基本养老保险只能保障退休人员基本生活的原则……各地区和有关部门要在国家政策指导下大力发展企业补充养老保险，同时发挥商业保险的补充作用。”

② 《2014年人力资源社会保障年度数据》，2015年2月26日发布，人力资源和社会保障部网站（http：//www.mohrss.gov.cn/SYrlzyhshbzb/zwgk/szrs/dtyjsu/201502/t20150226_152554.htm）。

③ 《2015年度全国企业年金基金业务数据摘要》，2016年3月31日发布，人力资源和社会保障部网站（http：//www.mohrss.gov.cn/SYrlzyhshbzb/ldbk/shehuibaozhang/jijinjiandu/201603/t20160331_236972.html）。

国个人退休账户（IRA）总资产达到5.7万亿美元，覆盖全美40%的家庭。[①] 可见，我国养老保障第三支柱的规模非常有限。专家学者普遍认为让商业养老保险缴费享有一定的税收优惠将能够有效地激励商业养老保险的发展（冯晓增，2008；郭振华，2010；马宁，2014，等），而递延型税收优惠是在中国特定背景下商业养老保险税收优惠的最优模式（张晶、黄本笑，2014）。李克强总理在2015年的《政府工作报告》中明确提出在2015年“推出个人税收递延型商业养老保险”，这一政策的出台将有利于我国第三支柱养老保障体系的发展。

二　中国养老金体系发展的局限性分析

通过前面的分析可以发现，中国养老保险三支柱发展的非均衡性本身就是中国养老金体系发展局限性的一大表现。除此之外，目前中国的养老金体系还存在以下的局限性。

（一）缴费型养老金制度的非公平性

前述可见，从三支柱养老金体系的构成来看，目前，中国的养老保障体系大部分由缴费型养老金制度模式构成，既无零支柱非缴费型养老金计划安排，又无完善的第三支柱个人养老储蓄计划安排。如上所述，缴费型养老金制度安排事实上是将无缴费能力的人口隔离于制度之外。由于绝大多数老年人已丧失劳动能力，属于社会的弱势群体，故在建设社会主义和谐社会的过程中应由政府保证全体老年人的基本生活。即政府所提供的最基本的养老保障制度安排不应将无缴费能力人口排除在外。尤其是当前，扩大社会养老保险覆盖范围主要是扩大城乡居民养老保险体系的覆盖范围，而这一制度的拟覆盖群体存在大量的贫困人口（没有缴费能力的人口）。如果基础养老金待遇资格继续与个人账户的缴费状态挂钩，则显然会影响养老保障制度对贫困人口的覆盖。另外，各大养老保障制度均存在财政保证基础养老金（统筹养老金）支付这一隐含的转移支付制度安排，如果贫困人口难以为养老保障制度覆盖则意味着基础养老金所涉及的财政转移支付职能是向非贫困人口转移资源，这又显然有悖于社会公平。可见，当前的社会养老保险制度安排的

① 参见熊志国《大力发展商业养老保险》，2014年9月15日，《第一财经日报》（http://www.yicai.com/news/2014/09/4018661.html），2016年4月23日访问。

消费门槛不可能满足人人有养老保障这一目标。

（二）社保经办机构执行能力的有限性

社会保险经办机构①是国家或社会对社会保险实行行政性、事业性管理的职能机构。行政性管理，指通过立法确定社会保险资金的收缴和使用办法，并对下级机构收缴资金进行监督检查。事业性管理，指具体收缴和调剂使用社会保险资金、具体支付各项资金以及具体支付各项社会保险待遇。

社会保险经办机构是社会保险制度安排的具体执行机构，其能力状态直接影响到各项社会保险计划的发展。尽管近些年来中国社保经办机构的执行能力不断提升，但是目前，无论是从绝对意义上讲还是从相对意义上讲，中国社保经办机构的执行能力都是非常有限的。从绝对意义上看，当前，社保经办机构内部存在机构形象不统一、组织体制和运营机制不顺、人力资源管理滞后、信息系统不兼容等弊端。上述问题从根本上削弱了社保经办机构的执行能力，使得经办机构难以顺利完成社会保险制度设计的具体细节。从相对意义上看，在人口老龄化、就业方式灵活化、城镇化等趋势以及“构建覆盖城乡的社会保障体系”这一政策目标的影响下，中国社保经办机构能力的需求主体的数量将倍数扩充；与此同时，改变民生的政策方向还意味着社保经办机构的服务水平（社保经办机构需求客体水平）必须不断提升。相对于社保经办机构能力需求主客体的变化趋势而言，社保经办机构的执行能力有待进一步加强。② 董尚雯（2014）亦指出，截至“十一五”期末，全国经办机构工作人员与参保人次比例达 1∶6480，尽管我国社保机构服务的人头比与国际水平基本相当（1∶5000 左右），但是因为我国的社会保险正处于高速发展的时期，除了日常的社会保险业务外，还面临很多新政策、突发事件和个性需求，整体看，社保经办机构人均工作量超负荷且不均衡。社会保险经办机构能力建设课题组（2008）认为社会保险经办机构能力建设应以执行能力建设为核心，并必须与国家社会保障（社会保险）体系建设目标和发展战略同步进行。

---

① 《社会保险经办机构》，2012 年 9 月 25 日访问，百度百科（http://baike.baidu.com/view/2561991.htm#ref_ ［1］_ 2561991）。

② 有关这一问题的详细讨论请参考社会保险经办机构能力建设课题组（2008）。

（三）中国公共养老保障制度安排的分割性

当前，构成中国公共养老金体系的几大制度安排尚未覆盖全部人口，但随着其不断成熟，不久的将来我们将实现人人享有基本养老保障的目标。在不同养老保障制度安排各自成熟发展的同时，我们还要注意，中国养老保险制度安排整体上具有很强的分割性，这种碎片化的制度安排难以维护社会的和谐与稳定，负面影响在不断加大。

首先，养老金公共品缺位，贫困人群没有养老金，或者养老金不足以克服贫困。碎片化的养老金制度只能属于准公共品，第一，排他性发生在制度内和制度外，前者指不同身份的人只能参加特定的养老金计划；后者指由于身份转换、改变工作单位和异地迁徙，均可能被排斥在养老金计划之外；第二，缴费年限成为获取养老金领取资格的门槛和计发待遇的依据；自然排斥了低收入和无收入人群，乃至因失业无力缴费的人群；而他们却是最需要基础养老金的人群。

其次，养老金公平性缺失，向发达地区和富裕人群倾斜，与社会保障目标背道而驰。在排他性的基础上，待遇差距违背了公共品的可比性原则，加大了国家基本养老金制度公平性缺失的程度。第一，养老统筹基金省级统筹，中国各地区经济发展水平不同，养老金因地区经济水平而产生差异，国家缺乏衡量和矫正这种差异的机制，待遇差在10%—200%；第二，由于政策不一致，筹资方法和计发基数差异很大，不同人群的养老金支付水平从不足200元到8000元以上，待遇差为40倍之多。即使在工薪阶层内，企业职工和公务员的养老金待遇差也在4倍左右。政策制定者希望通过提高底线来弥补待遇差，但是，如此巨大的待遇差很难通过这种措施来解决。

再次，养老金公共预算缺位，个人账户空账运行掩盖了财政负担和政府责任，加重了中国老龄峰值期的养老金支出负担，形成潜在的社会危机。

最后，养老金政策绩效缺失，政策复杂、机构重叠、管理成本高、效率差、携带不方便、诱发提前退休，养老金争议呈数量增加、结案难的趋势；世界上已经很难见到如此复杂和多缺陷的养老金制度了。

第三节　西方国家养老金体系改革的启示

随着人口老龄化趋势的加剧，世界各国均在进行着各种形式的养老金体系改革。人口老龄化与生育率下降两大因素要求改革效果尽可能保证养老金体系的财务可持续性（OECD，2013）。OECD（2013）将养老金体系改革的主要目标总结为以下六个关键方面。

（1）提高强制性与自愿性养老金体系的覆盖率。

（2）退休待遇的充足性。

（3）对纳税人和缴费人承诺的养老金财务可持续性与可支付性。

（4）提供鼓励人们在生命周期内尽可能长时间的工作并在工作期间尽可能储蓄的动机。

（5）具备最小化养老金体系运行成本的管理效率。

（6）退休收入来源的多元化，包括提供者的多元化（公共的与私人的），支柱体系的多元化（公共的、产业层面的与个人的），与融资方式的多元化（现收现付与基金积累）。

表1—2　　2009—2013年34个OECD国家养老金改革措施回顾

	覆盖率	充足性	可持续性	工作动机	管理效率	多元化	其他
澳大利亚	x	x	x	x	x		x
奥地利	x	x	x				x
比利时				x			
加拿大	x		x	x		x	x
智利	x	x			x	x	x
捷克共和国			x	x		x	
丹麦				x	x		
爱沙尼亚		x	x	x	x	x	
芬兰	x	x	x	x		x	
法国	x	x	x	x			x
德国		x	x	x			
希腊		x	x	x	x		
匈牙利		x	x	x		x	x

续表

	覆盖率	充足性	可持续性	工作动机	管理效率	多元化	其他
冰岛							x
爱尔兰	x		x	x		x	x
以色列	x	x				x	
意大利		x	x	x	x		
日本	x	x	x		x		x
韩国	x		x		x		
卢森堡	x		x	x			
墨西哥		x			x	x	
荷兰						x	
新西兰		x	x				x
挪威		x	x	x			
波兰	x		x	x		x	
葡萄牙	x	x	x	x		x	
斯洛伐克共和国			x		x	x	
斯洛文尼亚			x	x			
西班牙		x	x	x			
瑞典		x	x	x	x	x	
瑞士			x			x	
土耳其				x		x	x
英国	x	x	x	x	x	x	x
美国	x	x	x				

资料来源：OECD（2013），"Recent Pension Reforms and Their Distributional Impact"，in Pensions at a Glance 2013：OECD and G20 Indicators，OECD Publishing（http：//dx. doi. org/10. 1787/pension_ glance－2013－4－en）。有关各国家养老金体系改革的具体措施可参见本书附录。

表 1—2 是 OECD（2013）对其成员国近年来养老金体系改革方向的总结。美洲、欧洲、大洋洲等地区的国家养老金体系改革对我国均有一定的借鉴意义。应该说，20 世纪 90 年代中国社会保险制度的构建在很大程度上借鉴了智利等拉美国家养老金体系改革的做法，21 世纪初企业年金制度的构建在很大程度上借鉴了澳大利亚、美国等西方国家职业养老金制度发展的经验做法。公共养老保险体系起源于欧洲，当前，

西欧国家的养老金体系改革亦进行得如火如荼，本节主要分析21世纪西欧国家养老金体系改革的做法，希图为中国养老金体系构建提供参考。

当前，在人口老龄化、劳动力市场变迁以及金融市场一体化等因素的共同影响下，西欧各国都面临着养老金改革的压力（Bonoli，2003）。尽管影响老年人收入的非人口因素较多，如全球化、技术变革、个人主义以及更多的异质偏好与需求等（Bovenberg，2003），但是由老龄化这一人口趋势所带来的养老金体系的可持续性危机无疑是各国进行养老金改革的最根本动因。正是为解决养老金体系的可持续性问题，在20世纪90年代甚至更早，西欧各国就开始了旨在开源节流的养老金改革；在21世纪西欧各国又进行了一系列深化的养老金改革。在人口老龄化趋势上，中国与西欧国家面临类似的压力，而西欧针对人口老龄化所采取的改革措施无疑将为中国养老金体制改革提供重要的参考。目前，学者们从不同视角考察了近期欧洲的养老金改革，例如，Hinrichs和Aleksandrowica（2006）从劳动力市场就业结构角度考察了欧洲养老金改革；Maier et al.（2007）从生命历程政治学的视角考察了欧洲养老金改革。Grech（2013，2015）分别从可持续性和老年减贫效果的角度评估了西欧国家的养老金改革。笔者认为，针对人口老龄化趋势所采取的政策措施对中国养老金改革的借鉴意义最大，当然随着中国经济的发展与养老保障体系的完善与更具人性化的发展，西欧国家养老金改革的其他侧重点对我们也将有一定的借鉴意义。本节从老龄经济的角度出发，以德国、法国、英国三个主要西欧国家为研究对象，着重分析21世纪上述国家养老金体系改革的措施及其对中国的启示。

一　西欧养老金体系两大模式的比较

尽管西欧的一体化程度在全球是领先的，但由于西欧各国经济发展状况、历史进程、人口出生率、老龄化程度等因素存在一定的差异，各国的养老金体系仍有一定的差别。总体来看，欧洲养老金体系主要分为以下两种模式：俾斯麦模式（Bismarck System，德国、法国、意大利、瑞典等欧洲大陆国家的养老金体系）与贝弗里奇模式（Beveridge System，英国、荷兰、丹麦、瑞士等国的养老金体系）。前者以现收现付的社会养老保险为主，后者以多支柱养老金体系为主要特征。目前，西欧各国的养老金体系均由国家强制性的公共养老保险计划（第一支柱）、职业养老金计划（第二支柱）和个人自愿养老储蓄计划（第三支柱）共同构成。可见，养老金体系两大模式的区别并不在于是单一支柱还是多支柱，而主要在于第一支柱和第二支柱在养老金体系中的地位不同（Bonoli, 2003）。在俾斯麦模式国家，公共养老金支出占 GDP（国内生产总值）的比重较大，而私人部门养老金的规模较小；贝弗里奇模式国家的情况则恰好相反，公共养老金支出占其 GDP 的比重较低，而私人部门养老金的规模较大。随着西欧各国人口老龄化趋势日益严峻，其公共养老金体系的可持续性（sustainability）面临着一定的挑战，但两大模式的上述区别使得俾斯麦模式国家的政府的改革压力更大。

二　西欧各国养老金制度安排及新世纪的改革动向

20 世纪 90 年代以来，西欧各国不断进行养老金体系改革，而主要的改革趋势是构建并完善多支柱的养老金体系，尤其是引入或扩充私人养老储蓄计划（Maier et al., 2007），这一趋势亦充分体现于近年来西欧各国养老金政策的改革之中。

（一）德国养老金制度安排及其新世纪改革动向

1889 年，德国俾斯麦政府颁布《雇员养老保险法》，首次用免税政策鼓励雇主为员工缴纳养老保险费，鼓励雇主组织和工会组织管理养老保险基金，在员工退休时领取生存养老金，从此开拓了社会养老保险计划，也使得德国成为世界上最早建立强制性养老保险的国家。一直以来，在德国第一支柱的覆盖范围很广①，而且与其他国家相比其待遇水平也较高。尽管德国经济较为强劲，但德国人口老龄化的趋势比英法等西欧国家的平均趋势更为严重（图 1—1），这一人口发展趋势与高水平的养老金待遇使得未来一段时间内公共养老金支出占 GDP 的比重将不断攀升，这极有可能危及其公共养老保险体系的可持续性。在这一背景下，德国自 20 世纪 90 年代后期进行了一系列旨在降低养老金待遇水平以及严格规定退休年龄的改革；在此基础上，21 世纪以来德国又进行

① 在德国，大约 85% 的退休收入来自第一支柱。参见 Bärsch - Supan and Wilke (2005)。

了一系列养老金政策变革。

2001 年 5 月，德国颁布了《养老保险改革法案》，此次改革的主要目标是稳定公共养老金缴费率（公共养老金缴费占在职职工工资收入的比重），为达到这一目标就要求降低公共养老金水平，与此同时，通过延期征税或减税政策或者直接给予职业或个人养老金计划补贴来鼓励第二支柱和第三支柱的发展以保证未来适当的养老金待遇水平。具体的鼓励措施体现为四个方面：（1）所有的雇员和部分自雇人可根据相关规定直接获取政府的直接养老储蓄补贴以构建经政府认可的私人养老储蓄计划；（2）用于上述私人养老储蓄计划的储蓄额可作为“特别支出”享受免缴所得税的待遇；（3）养老金享受延税优惠，对养老金计划实行 EET① 的税收模式；（4）无论是雇主供款还是雇员供款，向职业养老金计划的供款可直接从工资中扣除，如果是税前供款则供款人享受上述三项优惠，如果是税后供款则供款人还可免除社会养老保险的缴费义务。

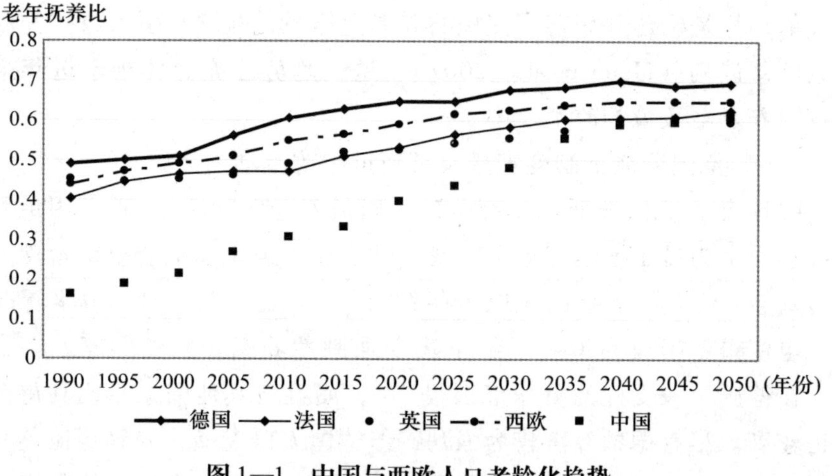

图 1—1　中国与西欧人口老龄化趋势

资料来源：Population Division of the Department of Economic and Social Affairs of the United Nations Secretariat, World Population Prospects: The 2006 Revision and World Urbanization Prospects: The 2005 Revision, http://esa. un. org/unpp。一国老年抚养比 = 该国 65 岁以上人口/15—64 岁人口。

---

① 一国政府可以选择在以下三个环节对养老金计划课税：（1）计划缴费阶段；（2）计划（主要是基金式计划）取得投资收益阶段；（3）待遇支付阶段。以字母 E 代表免税、字母 T 代表征税。EET 模式允许企业与个人从税前收入中扣除一定比例的年金缴费额，并减免养老金投资收益所得税，在领取养老金时则征收个人所得税。

2001 年的改革措施并不足以实现其改革目标，为此，2002 年德国政府成立了德国社会保险体系可持续发展委员会以进一步出台改革方案实现 2001 年的改革目标。然而，世纪之初，德国出现了高失业率与经济增长乏力并存的现象，这一经济现实可能造成养老保险体系的短期支付危机。因此，2003 年该委员会即推出了两项养老保险改革措施：第一，将“可持续因子”（sustainability factor）[①] 纳入公共养老金指数计算公式；第二，在 2030 年以前将法定退休年龄由 65 岁提高至 67 岁。第一项措施已于 2004 年春通过议会批准，可持续因子的引入使得德国的公共养老金计划进入了 DB、DC 混合制度（Bärsch - Supan，2014）；第二项措施于 2007 年立法通过[②]（Hallerberg，M，2013）。

除 2001 年、2004 年两次全面的养老金政策改革外，2005 年德国还实施了《老龄收入法案》，目标是对所有退休储蓄计划（包括现收现付的公共养老金计划）实行 EET 的税收模式。为避免税收模式调整对财政收入的过度冲击，该法案将有 35 年的过渡期。到 2040 年，德国将对所有主要的退休收入实行延期纳税模式（Fehr 和 Jess，2007）。

2001 年、2004 年、2005 年的养老金改革措施对德国养老金体系进行了较全面的改革。此后，德国政府出台的一系列养老金改革措施旨在为上述改革打补丁。例如，2014 年 5 月 23 日德国联邦议院表决通过一揽子养老金改革措施，主要包括满足一定条件的劳动者可在 63 岁提前退休、推行“母亲养老金”制度、改善劳动能力受限者养老金待遇等。[③]

如果说 2004 年的改革措施是为了在短期内有效地稳定养老金缴费率，那么 2001 年和 2005 年的措施则是通过税收与补贴政策刺激养老保障第二支柱和第三支柱的发展。随着上述改革措施的逐步实施，德国的养老金体系已经开始从俾斯麦养老保险体系转变为复杂的、可

---

① 该因子使得养老金利益不仅根据生产率的增长而调整，还能够反映全社会养老保险缴费人数与全社会养老保险金领取人数之间的相互关系和变化趋势。

② 根据 2007 年的政策，推迟法定退休年龄的措施开始于 2012 年，在该年，1947 年出生人群的法定退休年龄将增长 1 个月，出生年份每增长 1 年，退休年龄顺次推迟 1 个月。这意味着 1958 年出生的人将需要工作到 66 岁才能够退休，而到 2029 年，1964 年以后出生的所有人的法定退休年龄均将达到 67 岁这一目标年龄（Bonin，2009）。

③ 《德国议院通过一揽子养老金改革措施》，2014 年 5 月 23 日，新华网（http：//news.xinhuanet.com/world/2014 - 05/24/c_ 1110841888.htm）。

持续的多支柱体系。未来德国显然将建立完善的多支柱养老金体系，其中第一支柱的作用将逐步下降，而第二支柱、第三支柱的作用将不断加强。

（二）法国养老金制度安排及其新世纪改革动向

法国养老金体系深受俾斯麦模式影响，目前已经形成了几乎覆盖全部人口的与公共收入相关的养老金计划。但是，法国的养老金体系具有不同于大多数国家的复杂性与分割性（Blanchet，2005）。事实上，在法国活跃着上百个不同的计划以保护不同职业群体抵御老年风险。除照顾到无缴费记录人口以及低收入人口的最低养老金制度（minimum vieillesse 与 means - tested top - up）外，法国公共养老金体系由覆盖私人部门雇员的所谓一般制度（régime général）与覆盖公共部门雇员的所谓特别制度（regimes spéciaux）构成，而覆盖不同人群的两种制度安排存在显著差异。其中，覆盖私人部门的一般制度又由两部分构成：一是由雇主和雇员供款融资的与收入相关的 DB 计划；二是补充的 DC 计划（ARRCO 和 AGIRC 计划）。存在显著差异的上述计划均是强制性的，它们共同构成了 21 世纪改革前法国的养老金体系，而且上述计划均是现收现付模式。

尽管法国人口出生率较西欧大多数国家高，但是预期寿命的不断延长亦使法国面临着人口老龄化压力。为了稳定公共养老金支出占 GDP 的比重，法国于 20 世纪 90 年代进行了两次重要的养老金改革：1993 年涉及一般制度的巴拉迪尔（Balladur）改革，2003 年涉及整个公共养老金体系的拉法兰（Raffarin）改革。此后，2010 年和 2013 年法国又通过了提高最低法定退休年龄、提高缴费率和领取全额养老金的最低缴费年限的养老金改革法案。

巴拉迪尔改革仅涉及私人部门，改革的内容主要是以下三项：（1）逐步延长领取全额养老金的缴费年限，目标是到 2003 年该年限由 37.5 年提高到 40 年；（2）在替代率不变的情况下，改革养老金计算基数的计算方法①；（3）改变退休后养老金调整指数：由根据工资变化调

---

① 这一改革由两项具体措施构成：（1）养老金计算基数由以 10 年最好工资水平计算的平均工资改为以 25 年最好工资水平计算的平均工资；（2）计算平均工资时以价格指数替代工资水平作为调整指数。

整转变为根据价格变化调整。经过上述改革，未来私人部门公共养老金的待遇水平将有所下降。

巴拉迪尔改革之后，法国又于1995年和1999年提出了两份养老金改革报告，但两份报告均遭到了各工会等利益集团的抵制。为此，法国于2000年成立了养老金咨询委员会（Conseil d'Orientation des Retraites）以协调各利益集团的意见并提出新的养老金改革方案。2001年该委员会提出了新的改革报告，经过一系列协调后该改革方案于2003年经议会批准。此次改革的主要内容如下。

第一，统一公共部门和私人部门获得全额养老金的缴费年限，2008年公共部门该年限也将由37.5年提高到40年；2008—2012年，上述缴费年限将再提高一年，即到2012年获取全额养老金的缴费年限将提高到41年；此后尽可能与预期寿命建立指数联系，到2020年预计该年限将提高到41.75年。

第二，赋予退休选择更大的灵活性与自由度。限制雇主在65岁前辞退雇员；鼓励雇员在领取养老金的同时继续工作，只要总补偿费不超过雇员退休前的最后工资即可；同时，赋予退休年龄更大的灵活性，每推迟退休一年基础养老金可提高3%；此外，缴费年限不足将被扣除23.68%的基础养老金作为罚金。

第三，创立新的私人退休储蓄产品并改革现有的公司养老金储蓄计划。这一改革共创立了两个特别的储蓄工具。（1）个人退休储蓄计划（PERP），从2004年春开始所有法国国民均有权选择该计划，并可于税前向该计划供款［向该计划供款享受免税待遇，但享受免税待遇的供款额不得超过工资的10%，2004年该计划的最高免税额为23769欧元（SCOR，2005）］，此外，PERP计划的储蓄期必须超过30年，而且必须以生命年金（life annuity）的方式支付。（2）鼓励公司向雇员退休计划供款的PERCO雇主养老金计划，与ARRCO和AGIRC等现收现付模式的公司养老金计划不同，PERCO计划是基金制的DC计划。

2003年的改革表明法国也开始尝试发展基金制的补充养老保险计划，而且经过此次改革法国已经建立起三支柱的养老保障体系，其中第一支柱为强制性的养老金计划，而第二支柱和第三支柱则以补充和自愿供款计划为代表（图1—2）。应该说，面对养老金改革将导致的养老金水平的下降，以税收优惠与灵活制度安排鼓励第二支柱和第三支柱的发展也是维持民众养老金水平的重要尝试。

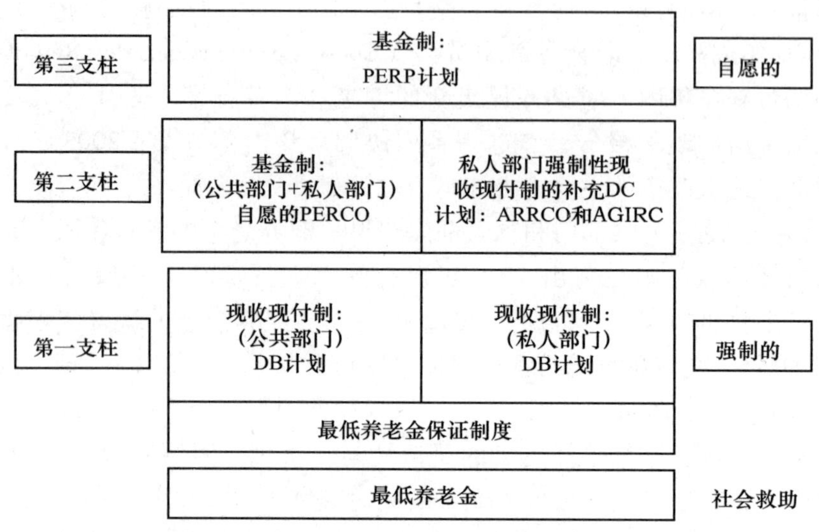

图 1—2　法国养老金体系

资料来源：笔者自行整理。

2010 年，法国政府提出将领取养老金的正常年龄从 65 岁提高到 67 岁、将最低法定退休年龄从 60 岁提高到 62 岁，这一改革法案的通过引起了法国民众的抵制并引发了一系列的罢工活动。尽管此次罢工规模与影响是法国历史上最大的，但并没有导致政府的过多妥协。① 为了控制公共财政赤字的规模，2013 年，法国议会又通过相关的养老金改革措施：（1）利用四年的时间将雇主和雇员的缴费提高 0. 3 个百分点；（2）在2035 年前，将领取全额养老金的缴费年限由 41. 5 年提高到 43 年，这一措施将影响所有 1973 年以后出生的人。②

① “2010 French Pension Reform Strikes”，2015 年 4 月 27 日访问，维基百科（http：//en. wikipedia. org/wiki/2010_ French_ pension_ reform_ strikes）。

② “France Avoids Radical Overhaul in Pension Reforms”，2013 年 8 月 27 日更新，2015 年 4 月 27 日访问，Francial Times（http：//www. ft. com/cms/s/0/a39fea58 – 0f35 – 11e3 – ae66 – 00144feabdc0. html）。

尽管法国政府历次养老金改革措施均会引起民众的强烈抵制，但法国并没有停止其养老金体系改革的步伐。究其原因，由高额福利制度所引发的公共赤字危机要求其采取必要的改革措施。而改革的方向即为提高养老金领取年龄、提高缴费率与缴费年限，同时为了补充民众的养老金水平而发展第二支柱与第三支柱养老金体系。

（三）英国养老金制度安排及其新世纪改革动向

英国于20世纪上半叶（1911—1946）建立了贝弗里奇社会保险体系，20世纪下半叶英国又就其养老保险体系进行了多次改革。[①] 到21世纪前，英国已经建立了相对成熟的多支柱养老金体系：现收现付制的公共养老金、通过雇主养老金计划所运行的基金制的退休储蓄计划以及由私人保险公司经营的个人养老储蓄合同。其中，公共养老金仅为老人提供最基本的退休收入，待遇水平远低于德法等西欧大陆国家的公共养老金水平，因此，英国公共养老金体系的可持续性问题并不似德法等国那样严重。但是，人口老龄化趋势日益严重，为了给老人提供更好的退休收入保证，21世纪英国又进行了一系列的养老金改革。

2002年4月，英国引入了国民第二养老金（the state second pension）以替代与收入相关的国民养老金体系（the state earnings - related pension scheme，SERPS），并将未能包括在SERPS中的低收入人群和一些家庭护理人员（照顾老人或孩子的人）考虑在内。2004年，英国再次出台养老金法案（pensions act），计划在2005年建立养老金保障基金（pension protection fund，PPF），以便在雇主破产或养老金计划资金不足时，退休人员的养老金给付仍能获得补偿；此外，根据该法案还将成立财务补助制度（financial assistance scheme，FAS），以帮助到达退休年龄但不适用PPF制度的人员。

为了应对不断加剧的老龄化趋势，建立一个具有可支付性（affordable）和可持续性（sustainable）的养老金体系以满足人们的需要，鼓

① 1948年引入基本国家养老金（BSP），1961年引入分等级的退休福利制度（GRB），1974年改变养老金水平调整指数，1978年引入替代GRB的与收入相关的国民养老金体系（SERPS）并引入家庭责任保障制度（HRP），1995年实施养老金法案（Pensions Act）。更详细的信息请参见DWP（2006）。

励人们为退休生活做储蓄，英国政府于2002年10月建立了一个独立的养老金委员会以规划未来的养老金改革（DWP，2006）。2006年5月，英国政府工作和养老金部（Department for Work and Pensions，DWP）发布了第一份养老金白皮书（Security in Retirement：Towards a New Pensions System），该白皮书总结了养老金委员会对未来几十年英国养老金体系变革所提出的一系列改革计划。这些计划主要体现在以下五个方面：（1）到2012年，建立一个新的个人账户体系，以能够提供高质量、低成本的储蓄工具；（2）为使得个人账户体系有效，政府将改革国民养老金以使它们更加简单，并争取通过建立基本国民养老金与平均收入间的联系来保证养老金领取人分享国家繁荣；（3）从2010年开始，将使国民养老金更加公平并具有更广泛的可得性；（4）支持并鼓励延长工作年限；（5）简化管制环境。

2006年10月开始，英国政府分阶段提出一系列养老金法案草案，以为长期（未来四十年）的养老金改革措施提供法律依据。2007年7月，经批准的养老金法案（Pensions Act 2007）已使国民养老金体系改革的部分内容立法生效，其中所涉及的改革措施主要是在未来几年使得英国国民养老金体系更加慷慨（generous），对妇女和家庭护理人员更加公平，并且具有更广泛的可得性；同时，该法案还创立了个人账户指导机构（Personal Accounts Delivery Authority），以提供关于新的、简化的、低成本的养老金储蓄工具的咨询。①

2006年12月，英国政府又发布了第二份养老金白皮书（Persional Account：A New Way to Save），该白皮书首次提出通过雇主和政府供款为中低收入者提供构建私人养老金储蓄的机会。2008年11月上述内容已经立法（the Pensions Act 2008）批准。2008年养老金法案主要针对未进入雇主养老金计划的22岁至退休年龄间的中低收入人群，拟为这一人群提供一个低成本的私人养老金计划，具体措施如下：（1）年收入5035英镑到33540英镑的雇员用其收入的4%供款；（2）雇主最低匹配同等收入的3%；（3）额外的1%将以正常税收减免的形式向个人

① “Pensions and ageing society”，2008年6月20日访问，英国劳动和养老金部（http：//www. dwp. gov. uk/pensionsreform/）。

账户供款；（4）雇员自动进入[①]能够满足最低标准的新个人账户养老金计划或者其雇主所安排的职业养老金计划。需要说明以下几点：第一，雇员可以不参加该计划，在这种情况下，雇主不再供款（一旦雇员自己不供款，雇主也无须向其账户供款）；第二，非雇员（包括自我雇佣和非工作者）能够选择参加该计划；第三，禁止转让计划权益；第四，该计划受个人账户指导机构的监督。

英国2011年的养老金法案（Pensions Act 2011）又对其养老金制度进行了一系列调整，该法案不仅进一步提高了男女的可以领取国民年金的初始年龄（pensionable age），还进一步完善了2008年养老金法案所提出的自动进入机制（或自动注册制，automatic enrolment）。[②]

根据2008年和2011年养老金法案，从2012年10月开始，所有符合资格的雇员[③]都将自动进入一个合格的工作场所养老金计划。

随着预期寿命加速提高，自20世纪70年代开始，英国雇主们逐步退出职业养老金计划；而20世纪90年代随着预期高涨的股票市场的终结，职业养老金成本更高，职业养老金计划进一步萎缩。随着这一趋势的继续，2004年覆盖于开放的私人部门职业养老金体系的成员比2000年减少了200万人（DWP，2006）。另外，英国公共养老金的待遇水平较低，2000年后基本国民养老金替代率不高于20%（Disney and Emmerson，2005）。在第一支柱保障水平有限而第二支柱不断萎缩的背景下，英国出台自动进入制来激励第二支柱的发展。2008年和2011年养老金法案有效提高了第二支柱的覆盖人数，2013年参加工作场所养老金计划的雇员比例达到50%，这一数据在1997年是55%，而在2012年仅为47%（图1—3）。通过上面的介绍，我们可以发现灵活的制度安排和税收优惠亦是英国鼓励第二支柱发展的重要措施。

① 只要雇员没有提出退出此类计划或采取相应措施表明退出此类计划，就表明雇员属于该计划成员。

② “Pensions Act 2011”，2015年4月28日访问，Her Majesty’s Stationery Office（http://www.legislation.gov.uk/ukpga/2011/19/section/3/enacted）。

③ 年龄介于22岁到国民养老金初始领取年龄，年收入超过8105英镑（从2013年4月起是9440英镑），并且未参加任何工作场所养老金计划（workplace pension scheme）的全体雇员。

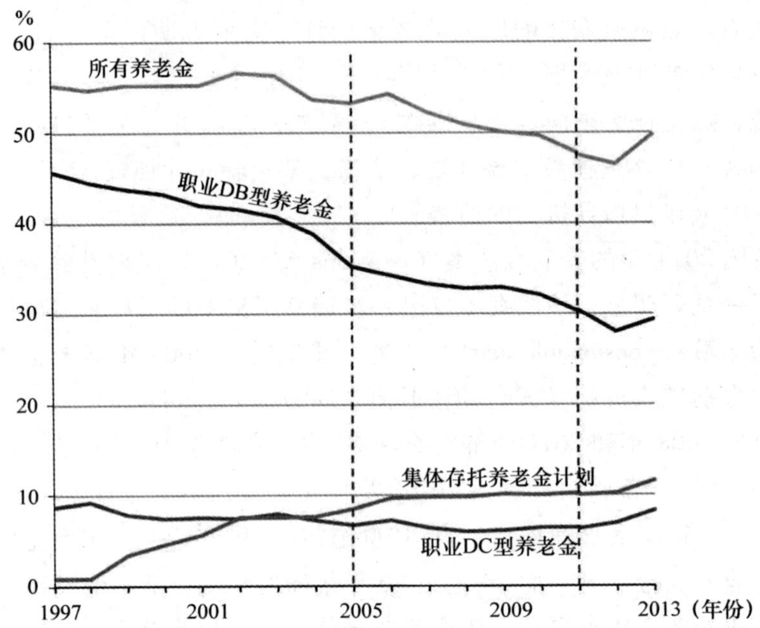

图1—3　1997—2013年参加工作场所养老金的雇员比例：根据养老金类型

资料来源："2013 Annual Survey of Hours and Earnings: Summary of Pension Results"，第4页，英国国家统计局统计公告（http://www.ons.gov.uk/ons/rel/ashe/annual - survey - of - hours - and - earnings - pension - tables/2013 - provisional - results/stb - - 2013 - annual - survey - of - hours - and - earnings - - summary - of - pensions - results.html）。

三　西欧养老金改革及其对中国的启示

（一）从人口老龄化视角看西欧养老金体系改革方向

我们将德、法、英三国新世纪养老金改革的措施整理为表1—3。通过比较可以发现，新世纪德、法、英等西欧国家养老金体系改革措施主要体现在以下两个方面：第一，提高公共养老保险缴费年限并推迟退休年龄或提高公共养老金的初始领取年龄[①]；第二，以税收优惠与灵活制度安排鼓励第二支柱与第三支柱的发展。应该说，前者是为维持老龄化背景下现收现付式公共养老金体系可持续性的必然选择；后者则是在第

① 因为英国允许人们在申请国民年金后继续工作，所以在英国不存在退休年龄这个概念，为了表述的简化，下面不区分退休年龄与养老金初始领取年龄。

一支柱所提供的养老金待遇水平有限甚至下降的情况下，保证老年人收入水平的重要措施。可以说，人口老龄化不仅影响了西欧各国养老金体系中三支柱的地位，还直接影响了养老金的支付模式，这使得预先积累的基金制成为改革第二支柱与第三支柱的重要方向。

表1—3　　**德、法、英三国新世纪养老金改革措施**

改革内容	改革国家与改革时间
提高缴费年限	德国（2004年）、法国（2003年、2013年）
鼓励推迟退休年龄	德国（2011年）、法国（2003年、2010年）、英国（2007年）
创新第二支柱与第三支柱账户系统的灵活制度安排	德国（2001年）、法国（2003年）、英国（2008年、2011年）
针对第二支柱与第三支柱养老金计划的优惠税制安排	德国（2001年、2005年）、法国（2003年）、英国（2008年）

事实上，无论是现收现付制还是预先积累制，养老金体系都是一种代际转移机制，因为实现养老金权利的资源必须是同时代所生产的（Myles 和 Pierson，2001）；但是，不同养老金体系所带来的转移支付效果不同，对不同社会成员福利水平的影响不同，因此老龄化对不同支付模式的养老金体系所带来的支付危机程度亦不相同。现收现付模式需要当前年轻人缴费供养当前的老人，当老年抚养比居高不下时，年轻人的供款压力会很大，这不仅对年轻一代不公平而且极有可能引起年轻一代的反抗。相对而言，预先积累制下老年人将预先积累的养老金用于养老安排，这从资金分配上体现了一定的代际公平。当然，预先积累制意味着有积累能力的老人将生活得更好，而社会上难免存在由于疾病等原因出现的积累能力不足甚至无积累能力的人，因此西欧各国养老金改革过程中的第一支柱越来越偏向低收入人群，各国都已经意识到第一支柱的最主要功能是减轻贫困人口的生活压力。可以说，以现收现付模式所运作的国民养老金出现低保化趋势是一种减缓未来政治压力的正确选择。而在国民养老金低保化趋势下，发展基金制的第二支柱与第三支柱又成为保证老人养老金收入水平的重要途径。

（二）人口老龄化与中国现有养老金体系的可持续性

人口结构与社会保障有着非常密切的关系，一方面养老保障的成功实现取决于一国有劳动能力人口的经济生产能力，而人口年龄结构决定了劳动力的比重，尤其对于现收现付的社会保险体系，人口年龄结构直接决定了其社会养老保障资金的筹集。另一方面，社会人口中老龄人口又直接决定了社会养老保障的给付水平和养老保障制度的覆盖范围。因此，一国的养老保障制度安排应该根据人口年龄结构的变化进行相应的调整。

根据联合国《世界人口展望（2006）》，中国人口老龄化速度远高于西欧国家，到2040年，中国老年抚养比将接近英国水平（图1—1）。在人口结构不断老龄化的情况下，中国的公共养老金体系也面临着可持续性问题。目前，覆盖城镇职工和自雇人的企业职工基本养老金是中国公共养老金体系最主要的构成部分。但是，企业职工基本养老金计划在成立之初就由于养老保障制度改革中存在制度老人和制度中人而面临隐性债务问题，而且人口老龄化更是加重了该体系未来可能出现的养老金赤字状态（路和平、杜志农，2000；王燕等，2001；贾康等，2007）。尽管随着企业职工基本养老金的改革，其目标替代率略有上升①，但是，随着人口老龄化不断加剧，要保证公共养老金体系的可持续性，像西欧国家那样降低基本养老金待遇水平将是未来改革的可能选择。因此，在人口老龄化背景下，构建多支柱的养老保障体系应是中国未来养老保障制度发展的必然选择。

（三）中国养老金体系的发展方向展望

通过对德法英三国养老金改革措施的分析，我们发现各国均在建立并完善其多支柱的养老金体系，而在这一过程中，第一支柱的水平相对下降，西欧各国均在通过税收优惠与灵活制度安排鼓励基金制的第二支柱与第三支柱的发展。而造成这一发展趋势的重要原因是各国所出现的人口老龄化趋势。

未来几十年，中国的人口老龄化速度很快，将有与西欧人口老龄化

① 劳动和社会保障部于2005年年底下发的《完善企业职工基本养老保险制度宣传提纲》明确提出在26号文件［《关于建立统一的企业职工养老保险制度的决定》（国发〔1997〕26号）］向38号文件［《关于完善企业职工基本养老保险制度的决定》（国发〔2005〕38号）］的改革过程中，基本养老金的替代率由58.5%上升到了59.2%。

程度趋同的趋势。因此，从人口老龄化的角度出发，鼓励第二支柱与第三支柱的发展应是中国未来养老金改革的重要方向。另外，由于中国现行养老金体系的覆盖范围有限，在建立覆盖全民的社会保障体系的过程中，要保证公共养老金体系的可持续性，降低公共养老金的替代率将是一种必然选择，而建立补充养老金体系将有助于增强人们的福利水平。也就是说，在努力构建覆盖全民的社会保障体系的过程中，有必要更多地支持第二与第三养老保障支柱的发展。如上所述，西欧近年来的养老金改革尝试利用税收优惠与灵活制度安排鼓励第二与第三养老保障支柱的发展。笔者认为，中国可以进一步观察西欧国家上述改革的效果，并尝试通过税收优惠与灵活制度安排鼓励中国职业养老金计划与个人养老储蓄计划的发展。此外，我们必须充分看到，中国人民对于养老金计划的认识程度远低于西方国家，因此，要建立多支柱的养老金体系还需要加强民众的养老金意识。

整体来说，中国建立养老保险体系的时间较短，养老金体系还不够完善，存在许多需要改革的地方。在建立覆盖城乡的社会保障体系的过程中，中国的养老保障制度也将针对上述问题进行诸多改革。本节并不意图探讨更多的养老保障改革问题，仅希望西欧国家近期的养老金体系改革能够为中国未来的养老金制度安排提供一定的参考。笔者认为，这一参考的重要方向即是在发展公共养老金体系的同时，以税收优惠和灵活制度安排鼓励预先积累制的第二支柱与第三支柱的发展。

第二章　城镇职工公共养老金体系研究

第一节　城镇职工基本养老保障制度变革分析

1991年发布的《国务院关于企业职工养老保险制度改革的决定》开篇写道："我国企业职工的养老保险制度是50年代初期建立的，以后在1958年和1978年两次作了修改。"然而，真正意义上的职工养老保险制度是1991年之后逐步建立起来的。本节简要回顾中国城镇职工基本养老保险制度的变革历程。

中国的员工福利发展史可划分为三个阶段：1951—1970年劳动保险阶段；1971—1990年企业保险阶段；1991年至今多支柱社会保障阶段。与之相对应，中国城镇职工基本养老保障制度经历了从国家的劳动保险制度到企业退休养老制度再到基本养老保险制度这样三个阶段的变迁。

一　1949—1970年劳动保险制度框架下的职工养老保障安排

自新中国成立伊始，中国就开始了利用劳动保险制度保障城镇职工享有基本保障权利的制度构建过程。1949年9月30日出台的《中国人民政治协商会议共同纲领》即提出了"逐步实行劳动保险制度"这一政策方向。1951年2月26日政务院公布了《中华人民共和国劳动保险条例》（以下简称"劳动保险条例"）第十五条即是关于养老待遇的规定，条例明示："甲、男工人与男职员年满六十岁，一般工龄已满二十五年，本企业工龄已满十年者，由劳动保险基金项下按其本企业工龄的长短，付给养老补助费，其数额为本人工资百分之三十五至百分之六十，至死亡时止。如因该企业工作的需要，商得本人同意，留其继续工作时，除应得工资外，每月付给在职养老补助费，其数额为本人工资百分之十至百分之二十。乙、女工人与女职员年满五十岁，一般工龄满二十年，本企业工龄已满十年者，得享受甲款规定的养老补助费待遇。”1953年1月2日政务院又通过了《政务院关于〈中华人民共和国劳动保险条例〉若干修正的决定》，该文件不仅扩大了劳动保险制度的适用范围，并在养老待遇方面进行了增加养老补助费、放宽养老条件的修正。1956年再一次扩大了劳动保险制度的适用范围，至此，城镇职工基本为劳动保险制度所覆盖。

这一阶段的劳动保险制度在筹资模式上属于真实的保险制度，要求企业每月按职工工资总额的3%提取劳动保险费，并以此形成的劳动保险基金支付职工依据《劳动保险条例》应享受的各项劳动保险待遇。

二　1971—1990年企业退休养老制度安排

“文化大革命”期间，由于劳动保险费未能按时留存，而且这一阶段的退休退职工作基本停滞，中国企业真正的劳动保险制度无果而终。“文化大革命”结束后，为了解决老职工退休养老问题，全国人民代表大会常务委员会原则批准、1978年6月3日国务院发布了《国务院关于安置老弱病残干部的暂行办法》和《国务院关于工人退休、退职的暂行办法》，两份文件关于干部与工人退休待遇方面的规定基本一致，新中国成立后参加革命工作的退休费根据工龄等因素的不同分别为个人工资的60%—75%不等，新中国成立前参加革命工作的，为个人工资的80%或者90%。

称这一阶段是“企业退休养老制度”的一个原因还在于此时企业职工的退休金均由企业支付，列入企业营业外支付中①，体现为现收现付的原则。这一筹资原则在1978年的两份文件中亦有所体现。②

到20世纪80年代后期，随着经济体制改革的深入进行，社会保险

① 1973年5月15日财政部财企字第41号文规定有关在劳动保险基金项下支付的各项费用改在企业营业外支付。

② 《国务院关于安置老弱病残干部的暂行办法》规定：“发给的退休费、退职生活费，企业单位，由企业行政支付。党政机关、群众团体和事业单位，就地安置的，由原工作单位负责，易地安置的，分别由负责管理的组织、人事和县级民政部门另列预算支付。”《国务院关于工人退休、退职的暂行办法》规定：“工人的退休费、退职生活费，企业单位，由企业行政支付；党政机关、群众团体和事业单位，由退休、退职工人居住地方的县级民政部门另列预算支付。”

开始进入人们的视野。1986 年 7 月 12 日，国务院发布的《国营企业实行劳动合同制暂行规定》即规定“对劳动合同制工人退休养老实行社会保险制度”①。由于此时的养老保险制度仅适用于国有企业的劳动合同制用工，而劳动合同制用工在当时的规模是有限的，故而这一规定对于当时退休职工的养老问题基本没有影响。然而，20 世纪 90 年代初随着企业制度改革的深入进行，为降低企业成本，提高企业效益，改变企业办社会的现状，现实要求诸多社会职能从企业剥离，而职工养老保障制度改革也就随之深入开展起来。

三　1991 年至今城镇职工基本养老保险制度安排

1991 年 6 月 26 日发布的《国务院关于企业职工养老保险制度改革的决定》（国发〔1991〕33 号，以下简称“33 号文件”）规定：“随着经济的发展，逐步建立起基本养老保险与企业补充养老保险和职工个人储蓄性养老保险相结合的制度。改变养老保险完全由国家、企业包下来的办法，实行国家、企业、个人三方共同负担，职工个人也要缴纳一定的费用。”1991 年下半年开始，各省陆续出台了自身贯彻国务院 33 号文件的相应规定。到 1994 年，各省基本上建立城镇企业职工的养老保险体系。这一时期，城镇职工养老保险制度逐步成为职工的法定福利。1994 年 7 月 5 日发布的《中华人民共和国劳动法》，明确劳动者在退休时依法享受社会保险待遇；要求用人单位和劳动者必须依法参加社会保险，缴纳社会保险费；鼓励用人单位根据本单位实际情况为劳动者建立补充保险，提倡劳动者个人进行储蓄性保险。

1995 年 3 月 1 日，《关于深化企业职工养老保险制度改革的通知》，提出建立企业和个人共同负担基本养老保险费用、社会统筹与个人账户相结合的城镇基本养老保险制度。同时指出，在理顺分配关系，加快个人收入工资化、工资货币化进程的基础上，逐步提高个人缴费比例。

然而，由于区域差异较大，1991 年的 33 号文件允许各省、自治

---

① 该文件规定：“退休养老基金的来源，由企业和劳动合同制工人缴纳。退休养老金不敷使用时，国家给予适当补助。企业缴纳的退休养老基金，在缴纳所得税前列支，缴纳的数额为劳动合同制工人工资总额的 15% 左右……劳动合同制工人缴纳的退休养老基金数额为不超过本人标准工资的 3%。……退休养老基金存入银行的款项，按照城乡居民个人储蓄存款利率计息，所得利息转入退休养老基金项下。”

区、直辖市人民政府对职工养老保险所作出的具体规定在“不同地区、企业之间存在一定的差别”，1995 年，《关于深化企业职工养老保险制度改革的通知》也提出了“提高个人缴费比例的幅度，由各省、自治区、直辖市人民政府根据本地区职工工资增长等情况确定”等一系列允许存在基本养老保险政策地区差异化的规定。故而，这一时期城镇职工养老保险制度的实施细则存在较大的地区差异。

随着城镇职工基本养老保险制度的全面建立与逐步完善，统一规范各地的差异化政策成为必然。1997 年 7 月 16 日，国务院发布了《关于建立统一的企业职工养老保险制度的决定》（国发〔1997〕26 号，以下简称“26 号文件”），该文件扩大了城镇职工养老保险的覆盖范围，统一了企业与个人的缴费比例，统一了基本养老保险的待遇支付规则。具体而言，26 号文件将城镇个体劳动者纳入企业职工养老保险制度的覆盖范围；规定企业缴纳基本养老保险费（以下简称“企业缴费”）的比例，一般不得超过企业工资总额的 20%；要求将个人缴费比例提高至 8%；要求按本人缴费工资 11% 的数额为职工建立基本养老保险个人账户，个人缴费全部记入个人账户，其余部分从企业缴费中划入；明确规定城镇职工基本养老金待遇由基础养老金和个人账户养老金两部分构成，其中，基础养老金月标准为省、自治区、直辖市或地（市）上年度职工月平均工资的 20%，个人账户养老金月标准为本人账户储存额除以 120。

由于城镇职工养老保险体系在建立之初并未解决已退休老职工的养老基金问题，各地在支付退休职工养老金待遇时往往运用职工个人账户养老金的积累额，使得积累制的个人账户养老金事实上空账运营。为了解决这一问题，2005 年 12 月 3 日，国务院发布了《关于完善企业职工基本养老保险制度的决定》（国发〔2005〕38 号，以下简称“38 号文件”）。相比于 26 号文件，38 号文件做出以下规定，第一，再一次扩大了城镇职工基本养老保险的覆盖范围，使得灵活就业人员能够为该制度所覆盖；第二，要求逐步做实个人账户；第三，改革基本养老金计发办法，在保证缴费方式与缴费比例基本不变的前提下，改变了个人账户资金的记入比例，要求企业缴费全部纳入社会统筹账户，个人账户资金全部由个人缴费构成；“退休时的基础养老金月标准以当地上年度在岗职工月平均工资和本人指数化月平均缴费工资的平均值为基数，缴费每满1年发给1%。个人账户养老金月标准为个人账户储存额除以计发月数，计发月数根据职工退休时城镇人口平均预期寿命、本人退休年龄、利息等因素确定”。

2005年后，城镇职工基本养老保险制度在覆盖范围、缴费比例、计发办法等方面未进行大的变动。在实践中，城镇职工基本养老保险不断提高统筹层次，到2009年全国31个省份（自治区、直辖市）和新疆生产建设兵团已建立养老保险省级统筹制度。[①] 而为了保障流动就业人群的权益，保证参保人员跨省、自治区、直辖市（以下简称“跨省”）流动，基本养老保险关系的顺畅转移接续，2009年12月28日国务院发布了《城镇企业职工基本养老保险关系转移接续暂行办法》。2010年10月28日公布的《中华人民共和国社会保险法》进一步明确了基本养老保险待遇是公民的法定权益。随着城乡居民养老保险制度的逐步完善，为解决参保人员养老金权益跨制度衔接问题，2014年2月24日，中国人力资源和社会保障部、财政部印发了《城乡养老保险制度衔接暂行办法》（人社部发〔2014〕17号）。一系列补充性文件让城镇职工基本养老保险制度不断完善，参保人群与基金累计结存也不断增多（表2—1）。随着机关事业单位养老保险改革的全面进行，城镇职工基本养老保险的覆盖范围将进一步扩大，职工基本养老保险与居民养老保险将共同构成中国最基本的公共养老保险制度。

表2—1　　**中国城镇职工基本养老保险发展状况**

年份	年末城镇职工基本养老保险人数（万人）	年末城镇职工基本养老保险基金累计结存（亿元）	年份	年末城镇职工基本养老保险人数（万人）	年末城镇职工基本养老保险基金累计结存（亿元）
2005	17487	4041	2010	25707	15365
2006	18766	5489	2011	28391	19497
2007	20137	7391	2012	30427	23941

① 截至2008年年底，全国仅有北京、天津、吉林、黑龙江、上海、福建、江西、河南、湖南、重庆、云南、西藏、陕西、甘肃、青海、宁夏、新疆17个省区市实现了养老保险省级统筹，海南和新疆生产建设兵团出台了养老保险省级统筹办法。资料来源：《人力资源和社会保障事业发展统计公报》（2008年、2009年度），人力资源和社会保障部网站（http：//www. mohrss. gov. cn/SYrlzyhshbzb/zwgk/szrs/）。

续表

年份	年末城镇职工基本养老保险人数（万人）	年末城镇职工基本养老保险基金累计结存（亿元）	年份	年末城镇职工基本养老保险人数（万人）	年末城镇职工基本养老保险基金累计结存（亿元）
2008	21891	9931	2013	32218	28269
2009	23550	12526	2014	34115	29707

资料来源：2005—2007 年度数据来自各年度《劳动和社会保障事业发展统计公报》，2008—2013 年度数据来自《人力资源和社会保障事业发展统计公报》，2014 年度参保人数数据来自《2014 年人力资源社会保障年度数据》，基金累计结存数据由 2013 年度基金累计结存数据与《2014 年人力资源社会保障年度数据》公布的基金收入与支出数据计算而得。

第二节　机关事业单位基本养老金制度改革探讨

一直以来，机关事业单位的养老金制度与城镇职工的养老保险制度是有很大差异的，这种差异体现在计划类型、筹资模式等诸多方面，制度差异限制了两个制度覆盖人群的劳动力流动，尤其是前者向后者的流动，近年来还由于待遇水平的巨大差异而导致大家对不公平问题的思考。上述问题的存在使得人们不断思索机关事业单位的养老金改革问题，而 2015 年 1 月 14 日，中华人民共和国国务院以国发〔2015〕2 号发布的《关于机关事业单位工作人员养老保险制度改革的决定》则标志着机关事业单位基本养老金制度与城镇职工基本养老金制度的同步化，人们又将这一过程称为机关事业单位基本养老金制度并轨入职工养老保险制度。本节将沿着时间的线索厘清机关事业单位基本养老金制度发展的脉络，探讨制度改革的过程及其困境，分析当前制度的特征。

一　改革前的机关事业单位基本养老金制度

1950 年 3 月 15 日发布的《中央人民政府政务院财政经济委员会关于退休人员处理办法的通知》是新中国成立后首个关于退休的法规，该法规未区分干部和工人，对二者实行统一的退休制度。而新中国成立初期建立的劳动保险制度的覆盖范围一直未包括机关事业单位员工，从而在事实上把企业职工的退休养老制度同机关事业单位工作人员的退休养老制度分开。1955 年 12 月 29 日国务院颁布的《关于国家机关工作人员退休处理暂行办法》明确指出：“现在国家机关工作人员还不能和企业职工采取同样的办法计算工龄，国家机关和企业部门的工资标准也有差别，因此，在国家机关工作人员中还不能立即实行劳动保险条例。”该文件进一步规定了国家机关工作人员的退休年龄与退休金待遇的月标准，但从实施范围来看该文件只适用于国家及所属事业单位的工作人员。至此，国家机关工作人员退休金制度独立于企业职工的劳动保险制度。1958 年 2 月 6 日，国务院颁布的《国务院关于工人、职员退休处理的暂行规定》，再一次把干部和工人的退休统一在一个规定之中，文件中关于退休年龄和退休金待遇作了统一的规定。到 1978 年改革开放之前，尽管机关事业单位工作人员一直未如城镇职工被劳动保险制度所覆盖，但是二者的退休金在待遇水平和调整机制上并未出现显著的差异。

1978 年 6 月 2 日国务院同时颁布了《国务院关于安置老弱病残干部的暂行办法》和《国务院关于工人退休、退职的暂行办法》，两个办法再一次把机关事业单位工作人员的退休养老制度与企业职工的退休养老制度分开。1986 年，国务院下发《关于发布改革劳动制度四个规定的通知》，规定对国家机关、事业单位和社会团体在常年性岗位上招用的工人比照企业职工的退休政策规定参加社会养老保险制度，至此，机关事业单位的养老金制度主要覆盖有事业编制的机关事业单位工作人员。

1991 年 6 月 26 日发布的《国务院关于企业职工养老保险制度改革的决定》明确规定：机关、事业单位的养老保险制度改革，由人事部负责。1992 年 1 月 27 日，原人事部印发《关于机关、事业单位养老保险制度改革有关问题的通知》，该通知进一步强调了机关事业单位合同制工人的养老保险工作，但并未提出机关事业单位整体养老保险制度改革的具体办法，仅说明“人事部正在抓紧研究制定机关、事业单位养老保险制度改革的方案”。1993 年 10 月 1 日，国务院印发《事业单位工作人员工资制度改革实施办法》，该办法明确规定了离退休人员的生活待遇，明确了此次工资制度改革前离退休人员离退休费的调整办法，制定了在事业单位新的养老保险制度建立前，在此次工资制度改革后离退休人员的离退休费的暂行计算办法，即离休人员的离休费，按本人职务工资与津贴之和全额计发；退休人员的退休费，按本人职务（技术等级）工资与津贴之和的一定比例计发。

1994 年开始，云南、江苏、福建等地先后发布机关、事业单位养老保险改革的有关文件，并开展试点工作。据原人事部有关资料显示，截至 1997 年，全国 28 个省（区、市）的 1700 多个地市、县开展了试点，其中19个省（区、市）政府出台省级方案，全国参保人数超过1000万人，约占机关、事业单位人数的1/3，但是各地试点适用范围差别较大，实施细节也各不相同。①

2000年12月25日发布的《国务院关于印发完善城镇社会保障体系试点方案的通知》指出“研究制定机关事业单位职工养老保险办法”，并进一步明确“公务员（含参照国家公务员制度管理的事业单位工作人员，下同）的现行养老保险制度仍维持不变”，“已经进行机关事业单位养老保险制度改革试点的地区，要继续完善和规范”。2006年6月20日，原人社部、财政部发布了《关于印发〈关于机关事业单位离退休人员计发离退休费等问题的实施办法〉的通知》，该通知规定了2006年7月1日后离退休的人员，在养老保险制度建立前适用的离退休费计发办法，这一办法与1993年的规定基本一致，未改变以退休前工资为基数发放离退休费的基本思路。

应该说，从20世纪90年代构建社会养老保险体系以来，就开始尝试进行机关事业单位养老保险改革，然而，由于国家一直未出台有关机关事业单位养老保险制度改革的具体实施方案，机关事业单位的养老保险制度改革试点工作举步维艰，使得养老保险工作在扩面、基金征缴、清理基金拖欠、养老金社会化发放以及人员流动养老保险关系、基金转移等方面遇到了或多或少的问题（刘婷，2002）。所以，这一时期机关事业单位养老保险制度改革试点区域有限，改革进度非常缓慢，到2008年亦未形成全面的改变机关事业单位离退休制度的相关政策。

而在这一时期，中国的经济飞速发展，各部门各行业的工资均有较大的提升。由于职工基本养老保险所规定的缴费与计发规则及其待遇调整机制②与机关事业单位的制度有了显著的区别③，企业与机关事业单

① 参见财政部财政科学研究所课题组《我国事业单位养老保险制度改革研究》，《经济研究参考》2012年第52期，第4页。

② 2006年6月20日，人事部、财政部印发了《关于机关事业单位离退休人员计发离退休费等问题的实施办法》，调整了公务员和事业单位工作人员的退休费发放标准，同时明确规定“机关事业单位养老保险制度建立前，在职人员调整工资标准时，离休人员相应增加离休费，退休人员适当增加退休费”。

③ 前者属于DB与DC混合计划，退休养老待遇水平与其缴费水平、缴费年限（含视同缴费年限）、当地平均工资水平等因素密切相关，但基本脱离于其退休前的工资水平；同时城镇职工基本养老金的调整机制并不明确。而机关事业单位的退休金制度属于DB计划，退休金待遇主要取决于退休前的工资水平，并且基本上随机关事业单位在岗职工工资水平的调整而调整。

位养老金差异不断增大。1998—2005 年，月人均退休金机关超出企业的比例由 44. 18% 迅速扩大到 108. 99%；事业单位与企业人均退休金的超出比例由 37. 14% 扩大到 86. 51%。[①]

机关事业单位养老金与企业养老金的待遇差距不断增大这一现象引起群众的不满，要求缩小差距、统一制度的呼声日益高涨（张祖平，2012）。同时，由于机关事业单位养老金由单位发放，其水平受限于当地的财政能力，部分基层事业单位退休人员的退休金甚至不足以被保证足额发放；而且，由于为不同的制度所覆盖，机关事业单位与企业之间养老保险关系相互转移接续困难。[②] 这种差异化的养老金制度不仅造成了不公平，还限制了劳动力的横向流动，对其进行改革势在必行。

二　机关事业单位养老金改革过程与存在的困境

2008 年 3 月 14 日发布的《国务院关于印发事业单位工作人员养老保险制度改革试点方案的通知》，提出以山西省、上海市、浙江省、广东省、重庆市五省市试点先行，建立完善的事业单位工作人员养老保险制度。方案规定事业单位基本养老金的计发办法和城镇职工基本养老保险基本相同，与缴费相关，并建立正常调整机制，并且提出了用建立职业年金制度来提高事业单位工作人员退休后的生活水平、增强事业单位的人才竞争能力。方案也明确了“未进行试点的地区仍执行现行事业单位退休制度”。

2008 年改革试点方案出台后，五个试点省市均按照国务院规定起草了实施方案，并开展了测算工作，但由于改革范围的确定有难度，具体改革方案难以出台，各试点省市的进展均非常缓慢（财政部财政科学研究所，2012）。由于一直未出台统一的机关事业单位工作人员养老保险具体实施方案，2011 年 7 月 1 日实施的《中华人民共和国社会保险法》也仅规定“公务员和参照公务员法管理的工作人员养老保险的办法由国务院规定”。

---

① 资料来源：张祖平（2012）第 20 页。

② 2001 年 9 月 28 日，劳动和社会保障部专门发布了《关于职工在机关事业与企业流动时社会保险关系处理意见的通知》，对于职工在机关事业和企业流动时的养老问题作出了具体规定。然而，机关事业单位工作人员由于缺乏基本养老保险个人账户积累以及随着企业年金制度执行其缺乏企业年金的账户积累等因素都限制了其跨制度向企业流动的积极性。

试点改革的缓慢进程激发了学界关于机关事业单位养老保险制度改革的讨论。多数研究集中于分析改革遇阻的原因和解决办法（白重恩等，2014）。关于前者，学者普遍认为，2008 年方案未将公务员养老保险纳入改革的范畴影响改革公平，因此应实现机关、事业单位与企业联动的养老保险制度改革（成欢、蒲晓红，2009；郑秉文，2009；程恩富、黄娟，2010）。除针对改革群体的解决方案外，学者们的讨论还集中于改革涉及的制度安排方面，例如清华养老金工作室的观点认为事业单位养老金改革不应在养老保险的框架下进行（杨燕绥等，2010；杨燕绥等，2011；张芳芳、杨燕绥，2012）。马斌等（2013）认为公务员养老制度能否和事业单位一起改革、第二支柱养老保险能否真正发挥作用、养老保险改革是否会联动其他制度改革等问题，直接影响养老金制度改革的成败。

随着机关事业单位人事制度改革的深入进行，出台全国统一的机关事业单位养老保障制度方案已迫在眉睫。2013 年，国务院相关部门启动了深化养老保险制度改革顶层设计的工作，其中涉及了机关事业单位养老金制度改革的内容。① 随着顶层设计方案的逐步成熟，机关事业单位养老保险的最终改革方向成为人们关注的热点。2015 年 1 月 3 日，国务院发布了《关于机关事业单位工作人员养老保险制度改革的决定》（国发〔2015〕2 号）。该决定提出要建立职业年金制度，为了配套机关事业单位工作人员养老保险制度改革，2015 年 3 月 27 日，国务院办公厅印发了《机关事业单位职业年金办法》。

三　机关事业单位养老保险方案解读

第一，从基本原则看，本次改革明确遵循以下五个基本原则：（1）公平与效率相结合；（2）权利与义务相对应；（3）保障水平与经济发展水平相适应；（4）改革前与改革后待遇水平相衔接；（5）解决突出矛盾与保证可持续发展相促进。

第二，从覆盖群体看，本次改革“适用于按照公务员法管理的单位、参照公务员法管理的机关（单位）、事业单位及其编制内的工作人

① 参见鲁全《事业单位养老金制度改革要避免误读》，《光明日报》2014 年 7 月 4 日第 11 版。

员”。也就是说实现了机关与事业单位的联动改革，从而减轻了基于不公平视角而产生的制度实施阻碍。

第三，从制度模式看，仍然坚持“实行社会统筹与个人账户相结合的基本养老保险制度”。此次改革方案确定的机关事业单位工作人员养老保险缴费比例、缴费基数、基本养老金计发办法与城镇职工基本养老保险制度一致，从而避免了制度差异而造成的不同群体基本养老金待遇上的不公平。

第四，从基金管理看，强调“机关事业单位基本养老保险基金单独建账”。由于没有历史积累，机关事业单位养老保险制度在成立之初难以实现基金的收支平衡。如果机关事业单位基本养老保险基金与企业职工基本养老保险基金合并使用，会造成不同群体的质疑：首先，企业职工担心机关事业单位基本养老保险挤占其制度基金；其次，机关事业单位工作人员担心自身向基本养老保险制度缴费是为了缓解企业职工基本养老保险基金的不平衡问题。强调“机关事业单位基本养老保险基金单独建账”可以有效地避免上述质疑的产生。

第五，从养老金调整机制看，明确“建立基本养老金正常调整机制”，但具体的调整机制还有待制度化。此次改革明确指出“根据职工工资增长和物价变动等情况，统筹安排机关事业单位和企业退休人员的基本养老金调整，逐步建立兼顾各类人员的养老保险待遇正常调整机制”。

第六，明确了基本养老保险关系转移接续办法。国发〔2015〕2 号文件明确指出，机关事业单位“基本养老保险个人账户储存额随同转移，并以本人改革后各年度实际缴费工资为基数，按 12% 的总和转移基金，参保缴费不足 1 年的，按实际缴费月数计算转移基金。转移后基本养老保险缴费年限（含视同缴费年限）、个人账户储存额累计计算”。

第三节　城镇职工基本养老保险制度的财务可持续性分析

随着人口老龄化趋势的不断加剧，世界各国的公共养老金制度均面临可持续性危机。然而，中国城镇职工基本养老保险制度由于历史债务问题的存在，可持续性压力更大。本节将分析城镇职工基本养老保险体系的历史债务问题①，并预测老龄化中国城镇职工基本养老保险体系的可持续性问题。

一 城镇职工基本养老保险体系的历史债务问题

养老保险的历史债务指在养老保险制度下个人已经积累的需要在将来领取的养老金的权利，或者说是养老保险的个人权益。尽管World Bank（1997）表明，与世界上其他大多数进行养老保险制度转型的国家相比，中国养老保险的隐性债务比较小，用财政手段支付该隐性债务的余地相对比较大，然而国内学者的相关研究表明，2000年全国养老保险制度的历史债务总额已经超过5万亿元人民币，占当年国内生产总值的60%（王晓军、赵彤，2006）。尽管不同研究所得的债务规模不尽相同，但中国基本养老保险体系的历史债务问题显然不容忽视。若在重构基础养老金体系的过程中，不处理或不重视处理上述历史债务，则这一债务又将转化为新制度的历史债务。应该说，当前必须着力解决现有养老保险体系的历史债务问题。而要解决这一债务问题，必然需要各级政府财政出资填补历史债务，但由中央政府出资填补抑或由各地方政府自行出资填补还是由地方政府间的转移支付填补又是一个策略选择难题。

国家基本养老保险体系在前面二十几年实践过程中由于部分地方政府挪用社保基金造成了社保基金的亏空，在国家基本养老保险体系进一步改革的背景下，这种亏空如不及时填补将成为新体系的历史债务。进一步分析，我们发现地方政府挪用社保基金的行为又表现为以下两个方面：第一，在社会统筹养老基金不足以支付包括制度“老人”和制度

① 一般情况下，养老保险的历史债务应主要表现为某时点在过去制度下已经退休的“老人”和已积累了一定养老金权利的“中人”将来退休后领取的养老金数额的现值。根据现行基本养老金的筹资与支付规则，退休职工的基础养老金依据现收现付的筹资规则由企业缴费来支付，个人账户养老金由个人账户积累的资金支付。按此规则，即使20世纪90年代前没有社会养老保险制度，改革后制度“老人”与制度“中人”退休后领取的养老金也可由现收现付的社会统筹基金来支付。但是，由于历史上已退休的老人众多，新制度建立后的筹资能力有限，社会统筹基金可能不足以支付已退休职工养老金待遇，因此，如不通过财政途径填补这个缺口，必然引发养老金体系的支付困境。此节所提到的历史债务即这一问题。尽管历史债务是一种潜在债务，但如不解决可能引发未来的制度困境，因此，本节首先讨论这一问题。

"中人"在内的已退休职工养老金而地方财政又没有意愿或没有能力为社会统筹基金提供补充基金的状况下，部分地方政府动用了本应做实的个人账户基金而形成个人账户基金亏空；第二，由于社保基金监管不严，地方政府将本应专款专用的社保基金用于国家基本养老保险体系之外的事件，从而造成社保基金亏空。[①] 应该说，前者所形成的亏空仍然根源于制度转轨所形成的历史债务，因此，可以称为历史债务的衍生债务；而后者却完全是地方政府的不负责行为所造成的。

本研究认为，对于衍生债务的处理原则应该与进一步处理制度"老人"和制度"中人"的历史债务的原则相同，可由中央财政投入解决这一历史债务问题，或者由中央与地方财政共同投入解决这一问题。[②] 而后一种亏空的填补原则应与前者有本质的区别，如果由中央财政承担这一亏空，则有失地区公共性，即未出现此种亏空的地区在一定程度上承担了其他地区的亏空。本研究认为，为解决历史债务问题，应由审计部门对各地社保基金财务状况进行系统的审计，以发现其账目问题。继而，在追究有关人员责任的基础上，由地方财政一次性出资填补上述亏空。

二　老龄化中国国家基本养老保险体系的可持续性探讨

在解决了历史债务问题后，国家基本养老保险体系将有一个新的起点。然而，随着人口老龄化趋势的加剧，未来几十年，中国的国家基本养老保险体系是否也将同样面临西欧等国所面临的公共养老金体系的财务可持续性危机呢？在人口老龄化趋势上，中国的速度远快于西欧各国，到2040年中国的老年抚养比将接近英国（图1—1）。西欧各国的研究表明，如不及时进行养老金改革，其公共养老金体系的可持续性不容乐观。本研究认为，在相同的人口发展趋势下，有必要探讨中国国家

---

① 2012年审计署公布的《全国社会保障资金审计结果》指出："部分地区扩大范围支出或违规运营企业职工基本养老保险基金1.97亿元。其中：用于基层经办机构等单位工作经费1.10亿元，用于平衡县级财政预算273.81万元，用于购建基层单位办公用房等3262.23万元，委托理财5218.03万元。"

② 关于这一问题，学者们提出了不同的建议。如"用1%的GDP就可以在50年内偿清现在的养老金债务，这相当于5.6%的工资税。而向个人账户贡献总共为10.2%的工资就可以实现个人账户的全额积累，并且提供替代率为60%的养老金收入"。参见赵耀辉、徐建国（2001）。

基本养老保险体系的可持续性问题，以为未来重构基础养老金体系提供参考。

为此，本书首先基于省级管理社保基金的假设，对国家基本养老保险体系的可持续性问题进行了初步预测。[①] 本研究着重进行中国第一人口红利消失前后 20 年（2015—2034）[②] 中国各省（自治区或直辖市）城镇的养老金供求差额的初步预测。由于目前中国基本养老保险实行省级统筹，在现有体系下，要测算国家基本养老保险的长期可持续性需要测算多种数据，首先从基本养老金总需求的角度需要测算某一时期各省领取养老金的人口数以及各地区社会平均工资水平；从基本养老金总供给的角度，除需要测算社会平均工资外还需要测算同一时期各省缴纳基本养老保险费的人口数。本研究依据现有统计数据及相关政策［《完善企业职工基本养老保险制度宣传提纲》、《关于建立统一的企业职工基本养老保险制度的决定》（国发〔1997〕26 号）以及《关于完善企业职工基本养老制度的决定》（国发〔2005〕38 号）等文件］对上述数据加以测算。所依据的统计数据、预测的基本思路及预测结果如下。

（一）数据描述

1. 中国各地区各年龄人口数

根据《中国人口统计年鉴 2006》，可获得中国各地区 2005 年城镇人口年龄构成以及中国 2005 年全国分年龄性别的人口数。由于从公开的统计年鉴中仅能获得各地区 0—14 岁、15—64 岁以及 65 岁以上三个年龄段的人口数据，以及全国各年龄的人口数据（其中包括 0—14 岁、15—64 岁以及 65 岁以上三个年龄段的人口）。为了推测各地区各年龄的人口，本研究假设全国各地区人口的年龄分布与全国人口的年龄分布一致。根据这一假设，即可利用以上数据得到各地区各年龄的人口数。

① 需要说明的是，由于中国各地区经济发展不平衡，而职工的养老金待遇水平应与当地的物价水平、工资水平密切相关，因此，不可能存在全国统一的绝对养老金水平，未来全国统筹的养老保险制度安排应要求统一的缴费比率和替代率。这种制度安排就决定了各省养老金的绝对缴费水平和待遇水平由于地方经济发展情况不同而有所不同，也正由此，本研究对国家基本养老保险体系可持续性的探讨以省为单位进行。

② 蔡昉（2007）研究表明，2015 年前后，随着人口老龄化的加速，人口抚养比将停止下降并转而提高，促进当前中国经济增长的人口结构变化将使中国的第一人口红利消失很长一段时间。

2. 中国各地区人口预期寿命

根据《中国统计年鉴2004》，可获得2000年各地区人口的预期寿命①，见表2—2。

表2—2　　2000年中国各地区人口预期寿命

地区	寿命（岁）	地区	寿命（岁）	地区	寿命（岁）	地区	寿命（岁）	地区	寿命（岁）
北京	76	黑龙江	72	山东	74	重庆	72	青海	66
天津	75	上海	78	河南	72	四川	71	宁夏	70
河北	73	江苏	74	湖北	71	贵州	66	新疆	67
山西	72	浙江	75	湖南	71	云南	65		
内蒙古	70	安徽	72	广东	73	西藏	64		
辽宁	73	福建	73	广西	71	陕西	70		
吉林	73	江西	69	海南	73	甘肃	67		

注：本研究将各地区人口预期寿命进行了四舍五入处理。

3. 中国各地区从业人口数

依据1997—2006年各年《中国统计年鉴》，可获得1996—2005年中国各地区各年城镇从业人口和劳动年龄人口。根据统计年鉴，无法获得大多数年份里西藏地区的劳动年龄人口，因此，本研究在预测各地区养老金赤字时未考虑西藏地区。

4. 中国各地区社会平均工资

依据1998—2007年各年《中国统计年鉴》，可获得中国各地区1997—2006年各年社会平均工资的数据。

（二）预测思路

1. 养老金总需求预测思路

本研究所提出的养老金总需求是指各地区为实现基本养老金的政策目标替代率所需求的养老金数额，即某一年某地区基本养老金总需求为：

① 尽管随着经济发展水平的提高，人民生活水平与预测寿命不断提高，但在一定时期内，各地区人口的预期寿命相对稳定。故本研究假设各地区2000年的预期寿命即为未来35年各地区各年度的预期寿命。当然，如果经济社会稳定发展，各地区的预期寿命将有相对延长的趋势。

$$D_{it} = P_{itd} \times W_{it} \times R_{it} \quad (1)$$

其中，D_{it}表示第 t 年 i 地区的基本养老金总需求；P_{itd}表示第 t 年 i 地区领取基本养老金的总人口；W_{it}表示第 t 年 i 地区的社会平均工资；R_{it}表示国家相关政策所希望获得的基本养老金的社平工资替代率。原劳动和社会保障部于2005 年年底下发的《完善企业职工基本养老保险制度宣传提纲》明确提出基本养老金的替代率为59.2%，故本研究假设$R_{it}=59.2\%$。

通过公式（1）可知，若预测各地区基本养老金总需求，则需预测各地区某一时期的养老金领取人口和社平工资水平。本研究接下来阐述这两个数据的预测思路。

2. 基本养老金领取人口数预测思路

本研究首先做出如下假设：①60 岁为养老金的起始领取年龄；②某地的最高生存年龄为当地的预期寿命，即各地区 60 岁至预期余寿的人口为养老金领取人口。那么，采用以下递推法则可对各地养老金领取人口加以预测。

i 地区第 t 年年龄为 a 的人口数为：$P_{ait}=P_{(a-1)i(t-1)}$

i 地区第 t 年的养老金领取人口数为：$P_{itd} = \sum_{a=60}^{L_i} P_{ait}$

其中，L_i代表 i 地区的预期余寿。上述预测思路相当于假设第 t 年 a 岁的人口数等于第 $t-1$ 年第 $a-1$ 岁的人口数，各地区基本养老金的领取人口为 60 岁至预期余寿的人口。

3. 社平工资水平预测思路

由于各地区历年来职工平均工资的数据结构有较大的差异，本研究首先采用了不同的回归模型对不同地区的职工平均工资的历史数据加以拟合，进而根据所得到的估计结果对各地区社平工资加以预测。根据各地数据特征，本研究共采用了三类回归模型（非线性回归模型 $y = a + bx + cx^2$ 、非线性回归模型 $y = a + cx^2$ 、线性回归模型 $y = a + bx$ ），表2—3 分别给出了根据各回归模型所得到的估计结果。从中可以看到，各省对应的回归模型都很好地拟合了本省的历史数据（R^2都在95%以上，并且普遍在99%以上），同时，系数估计值都很显著。基于其中的估计结果，本研究依据各地区职工平均工资的历史数据，对各地区未来社平工资水平加以预测。

表 2—3　　一次或二次回归模型的 OLS 估计结果

地区	常数项	$P>\|t\|$	一次项	$P>\|t\|$	二次项	$P>\|t\|$	R^2
北京	10536.77	0.000	306.59	0.073	262.02	0.000	0.9993
天津	8935.85	0.000			198.21	0.000	0.9964
河北	5241.15	0.000	268.49	0.012	86.52	0.000	0.9986
山西	5642.72	0.000	-350.18	0.007	160.71	0.000	0.9986
内蒙古	-2606.76	0.056	2058.46	0.000			0.9850
辽宁	4358.82	0.000	633.46	0.043	89.26	0.006	0.9913
吉林	6047.65	0.000			104.12	0.000	0.9958
黑龙江	3277.53	0.000	1212.27	0.000			0.9748
上海	13439.64	0.000			265.03	0.000	0.9704
江苏	3816.00	0.001	1830.51	0.000			0.9634
浙江	9957.64	0.000			198.97	0.000	0.9610
安徽	6097.30	0.000	-435.56	0.008	161.28	0.000	0.9975
福建	6777.35	0.000	785.83	0.000	43.81	0.003	0.9974
江西	4807.67	0.000	240.71	0.059	82.77	0.000	0.9971
山东	6004.88	0.000	226.32	0.079	106.88	0.000	0.9979
河南	5105.09	0.000			115.05	0.000	0.9975
湖北	5833.60	0.000			102.08	0.000	0.9924
湖南	6115.00	0.000			120.47	0.000	0.9900
广东	8251.70	0.000	1225.44	0.000	58.77	0.001	0.9986
广西	5172.92	0.000	269.78	0.039	100.04	0.000	0.9980
海南	5746.78	0.000			103.57	0.000	0.9959
重庆	5315.77	0.000	252.56	0.015	112.20	0.000	0.9990
四川	4959.23	0.000	614.77	0.000	66.67	0.000	0.9989
贵州	4893.12	0.000	301.00	0.060	85.68	0.000	0.9960
云南	4761.40	0.000	1262.24	0.000			0.9679
西藏	6135.07	0.002	2724.62	0.000			0.9510
陕西	4726.07	0.000	494.39	0.000	70.56	0.000	0.9988
甘肃	5491.15	0.000	543.67	0.002	60.72	0.001	0.9970
青海	6125.83	0.000	807.47	0.028	78.67	0.019	0.9895
宁夏	6198.17	0.000			142.93	0.000	0.9904
新疆	4344.53	0.000	1266.30	0.000			0.9789

4. 基本养老金总供给预测思路

在本研究中，国家基本养老金供给总额是某一年度某地区国家基本养老金的收缴总额。根据国务院《关于建立统一的企业职工基本养老保险制度的决定》（国发〔1997〕26 号）和《关于完善企业职工基本养老保险制度的决定》（国发〔2005〕38 号）等文件，中国城镇职工的基本养老金由基础养老金和个人账户养老金共同构成。其中，前者是属于现收现付模式，由企业缴费所形成的统筹基金来发放；后者是属于预先积累模式，由劳动者个人缴费积累所形成的个人账户余额发放。原劳动和社会保障部于 2005 年年底下发的《完善企业职工基本养老保险制度宣传提纲》所明确提出的 59.2% 这一基本养老金的替代率事实上既考虑到了基础养老金，又考虑到了个人账户养老金。鉴于关于养老金总需求的预测考虑到了基础养老金与个人账户养老金两个方面，本研究在预测基本养老金总供给时亦考虑到基础养老金与个人账户养老金。基于此，各地区某年养老金总供给为：

$$S_{it} = P_{its} \times W_{it} \times C_{it} \tag{2}$$

其中，S_{it}表示第 t 年 i 地区的基本养老金总供给；P_{its}表示第 t 年 i 地区缴纳基本养老金的总人口；W_{it}表示第 t 年 i 地区的社会平均工资；C_{it}表示国家相关政策所规定的养老金缴费比例。原劳动和社会保障部于 2005 年年底下发的《完善企业职工基本养老保险制度宣传提纲》、国务院《关于建立统一的企业职工基本养老保险制度的决定》（国发〔1997〕26 号）和《关于完善企业职工基本养老保险制度的决定》（国发〔2005〕38 号）等文件规定：当前企业缴纳基本养老保险费的比例，一般不得超过企业工资总额的 20%，职工个人缴纳基本养老保险费的比例为个人缴费工资的 8%。基于以上规定，本研究设 $C_{it} = 28\%$。

通过公式（2）可知，如预测各地区基本养老金总供给，需要对各地区某一时期的养老金缴费人口数和社平工资水平进行预测。前面，本节已经介绍了社平工资水平的预测思路，接下来将阐述缴费人口数的预测思路。

当前，中国不断扩大基本养老金的覆盖面，本研究假设到 2015 年基本养老金将覆盖全部从业人口。在这一假设条件下，对缴费人口数的预测即转为对从业人口数的预测。在一定时期，某一经济体必然存在失业问题（最起码存在自然失业率），也就是说，不可能全体劳动年龄人口均就业，但经济稳定时的就业率波动不大。根据这一宏观经济规律，本研究首先对各年度各地区的劳动年龄（14—65 岁）人口数加以预测，进而求取各地区历史年度从业人口占劳动年龄人口的比重的算术平均数，并假设这一均值为未来年度从业人口占劳动年龄人口的比重，最后将这一比重与各地区未来各年度劳动年龄人口数的预测值相乘即可得未来各地区各年度基本养老金的缴费人口数。

各地区劳动年龄人口数的预测思路仍采用递推法，即：

i 地区第 t 年年龄为 a 的人口数为：$P_{ait} = P_{(a-1)i(t-1)}$

i 地区第 t 年的养老金缴纳人口数为：$P_{its} = \sum_{a=14}^{65} P_{ait}$

5. 养老金供求差额预测思路

各年度各地区基本养老金总供给与总需求的差额即为本部分所要预测的基本养老金供求差额，即第 t 年 i 地区的基本养老金供求差额为：$GAP_{it} = S_{it} - D_{it}$。

3. 预测结果

图 2—1、图 2—2、图 2—3 分别描述了各地区 2015—2034 年各年度基本养老金领取人口、缴费人口和社会平均工资的预测结果。图 2—4、图 2—5 进一步给出了结合上述预测结果对 2015—2034 年各地区各年度基本养老金总需求和总供给预测的结果。图 2—6 给出了 2015—2034 年各年度各地区基本养老金供求差额的预测结果。从中可以看出，除经济欠发达的西部少数民族聚居省份城镇基本养老金供求大致平衡外，中国绝大多数省份将面临城镇基本养老金供不应求的赤字局面，而且经济越发达的省份未来的养老金赤字越大。另外，当前国家基本养老保险的覆盖范围仍然有限，仅覆盖了城镇职工和自雇人，故而图 2—6 仅对城镇基本养老金供求状况进行了初步预测。而要实现“覆盖城乡居民的社会保障体系基本建立，人人享有基本生活保障”[①] 的目标，必然要逐步将基本养老保险普及全体居民。在当前政策下，居民基础养老金在很大程度上由中央政府和各级政府所提供的补贴构成。本研究认为，未来需要安排一个专门的基础养老金的专项筹资机制，否则填补基础养老金所形成的赤字将构成政府财政的一大负担。

上述测算结果亦表明，若仅实现国家基本养老保险基金的省级统筹

① 参见《党的十七大报告》。

而不进一步提高统筹层次，则省际经济与人口发展不平衡将使各省面临不同程度的养老金支付压力，发达省份的支付压力普遍大于不发达省份。上述结果进一步暗示，若不实现社保基金的全国统收统支，而仅由各省管理社保基金，再建立省间的社保调剂基金，则会出现不发达省份补贴发达省份的情况。这显然有失公平性，而且这将进一步降低落后省份建立省际社会保险调剂基金的积极性。① 因此，建立养老保险基金的全国统筹机制或重构公共养老金体系是解决国家基本养老保险体系可持续性问题的必然选择。

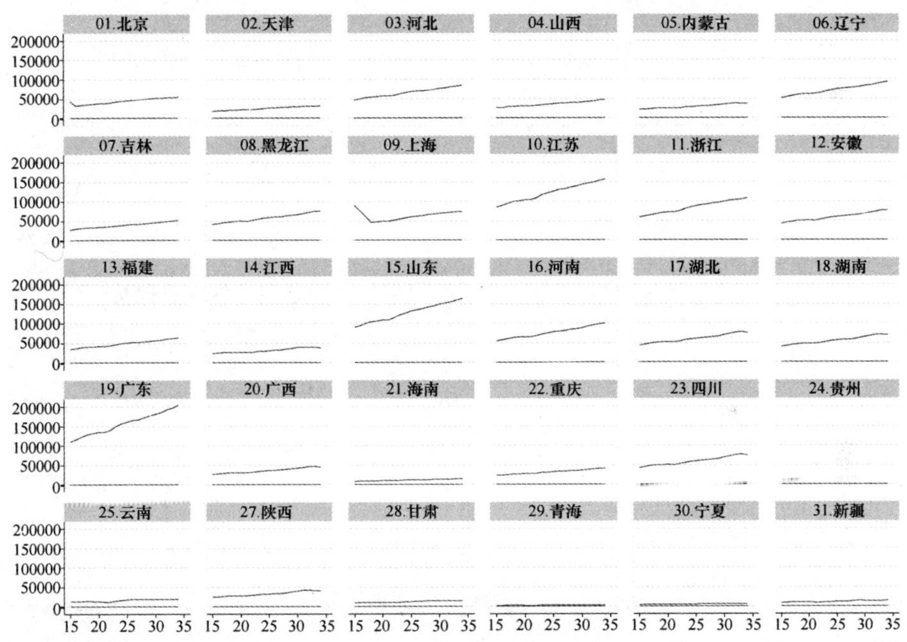

图 2—1　2015—2034 年中国各地区国家基本养老金领取人口趋势②

① 这种积极性的丧失在各省构建省级统筹体系建立省级社保调剂基金的过程中就曾出现，即省内各地区之间的交叉补贴对地方政府积极性产生了严重影响。赵耀辉、徐建国（2001）认为："如果一个县或市养老基金的盈余拿去与人分享，那么这个县或市就不会设法产生盈余。从另一方面看，如果一个县或市养老基金的赤字将会由别人负担，那么这个县或市也不会去设法消减赤字。如果本地区的养老基金将与省内其他地区合并，那么理性的选择就是在合并前花光自己的盈余甚至产生大量的赤字。做到这一点并不难，如减少收缴力度，提高养老金支付标准，批准提前退休等。"因此，不建立全国大一统的养老保险体系，而仅建立省间调剂基金仍然存在激励弊端，从而可能进一步影响国家基本养老保险体系的可持续性。

② 注：26 为西藏，由于缺乏该区域的数据，故没有测算。

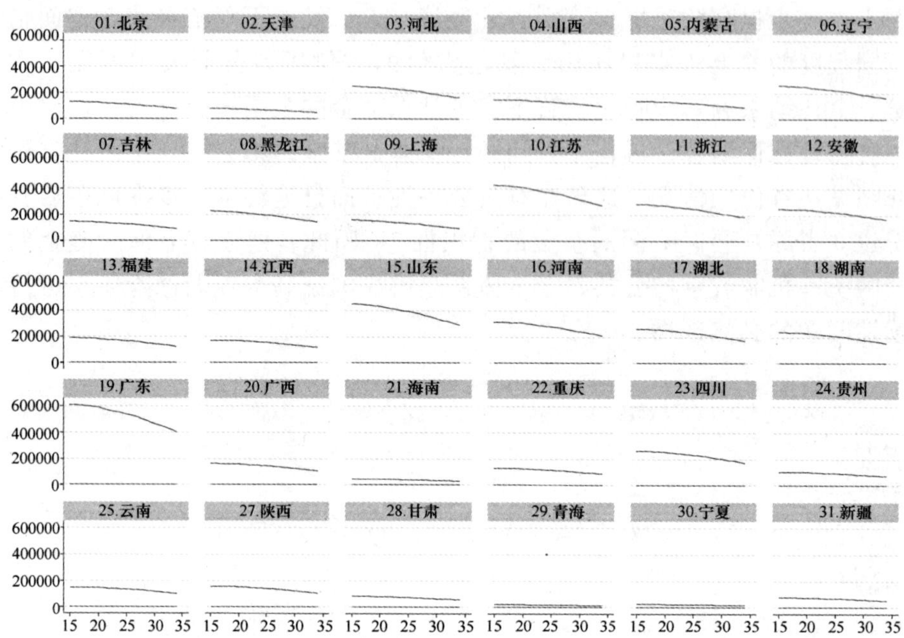

图 2—2 2015—2034 年中国各地区国家基本养老金缴纳人口趋势

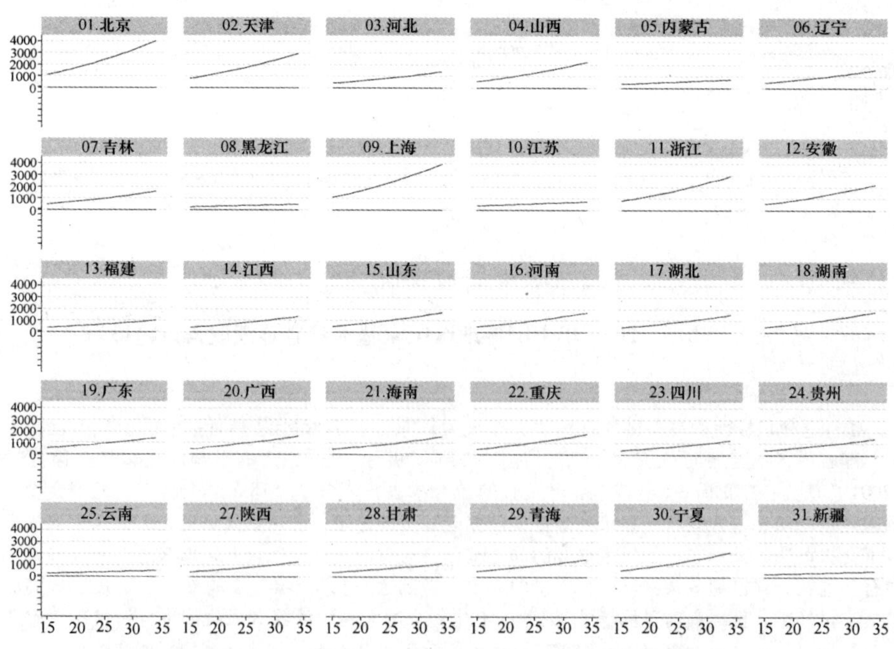

图 2—3 2015—2034 年中国各地区社会平均工资走势

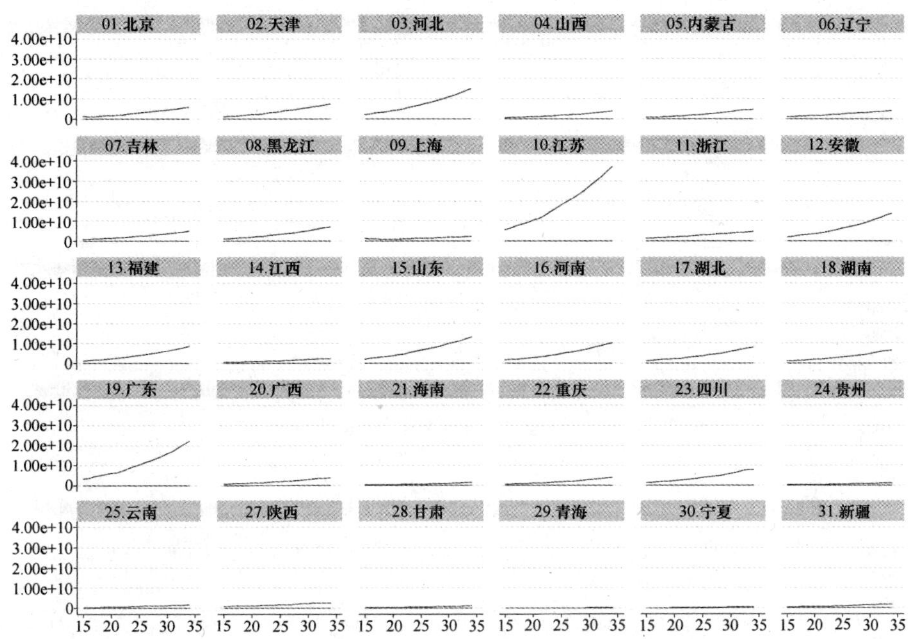

图 2—4　2015—2034 年中国各地区国家基本养老金总需求变化趋势

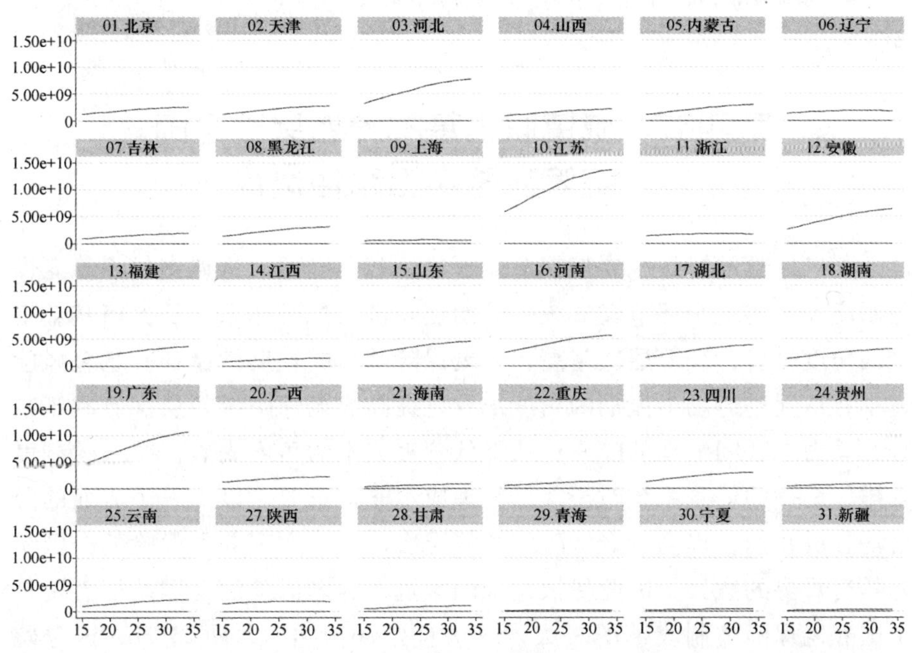

图 2—5　2015—2034 年中国各地区国家基本养老金总供给变化趋势

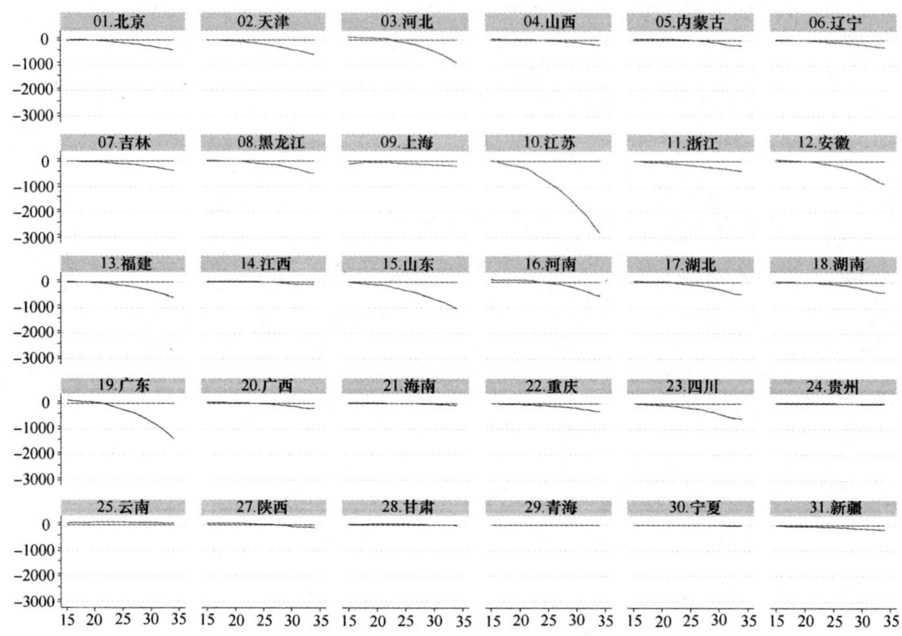

图 2—6　2015—2034 年中国各省基本养老金财务平衡预测分析

注：横轴表示年份（省略“20”）；纵轴表示各地区养老金供求差额，单位为百亿元人民币。

第四节　城镇职工基本养老保险全国统筹战略实施路径选择

养老保险的统筹主要指在资金筹集、基金管理、待遇支付等养老保险制度安排的三个环节建立统一的制度安排与执行体系。从保障基金安全的角度来看，统筹层次越高，养老保险基金的互助性越强，基金风险越小；从促进劳动力流动的角度来看，提高养老保险统筹层次有利于减轻劳动力地区间流动的障碍；从降低管理成本的角度来看，统一的制度安排、统一的信息系统对于降低管理成本非常重要。以上三个方面的分析均告诉我们，提高养老保险的统筹层次，尽快实现养老保险的全国统筹具有重要的意义，因此尽快实现国家基本养老保险的全国统筹无疑是中国养老保障体制改革的一大发展方向。2014 年 12 月 23 日，国务院副总理马凯在第十二届全国人民代表大会常务委员会第十二次会议上做了《国务院关于统筹推进城乡社会保障体系建设工作情况的报告》，报告提出“职工养老保险要在完善省级统筹的基础上，积极稳妥推进基础养老金全国统筹，合理划分中央和地方筹资与支付责任，统筹基金的使用和管理，增强基金的互济性和抗风险能力”。在政策目标明确的前提下，本节着重探讨实现目标的具体路径，而非目标本身。

尽管如前所述，截至2009年年底，全国31个省份（市、区）和新疆生产建设兵团已建立养老保险省级统筹制度，但是若按照“社保基金在全省范围内实现统收统支”的标准，截至2013年年底，全国只有包括京、津、沪三个直辖市在内的6个省份，实现了真正意义上的省级统筹。社保基金统筹层次低，造成了不同地区之间“高待遇、低缴费”和“低待遇、高缴费”的情况并存。[①] 应该说，中国基本养老保险事业发展的地区不平衡性较为明显，无论是在历史债务上，还是在现行养老保险制度的覆盖面、抚养比、替代率和缴费率上都存在较大差异，并且这种差异在省际之间，特别是东西部地区之间、沿海和内地之间表现得尤为突出。因此，要建立全国统一的养老保险制度仍需首先建立地区（省际）间统一协调的转移支付制度。而在这一过程中，必须面临打破现有养老保险制度安排中已经存在的利益格局所可能导致的不同利益集团的抵制。

正如本研究上一节所述，国家基本养老保险体系的历史债务问题与未来该体系的可持续性问题的解决都涉及中央政府与地方政府或地方政府与地方政府之间的博弈。然而，除此之外，当前已经形成的利益格局也可能成为国家基本养老保险体系进一步改革的阻碍。

公共选择理论指出，地方政府的官员是理性的，他们可能从政治决策中寻租。已有研究也指出，中国的社保经办机构存在“权力错位”观念，即将社会保险行政管理和服务视为一项政府权力，为参保提供服务是政府官员行使权力的过程。事实上，这种“权力错位”理念存在于整个行政管理体系之中。出现这一理念的部分原因在于掌握着一定的管辖权或决策权就意味着权力所有者具有资源交换的筹码。例如，掌握社保基金或社会保险事务的管辖权意味着地方政府或相应执行机构的官员具有社保经办机

---

① 《人大财经委调研指出社保体系八大问题》，2014年12月24日发布，2015年5月14日访问，财新网（http：//china. caixin. com/2014 - 12 - 24/100767317. html）。

构的人事任免权、基金托管机构的选择权①、基金投资决策的参与权，等等。这种权力意识决定了无论社保基金相对充裕还是基金相对不足的地方政府，只要其当前掌握了部分权力就有可能阻碍养老保险统筹层次提升政策的执行，或者说就可能缺乏提高统筹层次的动力。

换一种假设，即使说地方政府官员是非自私自利的个人，而是集体主义者。那么，从地方主义出发，经济发展状况好、老龄化程度低、社保基金相对充裕的地方政府仍然可能不愿上交社保基金管辖权，从而可能抵制提升养老保险统筹层次的相关政策。

本节的分析无意于批判地方政府或地方官员的行为，本节的假设已经指出上述行为均为官员理性行为的体现，而正因为如此，我们在提高统筹层次的过程中，一定要注意地方官员的作用，尽可能调动其参与改革的积极性。

显然，实现养老保险全国统筹战略存在一系列的制度性阻碍，要克服上述阻碍而实现养老保险的全国统筹战略不能一蹴而就，而应分阶段进行。本节尝试探讨实现养老保险全国统筹战略的具体路径。

一　加强社保经办机构执行能力

社保经办机构的执行能力是实现养老保险政策目标的基础，强化的社保经办机构执行能力是实现养老保险全国统筹战略、构建覆盖城乡的社会保障体系的根本保障，因此，在实现养老保险全国统筹战略的过程中应首先加强社保经办机构的执行能力。本研究认为，社保经办机构的执行能力体现在软件、硬件两个方面。从软件的角度来看，社保经办机构的执行能力表现为具有相应执行能力的机构人员配置与相应的执行理念；从硬件的角度来看，社保经办机构的执行能力表现为统一、高效的社保信息平台。

前面的分析表明，在社会保障事业发展建设过程中，存在中央政府与地方政府间的利益冲突与博弈。在这一背景下，如继续由地方政府管理地方社保经办机构，则在社保基金收缴、管理等环节显然难以脱离地方政府的干预。因此，本研究认为应由中央政府出资，建立社保经办机

① 在部分地方，这种选择权的持有意味着相关的管理人员可能从集体角度出发，要求相关的基金托管机构解决地方的某些公共基础设施建设，如经办机构信息系统的建设；也可能使得相关的管理人员从个人角度出发，要求相关的基金托管机构解决其私人问题，如子女、亲属就业安排，等等。

构的垂直管理体系，对社保经办机构的人员进行统一配置。在此基础上，出台社保经办机构各岗位的管理规范，建立社保经办机构职员的统一培训体系，以培养经办人员的执行能力、树立良好的执行理念。

从硬件的角度来看，中国社会保障系统正在着力建设“金保工程”与“一卡通”信息系统。与现有对建设主体的认识不同，本研究认为如由各地方政府分别进行上述信息系统建设，仍然可能面临信息系统重复建设问题。同时，如缺乏统一规范的信息系统建设标准，在未来实施养老保险全国统筹战略的过程中，可能出现不同省市系统指标不同而难以进行信息共享的现象。同时，地方政府的信息系统建设显然仍需要中央政府的资金支持，而在系统建设主体为地方政府的情况下，地方政府对信息系统建设成本的了解程度显然高于中央政府，在这一条件下，地方政府可能虚报建设成本而向中央政府索取更多的资金支持。尽管中央政府可与地方政府博弈就资金支持金额展开谈判，但从信息经济学的角度来看，具有信息优势的一方往往在谈判中占有主动地位。基于以上分析，本研究认为，应由中央政府统一建设信息系统，统一按照参保人员与经办机构人员配置规模匹配计算机、服务器等硬件资源，并统一开发系统软件。在当前 IT 高速发展的时代，无论是硬件成本还是软件成本都是可能由中央财政一次性投入承担的。

二　建立社保基金空账问责机制

如前所述，实现养老保险全国统筹战略的过程中应首先分类解决历史债务问题。由“制度老人”与“制度中人”所形成的历史债务应主要由中央政府出资解决；而由地方政府用于非养老保险支付用途所形成的社保基金亏空，应由地方政府填补。这一解决原则与中国分权的财政体制相符合。

本研究认为，当前在实现省级统筹的过程中，应首先结合中央与省级审计部门对省、地（市）等各级社保基金的历史使用状况的审计结果①，确

① 例如，2012 年 8 月 2 日，审计署发布了《全国社会保障资金审计结果》，该报告对 2011 年全国社保对全国 18 项社会保障资金进行了审计，其中对企业职工基本养老保险基金进行了重点审计，该报告公布了审计中发现的部分地方和单位违纪违规问题：部分地区扩大范围支出或违规运营企业职工基本养老保险基金 1.97 亿元；15 个省本级、95 个市本级和 338 个县的经办机构审核不够严格，向不符合条件的人员发放养老金 2.32 亿元；个别工作人员采取隐瞒人员死亡信息、收入不入账等手段，骗取养老金 100.07 万元。

认地方社保基金是否存在亏空，并查找形成上述亏空的原因，从而确认上述亏空的填补主体。在这一过程中，应建立社保基金空账问责机制，追究相关主体挪用社保基金的责任。同时，应由专业的统计精算人员，对各地方的历史债务进行精算，以判断各级财政的填补力度。最终，应在省级统筹的过程中，确定省级财政与地市级财政对历史亏空的补贴额度，确保在实现养老保险全国统筹战略之前非正常的社保基金缺口已由地方财政补足。最终，由中央财政根据历史债务精算结果、结合财政支付能力确定一次性或分阶段填补由“制度老人”与“制度中人”所形成的正常的养老保险历史债务。

三　构建养老保险全国统收统支体系

前面的分析表明要克服地方政府官员的“权力错位”理念与地方主义、集体主义理念的干扰，建立养老保险全国统收统支体系是实现养老保险全国统筹战略的必然选择。

社会保障经办机构能力建设课题组（2008）指出，基本养老保险省级统筹应具有统一制度、统一标准、统一管理、统一调剂管理基金等基本特征。全国统筹的国家基本养老保险体系亦应具有上述四项基本特征。这就要求我们在对全国人口结构进行合理预测的基础上、对国家基本养老保险的缴费比率和支付待遇进行统计精算，以确定全国统一的缴费比率与待遇支付标准。在构建垂直管理的社保经办机构系统的基础上，由该系统对国家基本养老保险进行统收统支。并在该系统内，构建社保基金投资管理机制，以实现社保基金的保值增值，充分应对中国日益严峻的老龄化问题。

同时，我们还应注意养老保险全国统筹必然涉及社保基金的全国统一调拨、调剂，造成社保基金地区间的转移支付，因此，在这一过程中要构建公平合理的转移支付制度安排，并充分考察新的制度安排对于不同地区经济发展的影响。必要时，应由中央财政建立转移支付基金以解决地区公平问题。

四　本节小结

本研究认为，实施养老保险全国统筹战略可选择如下路径：第一，加强社保经办机构能力建设，由中央统一对社保经办机构进行人员配置，建立统一的社保信息平台，这是实现养老保险全国统筹的基础；第二，在实现养老保险省级统筹的过程中，加大力度解决社保基金空账问题，建立空账损失的问责机制，并由地方财政补足应由地方政府填补的基金缺口；第三，建立养老保险统收统支的制度安排，并建立养老保险省际利益调节机制，实现城镇职工基本养老保险的全国统筹。

第三章　城乡居民公共养老保险制度体系研究

新中国成立后很长一段时期里，我国的公共养老保障体系主要覆盖城镇企业职工与机关事业工作人员，即参与正规就业的劳动者。而对于未参加正规就业的劳动者而言，除部分可为“五保户”“低保”等社会福利制度覆盖外，基本未被公共养老保障制度所覆盖。2006 年《中共中央关于构建社会主义和谐社会若干重大问题的决定》提出，到 2020 年，要基本建立覆盖城乡居民的社会保障体系。为了实现这一目标，城乡居民公共养老保险制度的建立势在必行。在城镇职工基本养老保险制度统筹层次不断提升的同时，中国分别于 2009 年和 2011 年开始了新型农村养老保险（以下简称“新农保”）和城镇居民养老保险（以下简称“城居保”）试点工作，2014 年年初国务院常务会议决定合并新农保和城居保，建立全国统一的城乡居民基本养老保险制度。当前，城乡居民养老保险制度与城镇职工养老保险制度在我国公共养老保障体系中各占半壁江山。本章首先分析城乡居民公共养老保险制度的构建过程；其次，基于统筹层次低、政策区域差异显著这一事实分析城乡居民公共养老保险政策的区域差异性；最后，提出对探讨城乡居民公共养老保险制度的财务可持续性进行研究的相关思考。

第一节　城乡居民公共养老保险制度构建过程分析

在构建居民公共养老保险制度时，中国采取了先农村后城镇的做法，而在农村公共养老保险体系构建实践中，又经历了“老农保”向“新农保”的制度转变。本节将首先沿着时间的线索分别回顾农村与城镇居民养老保险制度构建过程，进而分析城乡居民养老保险制度发展现状。

一　农村居民养老保险制度构建历程

20 世纪 80 年代中期以前，我国农村基本是以家庭养老为主、集体保障为辅的养老模式。农民的养老需求一般都在各自的家庭中解决，政府和集体经济负责解决的只是五保供养问题（黄德武，2010）。1991 年《关于企业职工养老保险制度改革的决定》（国发〔1991〕33 号）第十二条指出农村（含乡镇企业）的养老保险制度改革由民政部负责。根据这一文件精神，1992 年 1 月 3 日，民政部下发了《关于印发〈县级农村社会养老保险基本方案（试行）〉的通知》，基于这一基本方案所构建的农村社会养老保险制度又被称为“老农保”。这一制度覆盖人群主要是农村区域的户籍人口，资金运营采取个人账户积累制模式。[①] 由于面临筹资模式、基金风险、政府失信等诸多问题（郑伟，2007），“老农保”的参保人数一直不高。1999 年 7 月，国务院决定对已有的业务实行清理整顿，随后“老农保”的参与人数大幅下降（表 3—1），农村社会养老保险的试点与推行也出现了困难。截至 2008 年年底，全国参加农村养老保险人数仅为 5595 万，全年领取养老金的人数仅为 512 万[②]，而同年全国农村人口共计 72135 万[③]，农村 65 岁以上人口约为 8000 万[④]，可以说在“新农保”推出之前，“老农保”的覆盖率不到 10%。

---

① 《县级农村社会养老保险基本方案（试行）》规定的保险对象为“市城镇户口、不由国家供应商品粮的农村人口”。并要求“一般以村为单位确认（包括村办企业职工、私营企业、个体户、外出人员等），组织投保。乡镇企业职工、民办教师、乡镇招聘干部、职工等，可以以乡镇或企业为单位确认，组织投保。少数乡镇因经济或地域等原因，也可以先搞乡镇企业职工的养老保险。外来劳务人员，原则上在其户口所在地参加养老保险”。

② 资料来源：《2008 年度人力资源和社会保障事业发展统计公报》，中央政府门户网站（http：//www. gov. cn/gzdt/2009 - 05/19/content_ 1319291. htm）。

③ 资料来源：《中国统计年鉴 2008》，国家统计局，（http：//www. stats. gov. cn/tjsj/ndsj/2008/indexce. htm）。

④ 根据《中国人口和就业统计年鉴 2009》，2008 年度全国 65 岁以上人口数为 10956 万。根据孙江超（2011），中国 80% 的老龄人口生活在农村，两个数据相乘估计 2008 年全国农村 65 岁以上人口约 8000 万。

农村人口老龄化程度和地域范围在2000—2010年快速发展[①]，而且随着预期寿命的延长与农村青壮年劳动人口进城务工的影响，中国农村人口的老龄化程度日益严重。[②] 为了更好地保障农村人口的养老问题，有必要建立适合我国农村的居民养老保障制度。2009年9月1日，国务院发布了《关于开展新型农村社会养老保险试点的指导意见》，这标志着我国开始探索建立个人缴费、集体补助、政府补贴相结合的新型农村社会养老保险制度。"新农保"实行社会统筹与个人账户相结合，与家庭养老、土地保障、社会救助等其他社会保障政策措施相配套，保障农村居民老年基本生活。"新农保"与"老农保"的区别在于有国家财政作为后盾，"政府对符合领取条件的参保人全额支付新农保基础养老金，其中中央财政对中西部地区按中央确定的基础养老金标准给予全额补助，对东部地区给予50%的补助。地方政府应当对参保人缴费给予补贴，补贴标准不低于每人每年30元"。"新农保"的补贴力度更大，农民的养老金待遇显著提高，这使得农村养老保险制度进入了新的发展阶段。试点以来，新农保覆盖面不断扩充，截至2011年年底，全国有27个省、自治区的1914个县（市、区、旗）和4个直辖市部分区县开展国家新型农村社会养老保险试点，2011年年末国家新型农村社会养老保险试点地区参保人数达32643.5万。[③]

表3—1　　**中国农村居民养老保险发展状况**

年份	全国参加农村养老保险人数（万人）	全年领取养老金人数（万人）	全年支付养老金数额（亿元）	农村养老保险基金累计结存（亿元）
1998	8025		5.4	166.2
1999	8000			

① 2010年第六次全国人口普查显示，农村65岁及以上人口比例为10.06%，31个省份中，除了新疆、宁夏、青海和西藏以外，其他27个省份的农村65岁以上人口比例都超过7%，可以说全国绝大部分农村地区都进入了老龄化社会。从老龄化程度的发展来看，农村65岁以上人口比例在2000—2010年提高了2.56个百分点，农村进入老龄化社会的省份从17个增加到27个（邹湘江、吴丹，2013）。

② 据预测，2030年6.64亿农村人口中，65岁的老年人口将达到1.29亿，占农村人口的17.39%（王黎明，2007）。

③ 资料来源：《2011年度人力资源和社会保障事业发展统计公报》，中央政府门户网站（http://www.gov.cn/gzdt/2012-06/05/content_2153635.htm）。

续表

年份	全国参加农村养老保险人数（万人）	全年领取养老金人数（万人）	全年支付养老金数额（亿元）	农村养老保险基金累计结存（亿元）
2000	6172			195.5
2001	5995.1			216.1
2002	5462			
2003	5428	198	15	259.3
2004	5378	205		285
2005	5442	302	21	310
2006	5374	355	30	354
2007	5171	392	40	412
2008	5595	512	56.8	499
2009	8691	1556	76	681
2010	10276.8	2862.6	200.4	422.5
2011	32643.5	8921.8	587.7	1199.2

资料来源：1998—2007 年度数据来自各年度《劳动和社会保障事业发展统计公报》，2008—2011 年度数据来自各年度《人力资源和社会保障事业发展统计公报》。

二　城镇居民养老保险制度构建历程

21 世纪第一个十年过去了，城镇职工养老保险体系和新型农村养老保险体系日益成熟，然而，城镇户籍非从业居民的养老保障却基本处于空白状态。在这一背景下，各省陆续开展城镇居民养老保险制度实践。北京、天津、重庆、浙江四省市于 2009 年即着力于建立统一的城乡居民养老保险体系，陕西省也于 2010 年开始建立城镇居民养老保险体系。

2010 年出台的《中华人民共和国社会保险法》第二十二条明确提出“国家建立和完善城镇居民社会养老保险制度”。2011 年 6 月 7 日，国务院下发了《国务院关于开展城镇居民社会养老保险试点的指导意见》（以下简称《指导意见》），指出 2011 年 7 月 1 日启动城镇居民社会养老保险试点工作，2012 年基本实现城镇居民养老保险制度全覆盖。截至 2011 年年末，全国有 27 个省、自治区的 1902 个县（市、区、旗）和 4 个直辖市部分区县及新疆生产建设兵团开展国家城镇居民社会养老保险试点。年末国家城镇居民社会养老保险试点地区参保人数539 万，其中实际领取待遇人数 235 万。全年城镇居民社会养老保险基金收入 40 亿元，其中个人缴费6 亿元。基金支出 11 亿元。基金累计结存 32 亿元。[①] 截至 2012 年年末，全国所有县级行政区全面开展了国家城乡居民社会养老保险工作。[②] 2011 年《指导意见》的试点目标已正常实现。

《中华人民共和国社会保险法》已经规定“省、自治区、直辖市人民政府根据实际情况，可以将城镇居民社会养老保险和新型农村社会养老保险合并实施”。尽管由于新农保与城居保是分别建立运行的，因而也存在城乡相关政策不尽一致、标准有高有低、管理资源分散等矛盾[③]；但 2011 年《指导意见》所规定的“城居保”的缴费与计发政策与试点的“新农保”政策基本一致，这使得整合城乡居民基本养老保险制度的障碍较少。按照党的十八大精神和十八届三中全会关于整合城乡居民基本养老保险制度的要求，依据《中华人民共和国社会保险法》有关规定，在总结新农保和城居保试点经验的基础上，国务院于 2014 年 2 月 21 日下发《国务院关于建立统一的城乡居民基本养老保险制度的意见》，决定将新农保和城居保两项制度合并实施，在全国范围内建立统一的城乡居民基本养老保险（以下简称“城乡居民养老保险”）制度。下面本节将进一步阐述城乡居民养老保险制度的发展现状。

三 城乡居民养老保险制度发展现状

据覆盖全民的养老金体系构建研究课题组的不完全统计，除 2009 年即建立统一城乡居民社会养老保险制度的四个省市外，内蒙古、河南、湖北、陕西、甘肃、宁夏六个省（自治区）于 2011 年出台了统一的城乡居民养老保险政策，河北省于 2012 年出台了统一的城乡居民养老保险政策，山西、江苏、福建、山东、广东五省于 2013 年出

① 资料来源：《2011 年度人力资源和社会保障事业发展统计公报》，中央政府门户网站（http：//www. gov. cn/gzdt/2012 - 06/05/content_ 2153635. htm）。

② 从 2012 年度，《人力资源和社会保障事业发展统计公报》统一公布城乡居民养老保险参保人数、基金收支等信息，而不再单独公布新农保和城居保各自的信息。

③ 《25 省份出台城乡居保新规 待遇“提标”已纳入议程》，2014 年 10 月 29 日发布，新华网（http：//news. xinhuanet. com/politics/2014 - 10/29/c_ 1113033087. htm）。

台了统一的城乡居民养老保险政策，其余省（自治区、直辖市）则于2014年《国务院关于建立统一的城乡居民基本养老保险制度的意见》下发前后出台了统一的城乡居民养老保险政策。

城乡居民养老保险制度应覆盖的人口数远高于城镇职工养老保险制度。该制度的建立与机关事业单位养老金改革政策的实施使得各群体均为公共养老保险制度所覆盖[①]，而2014年2月24日发布的《城乡养老保险制度衔接暂行办法》更是保证了我国的公共养老保险制度的无缝衔接。[②] 城乡居民养老保险制度下，基础养老金均由各级政府财政资金承担，参保人个人缴费不仅能够享受地方政府的补贴，还可以享受村集体组织、社区以及其他社会经济组织、公益慈善组织与个人的补助或资助，个人缴费与各类补贴、资助全部记入个人账户。这些政策有力地保障了城乡居民养老保险制度下参保人的个人权益，从而大大提高了参保人参保的积极性。上述政策以及部分地区在城乡居民养老保险制度实施过程中所采取的“老年人的受益资格与子女缴费关联”[③] 等措施不仅保证达到领取年龄的老人获得居民基本养老金，还保证了制度缴费人口数量的增长（表3—2）。截至2015年4月末，我国参加城乡居民养老保险的人数已超过5亿，其中领取养老金的老年居民达到1.44亿人，基本养老金月均超过100元。[④]

---

① 城镇职工养老保险制度的覆盖范围是“城镇各类企业职工、个体工商户和灵活就业人员”（参见《关于完善企业职工基本养老保险制度的决定》）与机关、事业单位从业人员（参见《关于机关事业单位工作人员养老保险制度改革的决定》），城乡居民养老保险制度的覆盖范围是“年满16周岁（不含在校学生），非国家机关和事业单位工作人员及不属于职工基本养老保险制度覆盖范围的城乡居民”。可见，当前我国年满16周岁（不含在校学生）的全体公民均为公共养老保险制度所覆盖。

② 城镇职工养老保险制度下参保人基本在工作地参保、城乡居民养老保险制度下参保人只能在户籍地参保，因此，工作地与户籍地的变更可能需要参保人制度内跨统筹地甚至跨制度转移养老保险关系，《城乡养老保险制度衔接暂行办法》有效地解除了上述参保人的顾虑，从而有利于提高我国公共养老保险的参保率。

③ 即制度建立之初已经达到养老金领取年龄的老人能够获取政府补贴的基础养老金的条件之一即其子女（尤其是儿子）要参加居民养老保险并履行其个人的缴费义务。

④《城乡居民基本养老金月均超百元 参加人数超5亿》，2015年5月22日发表，人民网（http：//finance. people. com. cn/n/2015/0522/c1004 -27039466. html）。

表 3—2　　**中国城乡居民养老保险发展状况（2012—2014）**

年份	全国参加城乡居民养老保险人数（万人）	全年领取养老金人数（万人）	全年支付养老金数额（亿元）	农村养老保险基金累计结存（亿元）
2012	48370	13075	1150	2302
2013	49750	13768	1348	3006
2014	50107		1656.7	3736

资料来源：2012—2013 年度数据来自各年度《人力资源和社会保障事业发展统计公报》，2014 年数据来自《2014 年人力资源社会保障年度数据》（2014 年度快报）。

第二节　城乡居民公共养老保险政策的差异性分析

建立统一的城乡居民基本养老保险制度，其统一性突出体现在四个方面：一是统一制度名称；二是统一政策标准，原来的新农保、城居保对每年的缴费标准分别设置了 5 个档次和 10 个档次，这次统一制度归并为 100 元至 2000 元 12 个档次；三是统一管理服务，将新农保基金和城居保基金合并为城乡居民养老保险基金，逐步推进省级管理，按国家统一规定投资运营；四是统一信息系统。① 尽管有上述统一性原则，但是由于城乡居民养老保险基本是“中央确定基本原则和主要政策，省人民政府制定实施意见，试点县（市、区）人民政府制定实施办法和实施细则，实行属地管理”②，因此居民养老保险政策的统一主要在本地域范围内城镇与农村居民养老保险的基本政策方面，而在区域间还存在较大的政策差异，本节将着重讨论城乡居民公共养老保险政策的区域差异性。

一　缴费档次上的区域差异

《国务院关于建立统一的城乡居民基本养老保险制度的意见》（以下简称《意见》）规定“参加城乡居民养老保险的人员应当按规定缴纳养老保险费。缴费标准目前设为每年 100 元、200 元、300 元、400 元、

① 《25 省份出台城乡居保新规 待遇“提标”已纳入议程》，2014 年 10 月 29 日发布，新华网（http：//news. xinhuanet. com/politics/2014 －10/29/c_ 1113033087. htm）。

② 参见 2014 年 2 月安徽省人力资源和社会保障厅发布的《安徽省城乡居民养老保险实施办法》。

500 元、600 元、700 元、800 元、900 元、1000 元、1500 元、2000 元 12 个档次，省（区、市）人民政府可以根据实际情况增设缴费档次，最高缴费档次标准原则上不超过当地灵活就业人员参加职工基本养老保险的年缴费额”。覆盖全民的养老金体系构建研究课题组整理了城乡居民养老保险制度的 31 个省（自治区、直辖市）在 2015 年 5 月前出台的城乡居民基本养老保险相关政策，发现绝大多数省份依据国务院《意见》，出台或调整了本省城乡居民养老保险政策。其中就缴费档次的相关规定而言，为数一半的省份与国务院《意见》一致，10 个省份在国务院《意见》规定的基础上增设了缴费档次，北京、天津、上海、山东、广东等经济较发达省市最低缴费档次与最高缴费档次间的绝对差额较大，即这部分省市参保人缴费选择的幅度范围更大。应该说，2014 年国务院的《意见》相比于新农保和城居保的原有政策已经增设了缴费档次，但比较发现仍有省份增设了缴费档次，这些措施加大了居民养老保险缴费上的灵活性。表 3—3 列出了部分省份与国务院不完全一致的城乡居民养老保险缴费档次标准。

表 3—3　　**部分省份城乡居民养老保险缴费档次规定**

省份	缴费档次
北京	上一年度农村居民人均纯收入的 9% 至上年度城镇居民人均可支配收入的 30%。例如，2014 年北京市城乡居民基本养老保险缴费仍按照年缴费标准最低为 1000 元，最高缴费标准为 7420 元
天津	每年 600 元、900 元、1200 元、1500 元、1800 元、2100 元、2400 元、2700 元、3000 元、3300 元 10 个档次
河北	国务院《意见》规定 12 档 +3000 元 1 个档次
内蒙古	国务院《意见》规定 12 档 +3000 元 1 个档次
上海	每年 500 元、700 元、900 元、1100 元、1300 元、1500 元、1700 元、1900 元、2100 元、2300 元、2800 元、3300 元 12 个档次
江苏	每年 100 元、300 元、400 元、500 元、600 元、700 元、800 元、900 元、1000 元、1500 元、2000 元、2500 元 12 个档次
安徽	国务院《意见》规定 12 档 +3000 元 1 个档次
福建	每年 100 元至 2000 元 20 个档次（每 100 元一档）

续表

省份	缴费档次
山东	每年100元、300元、500元、600元、800元、1000元、1500元、2000元、2500元、3000元、4000元、5000元12个档次
河南	国务院《意见》规定12档+2500元、3000元、4000元、5000元4个档次
湖北	每年100元、200元、300元、400元、500元、600元、700元、800元、900元、1000元10个档次
广东	每年120元、240元、360元、480元、600元、960元、1200元、1800元、2400元、3600元10个档次
海南	国务院《意见》规定12档+3000元1个档次
湖南	国务院《意见》规定12档+2500元、3000元2个档次
四川	国务院《意见》规定12档+3000元1个档次
贵州	国务院《意见》规定12档+1200元1个档次
西藏	国务院《意见》规定12档外，允许参保人缴费高于2000元。高于2000元标准的，以100元为一个缴费档次，由参保人自主选择，多缴多得，长缴多得。允许参保人选择高于2000元的标准缴费，最高不超过3000元
新疆	国务院《意见》规定12档+2500元、3000元2个档次

注：根据各省（自治区、直辖市）2015年正在执行的政策规定整理而得。

二　参保人缴费补贴水平的区域差异

国务院《意见》规定："地方人民政府应当对参保人缴费给予补贴，对选择最低档次标准缴费的，补贴标准不低于每人每年30元；对选择较高档次标准缴费的，适当增加补贴金额；对选择500元及以上档次标准缴费的，补贴标准不低于每人每年60元，具体标准和办法由省（区、市）人民政府确定。"根据上述意见，各省出台的政策规定了自身的缴费补贴标准（表3—4）。综合比较分析发现，各省市区间的补贴细则有着一定的差异。分析发现，这种差异性应该与各地各级财政负担能力相关，却与经济发展水平没有必然的相关关系，例如，上海最高补贴575元、宁夏最高补贴200元、北京最高补贴90元。不仅不同经济区域间缴费补贴标准有较大差异，同一区域内部不同省份间的补贴标准亦有较大差异，例如，东三省中吉林省最高补贴标准是170元，而黑龙江省是70元。

表3—4　　2015年度各省（自治区、直辖市）城乡居民养老保险缴费补贴规定

省份	缴费档次
北京	个人缴费1000—2000元的人员，每人每年补贴60元；个人缴费2000元及以上的，每人每年补贴90元
天津	对应于表3—3中10个档次缴费的补贴标准分别为：补贴标准设定为每年60元、70元、80元、90元、100元、110元、120元、130元、140元、150元10个档次
河北	对选择100—400元档次标准缴费的，补贴标准为每人每年30元；对选择500元及以上档次标准缴费的，补贴标准为每人每年60元
山西	缴100元补30元、缴200元补35元、缴300元补40元、缴400元补50元、缴500元至600元补60元、缴700元至900元补70元、缴1000元至2000元补80元
内蒙古	选择100元至400元缴费档次的分别补贴30元、35元、40元、45元；选择500元至1000元缴费档次的分别补贴60元、65元、70元、75元、80元、85元；选择1500元、2000元、3000元缴费档次的，补贴85元
辽宁	按照每年100元、200元、300元、400元、500元缴费标准，对应的缴费补贴标准为每年30元、40元、50元、60元、70元。对选择600元、700元、800元、900元、1000元、1500元和2000元档次缴费的，补贴标准由各市政府确定
吉林	缴费100元补贴30元、缴费200元补贴40元、缴费300元补贴50元、缴费400元补贴60元、缴费500元补贴70元、缴费600元补贴80元、缴费700元补贴90元、缴费800元补贴100元、缴费900元补贴110元、缴费1000元补贴120元、缴费1500元补贴145元、缴费2000元补贴170元
黑龙江	年缴费100元每人每年补贴30元；年缴费200元补贴40元；年缴费300元补贴50元；年缴费400元补贴60元；年缴费500元及以上档次的均按70元标准进行补贴
上海	对应于表3—3中12个档次缴费的补贴标准分别为每年200元、250元、300元、350元、400元、425元、450元、475元、500元、525元、550元、575元
江苏	对选择最低档次标准缴费的，补贴标准不低于每人每年30元；对选择较高档次标准缴费的，适当增加补贴金额；对选择500元及以上档次标准缴费的，补贴标准不低于每人每年60元
浙江	对选择最低缴费档次的，补贴标准不低于每人每年30元；对选择500元及以上缴费档次的，补贴标准不低于每人每年80元
安徽	缴100元补30元、缴200元补35元、缴300元补40元、缴400元补50元、缴500元及以上的补60元
福建	选择100元缴费档次标准的，政府补贴30元；每提高一个缴费档次标准（100元），政府补贴增加10元；对选择800元及以上缴费档次标准的，政府补贴均为100元

续表

省份	缴费档次
江西	最低补贴30元；缴费200元至400元的，每提高一个缴费档次，政府补贴在30元基础上分别增加5元；缴费500元的，补贴60元；600元及以上档次的，每提高一个缴费档次，政府补贴在60元基础上增加5元，最多补贴95元
山东	与国务院《意见》相同
河南	与国务院《意见》相同
湖北	不低于30元
湖南	缴费100元、200元的，最低补贴30元；缴费300元、400元的，最低补贴40元；缴费500元及以上的，最低补贴60元
广东	对选择低档次标准（每年120—360元）缴费的，补贴标准不低于每人每年30元；对选择较高档次标准（每年480元及以上）缴费的，补贴标准不低于每人每年60元
广西	政府对100—800元缴费档次分别按每人每年30元、40元、50元、55元、60元、65元、70元、75元进行补贴，对900—2000元缴费档次统一按每人每年80元进行补贴
海南	最低补贴30元，对选择200元及以上缴费档次的，政府除按前款规定给予基础补贴外，按每增加一个缴费档次另给予不少于10元的补贴
重庆	按12个档次分档补贴，依次为：一档30元、二档40元、三档50元、四档60元、五档70元、六档80元、七档90元、八档100元、九档110元、十档120元、十一档130元和十二档140元
四川	对选择100元、200元、300元、400元、500元、600元、700元、800元、900元、1000元、1500元、2000元、3000元档次缴费的，政府补贴分别对应为每人每年40元、40元、45元、50元、60元、60元、65元、70元、75元、80元、100元、120元、160元
贵州	对选择100元至400元档次标准缴费的，按每人每年30元给予补贴；对选择500元至900元档次标准缴费的，补贴标准为每人每年60元；对选择1000元至2000元档次标准缴费的，补贴标准为每人每年90元
云南	最低补贴30元；对选择100元以上档次缴费的参保人，每增加缴费100元，给予10元的缴费补贴，但最高补贴标准每人每年不超过100元
西藏	对参保人自愿选择100元至2000元缴费档次的，每年分别给予40元、45元、50元、55元、60元、65元、70元、75元、80元、85元、90元、95元的缴费补贴。对参保人选择高于2000元标准进行缴费的，政府补贴为95元
陕西	年缴费100元到200元的补贴30元；年缴费300元的补贴40元；年缴费400元的补贴45元；年缴费500元的补贴60元；年缴费600元（补贴65元）至900元的，每提高一个缴费档次，补贴增加5元；缴费1000元的补贴100元。缴费1500元的补贴150元；缴费2000元的补贴200元

续表

省份	缴费档次
甘肃	与国务院《意见》相同
青海	每年按100元缴费的补贴30元，按200元缴费的补贴40元，按300元缴费的补贴50元，按400元缴费的补贴60元，按500元缴费的补贴70元；按600元缴费的补贴85元，按700元缴费的补贴100元，按800元缴费的补贴115元，按900元缴费的补贴130元，按1000元缴费的补贴145元；按1500元缴费的补贴165元，按2000元缴费的补贴185元
宁夏	针对国务院《意见》规定12个档次的补贴标准分别为：30元、40元、50元、60元、70元、80元、90元、100元、110元、120元、160元、200元
新疆	国务院《意见》规定12档+2500元、3000元2个档次

注：根据各省（自治区、直辖市）2015年正在执行的政策规定整理而得。

三　基础养老金待遇水平的区域差异

本研究通过分析各省（自治区、直辖市）统一的城乡居民基本养老保险的最新政策以及通过互联网途径获取的各省（自治区、直辖市）2015年城乡居民基本养老保险基础养老金标准的信息（表3—5），进一步比较分析发现以下几点。

第一，上海、北京城乡居民养老保险基础养老金的最低标准处于全国前列，综观两市历年的基础养老金水平可以发现，上海、北京两地已经建立了城乡居民养老保险基础养老金的调整机制，其基础养老金水平能够做到每年调整。

第二，绝大多数省份（自治区、直辖市）城乡居民养老保险基础养老金的最低标准高于国家标准。除吉林、黑龙江、安徽、贵州四省的基础养老金最低标准与国家标准相同外，其他省份均不同程度地提高了其最低标准。

第三，各省（自治区、直辖市）的基础养老金资金来源不同，国家、省与地市级财政承担的比例有较大的区域差异，这种区域差异甚至在一省内部亦有所体现。例如，《海南省城乡居民基本养老保险暂行办法》（2014年6月17日琼府〔2014〕33号发布）规定基础养老金最低标准高于国家最低标准的部分所需的资金“由省财政与市、县、自治县财政（含洋浦经济开发区，下同）分担”，“省财政与海口市、三亚市、洋浦经济开发区财政按4∶6的比例分担，省财政与其他市、县、自治县财政按6∶4的比例分担”。《广西壮族自治区城乡居民基本养老保险实施办法》（桂政办发〔2014〕70 号发布）规定“自治区基础养老金最低标准高于全国基础养老金最低标准所需资金，由自治区与设区市按 6∶4 比例承担，自治区与县（市）按 8∶2 比例承担”。

第四，绝大多数省份正在建立城乡居民养老保险基础养老金调整机制。尽管在中央下发《关于提高全国城乡居民基本养老保险基础养老金最低标准的通知》（人社部发〔2015〕5 号）之前，除北京、天津、上海、江苏等少数省份外，大部分省份城乡居民基础养老金（包括新农保和城居保）未进行过调整。但是，绝大多数省份在 2015 年前后下发的关于统一的城乡居民基本养老保险的相关政策中设置了基础养老金调整规则，或在上述政策的最新实践过程中调整了城乡居民基础养老金标准。

表 3—5　**2015 年度各省（自治区、直辖市）城乡居民养老保险基础养老金标准**

省份	基础养老金最低标准
北京	每人每月 470 元
天津	基础养老金月计发标准为 220 元。参保人累计缴费年限超过 15 年的，缴费年限每超过 1 年，基础养老金每月增发 4 元
河北	国家标准 + 每人每月 5 元
山西	国家标准 + 每人每月 10 元
内蒙古	基础养老金最低标准 85 元，对年满 70 周岁至 79 周岁的另增加 10 元，年满 80 周岁及以上的另增加 20 元。参保人选择 200 元及以上档次并且累计缴费超过 15 年的，每多缴 1 年，基础养老金提高 2 元
辽宁	每人每月 85 元
吉林	国家标准
黑龙江	国家标准
上海	基础养老金的月计发标准为 540 元（含中央确定的基础养老金最低标准）；累计缴费超过 15 年的参保人员，每超过 1 年，其基础养老金增加 10 元
江苏	每人每月 105 元，对于连续缴费超过 15 年的参保人员，每超过 1 年，基础养老金可增发 1%
浙江	每人每月 120 元
安徽	国家标准
福建	每人每月 85 元
江西	每人每月 80 元

续表

省份	基础养老金最低标准
山东	每人每月 85 元
河南	与国务院《意见》相同
湖北	不低于 30 元
湖南	每人每月 75 元
广东	每人每月 80 元；2015 年 7 月后调整为每人每月 100 元
广西	每人每月 90 元
海南	每人每月 140 元
重庆	每人每月 95 元
四川	每人每月 75 元
贵州	国家标准
云南	国家标准 +5 元
西藏	每人每月 140 元
陕西	国家标准 +5 元
甘肃	每人每月 85 元
青海	每人每月 125 元
宁夏	每人每月 100 元
新疆	每人每月 115 元

注：1. 根据各省（自治区、直辖市）2015 年正在执行的政策规定整理而得。

2. 基础养老金标准中的国家标准即当地基础养老金标准为人社部文件中规定的城乡居民养老保险基础养老金最低标准。另据《关于提高全国城乡居民基本养老保险基础养老金最低标准的通知》（人社部发〔2015〕5 号文件），从 2014 年 7 月 1 日起，全国城乡居民基本养老保险基础养老金最低标准提高至每人每月 70 元；而 2014 年前此最低标准为每人每月 55 元。

第三节　城乡居民基本养老保险制度财务可持续性研究的思考

随着我国人口结构发生转变，老龄化趋势日益显著，公共养老金体系的财务可持续性已成为人们越来越关注的重点问题。而城乡居民基本养老保险制度长期的财务可持续性对于制度的持续发展是至关重要的。

随着我国养老保障制度的完善，关于养老保险基金收支测算的研究也已从着力关注城镇职工基本养老保险制度，发展到关注新型农村居民养老保险制度。整体来看，从20世纪末开始测算城镇职工基本养老保险体系的历史债务与基金缺口，到近期开始关注新型农村居民养老保险制度的可持续性，我国学者们一直致力于利用精算学原理对养老保险收支及其缺口进行量化研究；与此同时，国外部分研究还利用了世界银行的PROST模型①对中国养老金体系的资金问题进行测算（Sin，2005；Oksanen，2010）。上述研究普遍发现，养老保险覆盖率、工资增长率、退休年龄、人口老龄化、征缴基数、转制成本、替代率等是影响养老保险基金收支的主要因素（王晓军，2002；俞承璋等，1999）；近期，张思锋等（2010）与孙博等（2011）还特别关注了人口年龄结构变动对基本养老保险基金缺口的影响。

如前所述，当前关于我国公共养老保险基金收支方面的研究主要集中于城镇职工基本养老保险制度和新型农村居民养老保险制度，然而关于统一的城乡居民基本养老保险收支在全国范围内进行测算的研究基本处于空白状态。出现这一空白状态的原因是新农保与城居保的政策统一较晚，以及城乡居民基本养老保险区域间政策差异的存在使得难以进行全国范围内的上述测算。与全国绝大多数省份分别建立新型农村居民养老保险和城镇居民养老保险制度实践不同的是，北京市于2008年年底率先尝试建立了统一城乡居民的养老保险制度。七年的政策实践使得北京市的城乡居民基本养老保险制度相对成熟，各项政策执行参数基本稳定，因此，可以以北京市为例分析城乡居民公共养老保险制度的财务可持续性。② 具体分析发现，以北京市为例的测算亦是充满了各种困难。本节未能给出城乡居民基本养老保险长期财务可持续性的测算结论，仅结合地方政策对城乡居民基本养老保险长期财务可持续性研究进行一定的思考。

一 政策分析

北京市于2008年12月出台《北京市城乡居民养老保险办法》，于

① 一种养老金预测模型，主要用于模拟各国养老金体系随时间变化的动态趋势，如收支状况、隐性债务等。

② 吕伟、李放（2015）以江苏省为例进行了城乡居民养老保险财政补贴的可持续性研究，其部分研究做法可为本研究所借鉴，但是该文仅说明了假设与结论，而缺乏具体的预测模型与分析过程。

2009年1月1日开始实施《北京市城乡居民养老保险办法实施细则》，并于2014年8月出台了《关于贯彻落实国务院统一城乡居民基本养老保险制度暨实施城乡养老保险制度衔接有关问题的通知》。根据上述政策，从收入的角度来看，北京市城乡居民养老保险基金的收入主要来源于参保人的个人账户缴费以及政府的财政补贴资金；从支付的角度来看，北京市城乡居民养老保险支出主要用于参保人的养老金待遇发放。城乡居民基本养老保险待遇由个人账户养老金和基础养老金构成，在根据退休年龄确定的国家基本养老保险个人账户计发月数之内，参保人的个人账户养老金由参保人达到退休年龄前个人账户养老金余额支付，在个人账户养老金余额全部支付后，将由城乡居民养老保险基金的调剂金支付；调剂金支付完时，由财政资金拨补，至被保险人死亡时止（由财政资金保证个人账户养老金发放为生存年金），基础养老金由区县财政负担。

二　测算思路

基于上述政策分析可知，进行北京市城乡居民养老保险长期收支测算首先要确定财政补贴基础养老金的规模，而测算北京市城乡居民养老保险基金收支的重点是测算北京市城乡居民养老保险制度覆盖人口情况。北京市城乡居民养老保险自身的政策使得关于其收支测算与城镇职工基本养老保险和新型农村居民养老保险的收支测算具有以下区别：(1) 城镇化对统一城乡居民基本养老保险制度覆盖人口数量的影响不显著；(2) 由于北京市属于人口迁入率较高的城市，当前老年人随子女入京以及其他情况所造成的人口迁移率（人口净迁入率）将在一定程度上影响城乡居民基本养老金的收支；(3) 由于城乡居民生活水平不同造成养老金需求不同，北京市城乡居民养老保险制度个人账户缴存标准的可选择幅度大。① 城乡居民养老保险的具体年度缴费标准由北京人力资源和社会保障局定期公布。例如，按照国务院统一城乡居民基本养老保险制度的决定精神及北京市确定的城乡居民基本养老保险实行定

① 根据《北京市城乡居民养老保险办法实施细则》，北京市城乡居民养老保险的最低缴费标准为本市上一年度农村居民人均纯收入的9%。参保人员可根据经济承受能力提高缴费标准，最高缴费不得超过本市上一年度城镇居民人均可支配收入的30%。

额缴费的相关规定，考虑到参保人的经济承受能力，2015 年北京市城乡居民基本养老保险缴费标准为最低年缴费 1000 元，最高年缴费 7420 元，而自 2013 年以来这一标准已经连续实行三年。几年来，北京市城乡居民养老保险的最高缴费标准基本是最低缴费标准的 7.4 倍左右，这就要求关于北京市城乡居民养老保险收支的测算还须考察城乡居民缴费标准的选择情况。上述三个因素使得关于北京市城乡居民养老保险收支的测算必须建立自身的测算模型。

综上，根据城乡居民养老保险制度的特征，结合北京市人口结构的变动规律，综合考察人口老龄化、人口死亡率、人口迁移率、制度衔接账户转移、个人账户缴存额度选择等因素测算北京市城乡居民养老保险收支情况是必要的。进行北京市城乡居民养老保险长期收支测算需要考察制度覆盖人口、参保人缴费情况与既有的政策补贴标准等因素综合进行。

三　测算难点及思考

（一）制度覆盖人口的测算

以往关于城镇职工基本养老保险与新型农村居民养老保险收支预测模型中的人口测算往往仅预测城镇在岗职工数与农村居民数[①]，而预测城乡居民养老保险制度覆盖人口不仅要预测城镇居民数与农村居民数，还需要在城镇居民中剔除被城镇职工基本养老保险与机关事业单位养老保险制度覆盖的居民，同时还需要考虑农村居民的城镇化过程，整体来看，本研究的人口测算模型所需考虑的参数较为复杂。

（二）各区县为保证参保人个人账户养老金发放所拨补的财政补贴收入的测算

北京市城乡居民养老保险收入由参保人个人缴费与各区县财政补贴共同构成。各区县财政补贴收入用于支付基础养老金以及为保证参保人个人账户养老金成为生存年金所补贴的资金。由于人口生存年龄不断提高，目前绝大多数参保人的生存年龄已经超过了退休年龄与国家规定的

---

① 例如，孙娜娜、刘黎明（2015）以北京市农村养老保险政策为研究对象，以 2010 年我国第六次人口普查数据为基础，建立北京市农村人口精算模型、农村社会养老保险收入和支出模型，测算了 2015—2025 年北京市农村人口结构、养老保险的收入和支出情况。

基本养老金计发月数之和，即参保人个人缴费所形成的养老资金有很大的可能性难以保证生存期内个人账户养老金的发放。《北京市城乡居民养老保险办法实施细则》规定："个人账户养老金支付完时，由城乡居民养老保险基金的调剂金支付；调剂金支付完时，由财政资金拨补，至被保险人死亡时止。"其中，调剂金指"超过应计个人账户利息以外的增值结余，参保人员死亡无继承人时支付丧葬费后的余额等资金"，这部分资金所形成的基金规模占总基金的比例相对较低而且具有不可预期性，可以预期的是为保证个人账户养老金发放为生存年金，各区县财政未来对个人账户养老金的补贴支付将是很大的。而对这一补贴支付（补贴收入）的测算则要综合考察参保人退休后的预期余寿、参保人个人缴费标准选择（以测算参保人个人账户养老金待遇）等诸多因素，如何测算这部分收入亦是需要解决的重要问题。

（三）政策标准的确定

基础养老金的政策标准由政府根据经济发展与人民生活水平共同确定，随着两者的发展，基础养老金的政策标准也应随之调整。能否构建基础养老金政策标准的自动调节机制？如何使该机制所确定的基础养老金政策标准既能保障城乡居民的基本生活又具有财政支付的可持续性？上述问题也将是需要解决的重要问题。

由于上述难点的存在，本节未能就城乡居民基本养老保险长期的财务可持续性给出明确的研究结论。关于这一主题的思考使得笔者认识到充分的信息披露对于制度的分析是非常重要的，例如，城乡居民基本养老保险制度覆盖未被城镇职工养老保险制度覆盖的所在地户籍居民，但利用现有统计数据难以获得这一指标，是否能够披露户籍人口就业情况的相关信息？对于参保人缴费参数的假设对于制度长期收支测算非常重要，但是个体的田野调查所获得的数据可能是有偏的，相关部门能否披露上述信息或者提供可及的信息获取方式？如何突破上述难点，构建长期收支测算模型，并基于测算结果分析城乡居民基本养老保险制度的长期可持续性对于城乡居民基本养老保险制度体系的进一步完善是必要的。

第四章　中国公共养老金制度的微观视角研究

当前，或囿于数据限制，或囿于观念制约，关于中国公共养老金体系的研究往往缺乏对微观主体的关注。公共养老金制度对不同微观主体所产生的差异性影响会反作用于微观主体的行为，进而影响养老金制度的效果。本章尝试从微观视角出发，分析中国公共养老金制度的影响与微观主体的最优选择行为。

第一节　基于性别视角的公共养老金政策影响研究

由于女性需要更多地从事家庭照料、中断正规就业的比率较高、从业收入较低等原因，已有关于两性养老金覆盖率与养老金待遇差异的比较研究发现，女性群体的养老金覆盖率与养老金待遇水平普遍低于男性（Even 和 Macpherson，1994；Barrientos，1998；Bertranou，2001）。在介绍西方国家养老保险体系改革所带来的性别影响相关研究的基础上，朱玲（2009a）指出“养老保险制度设计包含性别视角，不仅有助于促进性别平等，而且能够有效预防和减少老年贫困”。

与大多数国家不同，除退休年龄存在性别差异外，中国的公共养老金制度没有遗嘱养老金、家庭照料时间核算养老保险缴费等关注女性社会性别的养老保障制度安排。同时，中国公共养老金制度具有分割性，即对于不同工作性质的群体而言，覆盖其的公共养老金制度安排具有较大差异，社会性别对于两性的工作性质有很大的影响，因此，相比于其他国家，中国的公共养老金制度的性别差异可能更大。在中国养老金制度定型化过程中，探讨公共养老金制度的性别影响，判断覆盖全民的公共养老金制度是否需要性别视角的制度安排是非常重要的。

国内学者已经关注到了这一点。如高庆波与潘锦棠（2007）、刘秀红（2010）和陈奕（2011）等或通过政策分析或通过发放待遇公式的模拟分析了中国公共养老保险制度在受益方面的两性差异；朱玲（2009b）利用根据田野调查数据采用案例分析方法解析女性农民工养老保险需求和参保障碍。囿于数据限制，国内鲜有从微观角度探讨公共养老金制度性别影响的研究。本研究借鉴国内外相关研究的经验，利用《中国健康与养老追踪调查》（*China Health and Retirement Longitudinal Study*，*CHARLS*）所提供的家庭调查数据，从微观个体视角分析中国公共养老金制度覆盖率的性别差异及其原因，以为未来公共养老金制度设计提供参考。由于养老保障制度的国别差异较大，对养老保障问题的研究应立足国内，充分考虑本国养老保障制度的特征。

国外关于养老金制度性别影响的实证研究主要是采用计量方法利用微观数据从个体角度进行分析。例如，Even 和 Macpherson（1994）采用概率模型分析了美国公司养老金覆盖率与养老金水平的性别差异。James et al.（2003）、Barrientos（1998）与 Bertranou（2001）则利用横截面分析等方法说明了拉美国家公共养老金制度改革的性别影响。所有关于欧洲和其他发达国家的实证研究表明相比于男性，更少的女性有养老金要求权，而且女性养老金水平比男性更低（Vara，2013）。

综上，在中国，缺乏从微观个体角度结合社会性别视角对中国公共养老金制度的研究，然而在中国养老金体系重构过程中有必要研究养老金制度的社会性别影响，而且从微观个体角度的分析，有利于发现养老金制度覆盖人群的个体特征，进而判断中国公共养老保险制度安排的合理性。尽管劳动力市场特征对于中国公共养老金制度的覆盖群体也有重要的影响，但由于中外养老金制度的巨大差异，不考虑制度变量而直接引用国外的研究方法分析中国养老金制度的性别差异是不可行的。基于此，本研究拟借鉴国内外相关研究的经验，利用已有的统计数据（《中国健康与养老追踪调查》）所提供的微观个体数据，研究中国公共养老金覆盖率与待遇水平的性别差异产生的原因或贡献因素。

一　国家基本养老保险体系覆盖率的性别差异研究

（一）数据

本研究拟利用的微观数据来源于北京大学经济研究中心于2008年7月至9月在甘肃、浙江两省进行的《中国健康与养老追踪调查》的预调查数据。CHARLS预调查抽样程序：按区域以及城乡分层，然后依照PPS（probability proportional to size）方法随机选取县级单位。在每个县级单位中，CHARLS再依照PPS方法随机抽取3个村级单位（或是一个城镇社区），在每一个村或社区中，再从地图上随机抽取25—36处住所；然后决定每个住所中家庭户的样本个数。CHARLS随机选取其中一个符合年龄条件的家庭，然后确定该家庭中符合年龄条件的家庭成员个数并随机抽取一人作为主要受访者。基于这样的随机抽样过程，每个村或社区会产生25—36个样本家庭，每户家庭产生的受访者有1名（单身、离婚或丧偶）或2名（主要受访者及其配偶）。[①]

CHARLS预调查的样本是浙江和甘肃两省45岁及以上的人，共有来自1570个家庭的2685人，他们代表了城乡，分布涵盖样本各年龄阶段。通过对数据的初步整理，本研究共得到有效样本2681个，其中，在甘肃省的9个城市共获得1258个有效样本（兰州市51个样本、白银市157个样本、天水市146个样本、武威市101个样本、平凉市257个样本、酒泉市136个样本、定西市197个样本、陇南市146个样本、临夏市67个样本），在浙江省10个城市共获得1423个有效样本（杭州市210个样本、宁波市219个样本、温州市206个样本、嘉兴市60个样本、湖州市86个样本、绍兴市103个样本、金华市87个样本、衢州市120个样本、台州市242个样本、丽水市90个样本）。有关样本特征与分布的描述性统计见表4—1。根据表4—1，无论是城镇还是农村，无论是已退休人员领取养老金的比例还是未退休人员参加养老保险的比例，男性群体均高于女性群体。

---

① 《中国健康与养老追踪调查（CHARLS）抽样介绍》，2010年4月访问（http：//charls. ccer. edu. cn/charls/csample. asp），由于网页已更新，上述内容可参见“CHINA HEALTH AND RETIREMENT LONGITUDINAL STUDY－PILOT USERS GUIDE”，中国健康养老跟踪调查（http：//charls. ccer. edu. cn/zh－CN/page/data/2008－charls－pilot）。

表 4—1　**样本特征与分布**　（单位：个,%）

	整体			农村			城镇			有非农就业史人员		
	整体	男性	女性	整体	男性	女性	整体	男性	女性	整体	男性	女性
观测值数	2685	1302	1383	2154	1027	1127	527	274	253	1033	560	473
甘肃省	1260	612	648	1009	479	530	249	133	116	295	180	115
浙江省	1425	690	735	1145	548	597	278	141	137	738	380	358
覆盖率	13.40	17.13	9.90	2.66	3.72	1.69	57.80	68.03	46.8	33.88	38.39	28.54
甘肃省	11.66	16.58	7.00	0.89	1.68	0.19	55.69	70.45	38.6	49.15	55.56	39.13
浙江省	14.94	17.62	12.45	4.21	5.51	3.03	59.71	65.69	53.68	27.78	30.26	25.14
平均受教育年限	2.94	3.97	1.97	2.20	3.21	1.27	5.99	6.81	5.10	4.56	5.26	3.72
年龄	59.04	60.24	57.92	59.05	60.3	57.9	58.95	59.97	57.85	56.90	58.3	55.28
平均子女数	2.74	2.62	2.86	2.84	2.70	2.96	2.36	2.32	2.40	2.32	2.33	2.31

注：除观测值数、平均受教育年限与平均子女数外，其他为百分比。

为了进一步分析女性群体养老金覆盖率的影响因素，本研究参考 E-ven 和 Macpherson（1994）的做法，根据子女数和劳动力市场经验分类统计了女性公共养老金覆盖率，同时基于户籍制度对中国公共养老金①覆盖率的显著影响，本研究在上述分类统计中补充了城乡比较，上述信息的描述性统计请参见表 4—2。根据表 4—2，工作年限越长，女性公共养老金覆盖率越高，这一结果与既有制度相关，中国基本养老保险制度要求退休时缴费年限（含视同缴费年限）应不低于 15 年，故工作年限较短的女性很难获得养老金领取资格，这也在一定程度上限制了预期工作年限短的女性的缴费意愿。根据表 4—2，子女数越多的女性被公共养老金制度覆盖的可能性越低，这在一定程度上体现了女性的社会性别影响了其获取公共养老金的概率，因为女性会在子女照料上投入更多的时间，从而可能因此在一定时期退出劳动力市场。

---

① 由于 2008 年，新农保刚刚试点，而城镇居民养老保险制度尚未启动，因此，本研究所界定的公共养老金制度是国家基本养老保险制度（城镇职工养老保险制度）与机关事业单位养老金制度。

表 4—2 **根据子女数和劳动力市场经验分类统计的女性公共养老金覆盖率**

（单位：个,%）

	观测值	占所有女性观测值的百分比	公共养老金制度覆盖率
所有女性	1380	100	7.61
按城乡统计			
城镇	253	18.33	36.36
农村	1127	81.67	1.15
按子女数量统计			
0	7	0.51	0
1	202	14.64	26.73
2	478	34.64	5.44
3	321	23.26	4.05
≥4	372	26.96	3.23
按工作年限、子女数量统计			
工作年限<15 年	176	12.75	2.84
子女数量=0	1	0.07	0
=1	22	1.59	9.09
≥2	153	11.09	1.96
工作年限≥15 年	1204	87.25	8.31
子女数量=0	6	0.43	0
=1	180	13.04	28.89
≥2	1018	73.77	4.72

为了进一步判断社会性别是否对中国公共养老金制度覆盖率产生显著影响，下面本研究将用多变量回归方法进行分析。

（二）计量模型与变量

既有关于养老金制度覆盖率性别影响的实证研究主要是采用概率

模型进行分析。Even 和 Macpherson（1994）采用概率模型运用分解技术分析了美国公司养老金覆盖率与养老金水平的性别差异，该研究方法可以获得两性养老金覆盖率的差异估计值，并说明各因素的贡献程度，但其研究样本是有工作经历的个体；Barrientos（1998）采用概率模型分别分析两性养老保险参保意愿的影响因素，并使用边际效应比较的方法说明两性参保意愿产生差异的原因，由于该研究的样本为选择参加养老保险的人群。上述两个研究的样本处理均不存在选择性偏误问题，更确切地说，二者利用样本信息均无法克服选择性偏误问题。

尽管中国城镇职工基本养老保险允许灵活就业人员参保，但根据笔者的了解，灵活就业自愿参保人员往往是以往有过非农正规就业经历的人群，这些人由于历史上有缴费账户，而在离开非农正规就业岗位时尚未达到缴费年限要求或者由于希望通过提高缴费年限而提高养老金待遇水平，故而在离开非农正规就业岗位（例如，辞职或下岗）后仍然自我缴费。在城镇居民养老保险与新农保制度实施前，从未有过非农就业经历的人群在城镇职工养老保险制度中自我参保的比例非常低。可以说，2008 年，是否有非农正规就业经历基本成为是否能够被公共养老金制度所覆盖的前提条件，由于本研究的样本为包含无非农工作经历的群体，因此，用 Probit 模型会存在选择性偏误问题。参考既有研究的研究方法，结合中国的制度特征和本研究的样本特征，本研究分别选用 Heckprobit、Biprobit 与 Probit 模型分析中国基本养老保险体系覆盖率的性别影响问题，并进一步利用 Blinder - Oxaca 模型对上述影响进行分解。

Heckprobit 模型选择方程用以判断非农就业经历的影响因素；回归方程用以判断在有非农就业经历的条件下，个体是否被公共养老金制度所覆盖的影响因素。除社会性别外，年龄、户籍、经济发展水平、受教育年限等都对个体是否能够进入非农正规就业岗位有影响，故而本研究在考察非农正规就业经历的影响因素时除控制性别与社会性别（以婚姻状况和子女数代表个体的社会性别特征）外，还控制了年龄、户籍、当地 GDP 水平、省份等因素。

在 Heckprobit 回归方程中，本研究主要考察社会性别对公共养老金制度覆盖率[①]的影响。回归方程的主要解释变量为性别与社会性别，依然以婚姻状况和子女数代表个体的社会性别特征。除上述因素外，还有诸多其他因素对公共养老金制度覆盖率有重要的影响。第一，由于中国公共养老金制度，尤其是城镇职工基本养老保险制度多次出现政策变革，制度区分老人、中人、新人，故而不同年龄的群体在缴费期与支付期所面临的公共养老金政策可能有一定的区别，上述政策区别亦会影响个体的参保意愿，基于此，回归方程中控制了个体的年龄特征。第二，2008 年，农村公共养老金制度基本处于缺乏状态[②]，户籍特征对于个体的公共养老金制度覆盖率有重要影响，故而回归方程中控制了个体的户籍特征。第三，中国养老保险制度尚处于省地级统筹阶段，地方的经济发展水平与社会保障政策亦会对个体的公共养老金制度覆盖率产生影响，故而回归方程控制了地方 GDP 水平与省份这两个因素。表 4—3 给出了主要回归变量的基本统计描述。

Biprobit 和 Probit 模型的控制变量与 Heckprobit 选择方程的控制变量一致。

表 4—3　　**主要回归变量的基本统计描述**

变量名	均值	标准差	变量描述
被解释变量			
是否被公共养老金制度覆盖	0. 10	0. 30	1 = 是，0 = 否
解释变量			
性别与社会性别			
性别	0. 49	0. 50	1 = 男，0 = 女
婚姻状况	0. 01	0. 11	1 = 未婚，0 = 其他
子女数	2. 74	1. 48	样本子女数量

---

① 领取公共养老金或参加养老保险或在职的公务员、政府机构的其他正式编制的员工或比照政府机构运行的事业单位的正式编制的人员被界定为被公共养老金所覆盖。

② 由于老农保制度在 2008 年基本已经退出，而新农保尚未实施，因而本研究得出以上结论。

续表

变量名	均值	标准差	变量描述
其他控制变量			
年龄	59.03	10.58	连续变量
户籍	0.80	0.40	1 = 农村户口，0 = 城镇户口
地方 GDP	24968.59	19409.61	样本所在城市 2007 年人均 GDP 数据①
省份	0.47	0.50	1 = 甘肃省，0 = 浙江省

（三）计量结果

具体计量结果见表 4—4。通过比较可以发现：（1）三个回归模型性别均在 1% 的显著水平下对中国公共养老金覆盖率有影响，男性公共养老金覆盖率显著高于女性；（2）年龄分别在 1%、10% 和 5% 的显著水平下对公共养老金覆盖率有显著影响，尽管三个回归模型下显著水平有差异，但我们仍然可据此判断年龄对公共养老金覆盖率有显著的影响，年龄越大的人越易于为公共养老金制度所覆盖，造成这一结果的原因可能在于部分地区允许退休年龄临近时一次性补齐养老保险缴费以取得受益资格，这一措施会对退休年龄群体的养老金覆盖率产生显著影响；（3）户籍状态在 1% 的显著水平下对中国公共养老金覆盖率有显著的负面影响，农村居民更难以为国家基本养老保险制度所覆盖，这与我们当前的政策设计相关；（4）地方 GDP 在 1% 的显著水平下对公共养老金覆盖率有显著的正面影响，这说明经济发展水平越高的地区公共养老金覆盖率越高，这也许与地方对公共养老保险的财政投入能力相关；（5）婚姻状况对公共养老金覆盖率的影响不显著，造成这一结果的原因在于结婚后中国城镇女性一般并不退出正规就业岗位；（6）子女数量在 1% 的显著水平下对公共养老金覆盖率有显著的负面影响，因为女性在生育子女前可取得非农就业经历，而生育子女后女性可能由于家庭照料需要退出正规就业市场；（7）平均受教育年限在 1% 的显著水平下对公共养老金覆盖率产生正面影响，受教育年限越长，公共养老金覆盖率越高。

① 由于临夏市为甘肃省临夏回族自治州下属的县级市，本研究中该市样本的人均 GDP 取 2007 年临夏州的人均 GDP 数值，该数据可由《中国区域统计年鉴 2008》获得。

表 4—4　　公共养老金覆盖率性别影响的 Heckprobit、Biprobit 与 Probit 计量结果

	Heckprobit 模型			Biprobit 模型			Probit 模型		
	相关系数	标准差	边际效应	相关系数	标准差	边际效应	相关系数	标准差	边际效应
性别	0. 3067 ***	0. 1060	0. 0843	0. 3776 ***	0. 0894	0. 0395	0. 3467 ***	0. 0907	0. 0376
年龄	0. 0211 ***	0. 0067	0. 0058	0. 0096 *	0. 0051	0. 0007	0. 0124 **	0. 0054	0. 0013
户籍	-1. 3831 ***	0. 2055	-0. 3803	-1. 9741 ***	0. 0917	-0. 2122	-1. 9725 ***	0. 0895	-0. 2140
地方 GDP	8. 49e-06 ***	3. 30e-06	2. 33e-06	0. 0000 ***	3. 19e-06	1. 47e-06	0. 0000 ***	3. 04e-06	1. 49e-06
省份	0. 6343 ***	0. 1436	0. 1744	0. 0015	0. 1291	-0. 0090	0. 0937	0. 1237	0. 0102
已婚	1. 0199	0. 8029	0. 2804	0. 9332 *	0. 5000	0. 9437	0. 7868	0. 7163	0. 0854
平均子女数	-0. 1967 ***	0. 0558	-0. 0541	-0. 1572 ***	0. 0403	-0. 0159	-0. 1554 ***	0. 0466	-0. 0169
平均受教育年限				0. 0768 ***	0. 0101		0. 0821 ***	0. 0109	0. 0089
常数项	-1. 8396 ***	0. 8900		-1. 9420 ***	0. 5925		-2. 0083 **	0. 8133	
观测值数	2662			2662			2662	Pseudo R^2	0. 4979
$p>\chi^2$	0. 0000			0. 0000			0. 0000		
	Wald test of indep. eqns. (rho = 0)：$\chi^2=11.87$ $p>\chi^2=0.0006$			Likelihood - ratio test of rho = 0：$\chi^2=176.571$ $p>\chi^2=0.0000$					

注："＊＊＊""＊＊""＊"分别表示在 1%、5% 和 10% 的水平下显著。

本研究进一步采用 Blinder – Oxaca 分解方法分析中国公共养老金覆盖率性别差异的程度，分别以女性和男性为参照组所得结果略有差异但基本是一致的，根据该结果，中国男性公共养老金覆盖率比女性高 7.16%，其中近 50% 的差异是由不可解释的因素带来的（表 4—5）。

表 4—5　**公共养老金覆盖率性别差异的 Blinder – Oaxaca 分解结果**　（单位：%）

	以女性为参照组		以男性为参照组	
	覆盖率	比重	覆盖率	比重
总差异	-0.0716	100.00	-0.0716	100.00
可解释部分	-0.0336	46.99	-0.0354	49.50
不可解释部分	-0.0379	53.01	-0.0361	50.50

（四）结论及政策建议

本研究利用 CHARLS 数据，从微观个体角度考察了中国公共养老金制度覆盖率是否存在性别差异问题。本研究发现，中国公共养老金政策在享受待遇条件方面不存在性别差异性，因此，同样具备非农就业经历的前提下，男性的公共养老金覆盖率并不显著地高于女性；但是，由于在就业方面的性别差异，男性进入非农正规就业领域的概率显著高于女性，从而本研究认为性别本身对公共养老金覆盖率有间接的影响。为了规避这一影响，未来可实施加强降低劳动力市场歧视的劳动力市场监控措施，增加遗嘱养老金制度，以及构建覆盖全民的普惠的公共养老金制度安排等政策措施。

另外，由于子女数量显著地影响公共养老金制度覆盖率，而女性更可能由于子女照料而丧失为公共养老金制度覆盖的机会，因此，有必要在未来公共养老金制度安排中补充家庭照料时间的缴费核算政策。

二　国家基本养老保险体系待遇水平的性别差异研究

本研究进一步利用 CHARLS 数据研究中国公共养老金待遇水平的性别差异问题。表 4—6 给出了中国公共养老金待遇水平及其影响因素的基本统计变量的描述性统计结果。根据表 4—6 可以看出，无论是历史数据（退休第一年公共养老金待遇水平）还是现实数据（当前月公共养老金水平），均表明男性公共养老金待遇水平高于女性。但利用养老金替代率从相对保障水平来看，男性的公共养老金替代率并不显著地高于女性，仔细比较发现，女性公共养老金替代率统计标准差显著地高于男性，为了剔除异常值的影响，我们将公共养老金替代率低于150%的两性样本进行比较分析，发现男女公共养老金替代率并不存在显著差异，这一结果也恰恰说明我国的国家基本养老保险制度具有再分配效应。

表4—6 **公共养老金待遇水平的描述性统计** （单位：%）

	整体			男性			女性		
	观测值数	均值	标准差	观测值数	均值	标准差	观测值数	均值	标准差
公共养老金替代率	145	177.5	329.6	86	149.96	216.8	59	217.6	445.1
公共养老金替代率<150%	112	92.99	26.78	73	93.19	25.85	39	92.61	28.78
退休第一年公共养老金待遇水平	150	817.0	621.7	86	829.95	641.4	64	799.7	598.8
退休前一年年薪水平	157	737.4	699.5	91	811.62	740.9	66	635.0	629.1
当前月公共养老金水平	181	1353	564.0	107	1423.1	569.7	74	1252	543.6
受教育年限	181	6.6	4.78	107	6.20	4.95	74	7.19	4.50
年龄	181	63.27	8.80	107	65.98	7.92	74	59.34	8.59
子女数	181	2.47	1.33	107	2.81	1.34	74	1.97	1.15
工作年限	162	31.38	7.61	95	33.89	7.61	67	27.81	6.05

注：公共养老金替代率=退休第一年公共养老金待遇水平/退休前一年年薪。

本研究利用最小二乘法分析国家基本养老金待遇水平的性别差异问题，回归结果见表4—7，根据表4—7，性别对公共养老金待遇水平差异并没有显著的影响。我们进一步利用Blinder－Oxaca分解方法判断公共养老金待遇水平的性别差异程度，表4—8给出了分解结果，结果表明性别不显著影响两性公共养老金待遇水平。

根据回归分析与Blinder－Oxaca分解结果，本研究认为，国家基本养老保险体系在养老金待遇水平方面不存在性别差异。

表 4—7　　　**公共养老金待遇水平性别影响的 OLS 回归结果**

	整体		女性		男性	
	相关系数	标准差	相关系数	标准差	相关系数	标准差
性别	14. 0579	74. 0055				
年龄	7. 3658 *	3. 9547	2. 3858	4. 8431	8. 1920	5. 8538
户籍	－219. 4366 *	117. 7093	－633. 3291 ***	130. 2888	－9. 5047	123. 9485
地方 GDP	0. 0063 ***	0. 0014	0. 0077 ***	0. 0016	0. 0042 **	0. 0019
子女数	31. 4839	25. 5350	95. 6952 **	41. 2151	－0. 6931	34. 0484
平均受教育年限	23. 4402 ***	8. 0137	9. 0840	10. 2365	28. 6470 ***	9. 9304
最终工资	0. 3495 ***	0. 0588	0. 4196 ***	10. 2365	0. 3073 ***	0. 0701
工作年限	13. 6381 ***	4. 8933	14. 5846 **	6. 3347	16. 5251 ***	6. 0728
常数项	－192. 4838	244. 9102	－18. 3411	319. 8628	－204. 91	389. 94
观测值数	148		61		87	
p 值	0. 0000		0. 0000		0. 0000	
R^2	341. 55		291. 33		362. 82	

注："＊＊＊""＊＊""＊"分别表示在 1%、5% 和 10% 的水平下显著。

表 4—8　　　**两性公共养老金待遇水平的 Blinder－Oaxaca 分解结果**

	以女性为参照组	以男性为参照组
总差异	－141. 8914	－141. 8914
可解释部分	－144. 1908	－144. 7445
不可解释部分	2. 2994	2. 8531

第二节　基于优化视角的居民最优养老保险选择研究

我国在新中国成立初期即有机关事业单位和企业职工的退休养老制度。20 世纪 90 年代，为了实现企业改制的目标，我国将企业职工的退休养老制度变更为企业职工基本养老保险制度。而为实现养老保障覆盖人人这一目标，进入 21 世纪后，我国又推行了新型农村居民养老保险制度与城镇居民养老保险制度，并改革了机关事业单位养老保险制度。在养老保险制度下，参保人只有退休前履行缴费义务，才能于退休后领取养老金。当前我国公共社会养老保险制度均规定参保人享受养老金待遇的条件之一即参保缴费满 15 年。对于有公共养老保险参保选择权的群体来说，存在是否参保以及缴费时间的选择问题。

目前关于社会养老保险缴费年限的讨论侧重于缴费年限对于养老金领取额或养老金替代率的影响，例如，王晓军等（2009）、王海东和李珍（2013）与张桂荣（2009）。事实上，参保人不仅关心最终的养老金待遇水平，还更关心是否存在最优缴费年限，使其扣除养老保险缴费成本后的养老金净收入最大化，然而既有研究并未探讨这一问题。本研究即尝试回答这一问题。由于新农保与城居保制度推行时间短，参保人选择最优缴费年限的问题尚不突出，故本节着重分析城镇职工基本养老保险制度下参保人的最优缴费年限选择问题。

根据 2008 年《中华人民共和国劳动合同法》，为职工缴纳养老保险费属于用人单位的法定义务。这也意味着签有劳动合同从事正规就业的劳动者均需缴纳养老保险费，即正规就业参保人在就业期间无须选择最优缴费年限。然而，我国城镇职工养老保险制度允许没有正规劳动合同的个体工商户等灵活就业人员自愿参保，由于收入不稳定以及不了解国家相关政策等原因，我国灵活就业人员参加社会保险的比例较低（何平、华迎放，2005）。观察身边的灵活就业人员可以发现，这一群体非常关心缴费年限问题。而且，20 世纪 90 年代参保的灵活就业人员在连续缴费的情况下基本达到 15 年的最低缴费年限要求，是否要继续缴费无疑成为这一群体关注的重要问题。本研究即以灵活就业的参保人为研究对象，从动态优化的角度判断是否存在最优缴费年限，进而分析最优缴费年限的影响因素。由于国家基本养老金待遇与退休年龄密切相关，我国实行的法定退休年龄制度规定男女两性的退休年龄有很大的差异，同时两性的平均预期寿命有差异，因此，两性所选择的最优缴费年限亦会有一定的差异。

本节首先在介绍国家基本养老保险制度的缴费与计发政策的基础上，利用动态优化方法分析求解最优缴费年限，进而判断最优缴费年限的影响因素；第二部分利用情景模拟方法计算典型参保人的最优缴费年限，根据模拟结果分析两性最优缴费年限选择的差异；第三部分给出结论与启示。本节的研究旨在为灵活就业人员解除最优缴费年限选择的困惑，让灵活就业人员更加了解国家基本养老保险制度为其带来的福利，从而提高灵活就业人员的参保比例。

一　最优缴费年限的动态优化

（一）国家基本养老保险制度的缴费与计发政策

根据《国务院关于完善企业职工基本养老保险制度的决定》（以下简称“38 号文件”），城镇个体工商户和灵活就业人员参加基本养老保险的缴费基数为当地上年度在岗职工平均工资，缴费比例为20%，其中8%计入个人账户，退休后按企业职工基本养老金计发办法计发基本养老金。该文件进一步规定，基本养老金由基础养老金和个人账户养老金组成。退休时的基础养老金月标准以当地上年度在岗职工月平均工资和本人指数化月平均缴费工资[①]的平均值为基数，缴费每满 1 年发给 1%。个人账户养老金月标准为个人账户储存额除以计发月数，计发月数根据职工退休时城镇人口平均预期寿命、本人退休年龄、利息等因素确定。根据上述政策，可知：

$$\begin{aligned}\text{基本养老金} &= \text{基础养老金} + \text{个人账户养老金}\\ &= \frac{\text{退休上年度在岗职工月平均工资} + \text{本人指数化月平均缴费工资}}{2}\\ &\quad \times \text{缴费年限} \times 1\% + \frac{\text{个人账户余额}}{\text{计发月数}} \qquad (1)\end{aligned}$$

显然，基础养老金是待遇确定型的 DB 计划，属于现收现付的筹资模式，灵活就业人员个人缴费基数的 12% 即纳入基础养老金的统筹基金；个人账户养老金表面上类似于缴费确定型的 DC 计划，属于预先积累的筹资模式，灵活就业人员个人缴费基数的 8% 即纳入其个人账户。如果个人账户养老金属于纯粹的缴费确定型计划，那么在按计发月数发放完毕之后，社保机构将不向参保人发放个人账户养老金，即参保人随着年龄的增长其领取的基本养老金可能出现瞬间下降的问题。为避免这一问题为老年人带来的财务困扰，目前，在财政支持下，无论是基础养老金还是个人账户养老金都具有生存年金的性质，终身发放。同时，为了保障老年人的生活水平，在退休后基本养老金将随经济发展情况逐年上涨。显然，除公式（1）所列的各因素外，参保人个人预期寿命对终身所获得的养老保险净收入有重要的影响。

---

① 本人指数化月平均缴费工资 = 退休上年度在岗职工月平均工资×本人缴费工资指数。

（二）最优缴费年限的动态优化模型

假设典型参保人 A 于 x 岁时开始参加国家基本养老保险，退休前每年年底一次性缴费，连续缴费 t 年，于 n 岁时达到退休年龄办理退休手续，于 d 岁时离世，退休后每年年初一次性领取年养老金；W_x代表第 x 年公布的当地上年度在岗职工月平均工资，a 代表平均缴费工资指数，g_1代表在岗职工月平均工资的年均增长率；P_n代表退休第一年所领取的月基本养老金，g_2代表退休后基本养老金的年均增长率；m 代表计发月数①；r 代表基本养老保险个人账户年均收益率；R_n代表参保人退休后所领取的养老金在退休时点的现值，C_n代表参保人全部缴费在退休时点的现值，E_n代表参保人 A 参加养老保险的净收入在退休时点的现值②，即 $E_n = R_n - C_n$。

根据 38 号文件，参保人 A 参保第一期缴费额为：

$$20\% \times W_x \times 12 \tag{2}$$

退休时点其基本养老金个人账户余额为：

$$\frac{8\% W_x\ (1+r)^{n-x}}{r-g_1} \times \left[1 - \left(\frac{1+g_1}{1+r}\right)^t\right] \times 12 \tag{3}$$

退休第一年领取的月基本养老金为：

$$P_n = \frac{W_x(1+g_1)^{n-x-1}(1+a)}{2} \times t \times 1\% \times \frac{8\% W_x(1+r)^{n-x}}{m(r-g_1)} \times \left[1 - \left(\frac{1+g_1}{1+r}\right)^t\right] \times 12 \tag{4}$$

根据期初增长型年金现值公式，参保人 A 缴费 t 年时，退休后所领取的国家基本养老金在退休时点的现值为：

$$R_n(t) = \frac{12P_n(1+r)}{1-g_2} \times \left[1 - \left(\frac{1+g_2}{1+r}\right)^{d-n}\right] = \frac{12W_x(1+r)}{r-g_2}$$

---

① 计发月数 m 取决于退休年龄。根据当前的政策规定，当 $n=60$ 时，$m=139$；当 $n=55$ 时，$m=170$；当 $n=50$ 时，$m=195$。

② 由于参保人最低缴费年限为 15 年，相关文件允许参保时距离退休时点少于 15 年的参保人于退休时一次性补齐剩余的缴费，对于此类参保人，只要 E_n（15）>0，则其参加国家基本养老保险的最优缴费年限将为 15 年，本文仅研究参保时距离退休时点不少于 15 年的参保人，故当 E_n（15）>0 时，$t=n-x$。否则，$t=0$，即当退休时点的养老保险净收入现值为负时，个人的最优选择是不参保。

$$\times\left[1-\left(\frac{1+g_2}{1+r}\right)^{d-n}\right]\times\left[\begin{array}{l}\frac{(1+a)(1+g_1)^{n-x-1}}{2}\times t\times 1\% \\ +\frac{96\%(1+r)^{n-x}}{m(r-g_1)}\times\left[1-\left(\frac{1+g_1}{1+r}\right)^t\right]\end{array}\right] \tag{5}$$

根据期末增长型年金终值公式，参保人连续缴费 t 年时，其全部缴费在退休时点的现值为：

$$C_n(t)=\frac{20\%W}{r-g_1}\times\left[1-\left(\frac{1+g_1}{1+r}\right)^t\right]\times(1+r)^{n-x}\times 12 \tag{6}$$

参保人 A 参加国家基本养老保险的净收入在退休时点的现值为：

$$E_n(t)=R_n(t)-C_n(t)=\frac{12W_x(1+r)}{r-g_2}\times\left[1-\left(\frac{1+g_2}{1+r}\right)^{d-n}\right]$$

$$\times\left[\begin{array}{l}\frac{(1+a)(1+g_1)^{n-x-1}}{2}\times t\times 1\%\times\frac{96\%(1+x)^{n-x}}{m(r-g_1)} \\ \times\left[1-\left(\frac{1+g_1}{1+r}\right)^t\right]\end{array}\right]$$

$$-\frac{20\%W}{r-g_1}\left[1-\left(\frac{1+g_1}{1+r}\right)^t\right]\times(1+r)^{n-1}\times 12 \tag{7}$$

参保人 A 欲寻求最优缴费年限 t，以使 E_n（t）最大化。

由于时间 t 是离散变量，对于参保人 A，若存在最优缴费年限 t，则要满足 E_n（t）$\geqslant E_n$（$t+1$）整理后得：

$$t\geqslant\log_{\left(\frac{1+g_1}{1+r}\right)}\left\{\frac{\frac{(1+r)}{r-g_2}\times\left[1-\left(\frac{1+g_2}{1+r}\right)^{d-n}\right]\times\frac{(1+a)(1+g_1)^{n-x-1}}{2}}{(1+r)^{n-x-1}\times\left[20-\frac{(1+r)}{r-g_2}\times\left[1-\left(\frac{1+g_2}{1+r}\right)^{d-n}\right]\times\frac{96}{m}\right]}\right\} \tag{8}$$

不等式（8）右侧所得的数值即为参保人 A 的最优缴费年限，若该值小于 15，则参保人 A 的最优缴费年限为 0 年，若该值大于等于 15，则参保人 A 的最优缴费年限为 $n-x$。根据公式（8），参保人 A 的最优缴费年限取决于个人退休年龄、预期寿命、初始缴费年龄、缴费工资指数、养老保险个人账户收益率、养老金年均增长率、在岗职工平均工资增长率等众多因素。可以说，不存在普适性的最优缴费年限。

二　最优缴费年限的模拟分析

（一）最优缴费年限的模拟

最优缴费年限的选择具有较大的个体差异，参保人个人最了解自己的情况，在养老金账户收益率（r）、在岗职工平均工资增长率（g_1）与公共养老金年均增长率（g_2）较为明确的情况下，个人可以结合自身的情况根据不等式（8）右侧的公式求解个人的最优缴费年限。为了更加直观地给出参保人员最优缴费年限，本研究首先对上述宏观指标进行假设。

（1）关于养老保险个人账户基金收益率的假设：目前，国家基本养老保险制度的个人账户基金主要用于购买国债和银行专项储蓄存款，其运营收益率较低，故本研究假设 $r = 2\%$。

（2）关于在岗职工平均工资年均增长率的假设：根据《中国统计年鉴 2012》所提供的 1995—2011 年在岗职工平均工资计算得出在岗职工平均工资年均增长率达到 13.6%，考虑到未来我国在岗职工统计口径有扩大的趋势，即低收入群体将被纳入统计范围，本研究假设 $g_1 = 8\%$。

（3）关于国家基本养老金年均增长率的假设：自 2001 年以来，我国每年都对城镇企业职工基本养老金进行调整；调整基数自 2008 年开始使用上一年度企业退休人员的人均基本养老金；每次调整都采取“基本调整 + 特殊调整”的做法，即在基本调整的基础之上，再向一些特殊退休人群进行倾斜性照顾。尽管上述调整原则较为明确，但事实上，我国当前尚未建立规范的养老金调整机制，各地每年基本养老金的调整比例也非常不规范（阳义南、申曙光，2012）。基于上述背景，难以给出单一的基本养老金年均增长率的假设。当然，养老金待遇增长率不应高于在岗职工平均工资的年均增长率，否则会诱使职工选择提前退休或尽早退休（汪泽英、曾湘泉，2004）。基于这样的认识，本研究分别计算基本养老金年均增长率为 3% 和 5% 的条件下，典型参保人的最优缴费年限。

在给出上述三个宏观指标的假设后，本研究测算发现无论个人在初始缴费年龄、退休年龄、预期寿命、缴费工资指数方面的个体差异有多大，只要退休后预期余寿超过 10 年，个人均应参加国家基本养老保险并缴费满 15 年。

根据 38 号文件，灵活就业人员应该以当地在岗职工平均工资为缴费基数，即 $a = 100\%$。但各地在实践中往往允许灵活就业参保人以在岗职工平均工资的60%—100%选择缴费基数。本研究即分析平均缴费工资指数为60%、80%、100%的三类典型参保人的最优缴费年限与个人特征间的关系。表4—9给出了根据公式（8）和相关假设所计算的典型参保人最优缴费年限。根据表4—9的模拟结果可知，随着缴费工资指数的提高、初始缴费年龄的提前与预期寿命的延长，缴费年限应有所提高。

（二）最优缴费年限选择的性别差异分析

我国国家基本养老保险制度的性别差异主要体现为两性退休年龄的性别差异。根据劳动和社会保障部1999年发布的《关于制止和纠正违反国家规定办理企业职工提前退休有关问题的通知》，国家法定的企业职工退休年龄是男年满60周岁，女工人年满50周岁，女干部年满55周岁。表4—9亦根据这一规定模拟了三类典型参保人的最优缴费年限。由于女性平均寿命高于男性，而女性的退休年龄又较男性低，故女性领取养老金的时间普遍长于男性。为了使个人退休后有较好的养老保障水平，较为健康的女性应尽可能在退休前多缴费。表4—9的模拟结果亦说明了这一点。根据表4—9，当女性预期寿命达到80周岁及以上时，无论女性的缴费年龄与缴费工资指数的差异有多大，女性均应该在退休前的工作期间内缴费，即健康女性的最优缴费年限应该是整个工作期。然而在现实生活中，女性群体参加国家基本养老保险的比例却显著低于男性，而且由于生育、家庭照料等因素，女性更易于退出正规劳动力市场，即女性更容易成为非正规就业人员。更近一步说，女性更容易成为能够选择最优缴费年限的灵活就业人员。根据表4—9，本研究认为退出正规劳动力市场的女性亦应在满足国家基本养老保险缴费条件时主动缴费，这种缴费选择不仅有利于提高其退休后的养老金水平，还有利于使得终身的养老金净收入最大化。

当然，男女两性最优缴费年限选择的差异是有限的，基本养老金年均增长率越接近于在岗职工平均工资增长率，参保人越健康，预期寿命越长，越应该选择在整个工作期内缴费。这一选择决策对于男女两性都是适用的。只是由于退休年龄的差别，对于退休后预期寿命较短的男性所选择的最优缴费时间将低于女性。一直以来，两性的预期寿命均不断延长，在这一趋势下，作为有财政担保发放的生存型养老金——国家基本养老保险更有利于帮助个体抵御长寿风险，而理性参保人在选择最优缴费年限时应对自己的预期寿命有充分的预估。

表 4—9　　典型参保人最优缴费年限　　（单位：年）

			男性（60周岁退休）			女性（55周岁退休）			女性（50周岁退休）		
			$d=70$	$d=80$	$d=90$	$d=70$	$d=80$	$d=90$	$d=70$	$d=80$	$d=90$
$g_2=3\%$	$x=20$	$a=60\%$	24	37	40	27	35	35	27	30	30
		$a=80\%$	26	39	40	29	35	35	29	30	30
		$a=100\%$	28	40	40	31	35	35	30	30	30
	$x=30$	$a=60\%$	15	27	30	17	25	25	17	20	20
		$a=80\%$	16	29	30	19	25	25	19	20	20
		$a=100\%$	18	30	30	21	25	25	20	20	20
$g_2=5\%$	$x=20$	$a=60\%$	26	40	40	29	35	35	30	30	30
		$a=80\%$	28	40	40	31	35	35	30	30	30
		$a=100\%$	30	40	40	33	35	35	30	30	30
	$x=30$	$a=60\%$	16	30	30	19	25	25	20	20	20
		$a=80\%$	18	30	30	21	25	25	20	20	20
		$a=100\%$	20	30	30	23	25	25	20	20	20

注：d 代表预期寿命、x 代表开始缴费的年龄、a 代表参保人平均缴费工资指数、g_2 代表基本养老金年均增长率。

三　结论与启示

本研究用动态优化的方法分析了灵活就业人员参加国家基本养老保险的最优缴费年限。本研究发现最优缴费年限受到宏观因素与个体因素的共同作用，不同参保人的最优缴费年限选择会具有一定的差异，两性最优缴费年限的选择亦有一定的差异，而且这种差异集中于预期寿命较短的群体。

本研究在模拟分析部分以典型的灵活就业参保人为研究对象，现实生活中部分下岗职工最终以灵活就业人员的方式缴纳基本养老保险费，对于这部分群体，由于其工作期间的缴费比例与缴费基数与灵活就业人员有一定的差异，因此其最优缴费年限的选择更为复杂，但是本研究的优化思路同样适用于这一群体。

为了尽量给出最优缴费年限的优化解，本研究以国家基本养老保险个人账户收益率为贴现率，而未充分区分社会养老保险个人账户收益率、个人投资回报率与通货膨胀率在最优缴费年限决策过程中的差异性作用，未来有必要进一步在优化模型中考虑个人投资回报率与通货膨胀率的作用。

第五章　非缴费型公共养老金制度研究

前面的分析表明，从理论的角度来看，中国需要构建由非缴费型的国家基本养老金制度安排、强制缴费型的养老金制度安排与自愿储蓄型养老金制度安排这三大支柱构成的养老金体系；从中国的现实来看，中国存在碎片化的公共养老金制度安排，而且当前缴费型的养老保险制度安排易将无缴费能力的贫困人口排斥在养老保障之外。如何让中国的公共养老金制度安排能够更好地发挥其消除老年贫困的功能？本研究认为，解决这两个问题有两种思路：第一，整合城乡养老保险体系，第二，重构中国的基础养老金体系。从短期来看，第一个思路尽管面临着一系列难题，但较易于为人们接受。但如上文分析，这种制度安排难以更好地扩大养老保障制度的覆盖范围，如果要真正发挥公共养老金消除老年贫困的功能，最根本的解决途径是跳出养老保险制度安排，重构中国的基础养老金体系。事实上，实施养老保险全国统筹与重构中国的基础养老金体系不是互相矛盾的问题，通过养老保险全国统筹战略的实施有利于尽快结束中国碎片化的公共养老金制度安排。在较为统一的体制下，更易于重构全国统一的基础养老金体系。当然，如果可能的话，可以在构建中央统筹的基础养老金制度的基础上统一中国的公共养老金制度安排。

第一节　非缴费型公共养老金制度研究综述

尽管最近国际养老金体系改革有走向私有化的趋势，但非缴费型养老金模型正日益引起致力于通过扩大老年社会保障覆盖范围减贫的政策制定者和分析家们的注意（Johnson 和 Williamson，2008）。世界银行最近也呼吁扩张“零支柱”老年社会保障战略，即某种非缴费型的、税收融资的、普惠制（universal）或家计调查型（meaning tested）老年社会保障计划（Holzmann 和 Hinz，2005）。

在诸多国家，非缴费型养老金制度已经或者即将起到日益重要的作用。首先，从已有的制度实践来看，非缴费型养老金制度近些年来在南非、巴西等发展中国家起到日益重要的作用。另外，当前在后社会主义世界起相对边际作用的非缴费型养老金制度在不久的将来也将起到日益显著的作用（Müller，2005）。尽管从经济、社会等各个方面考察，中国同苏联东欧等转轨国家、同南非巴西等发展中国家都存在一定的差别；但是，中国同大多数发展中国家又有着诸多共同的养老保障制度目标，例如，扩大养老保障制度的覆盖范围、减少甚至消除老年贫困、公平收入分配、保证养老保障制度的可持续性等。基于他国的已有实践与中国的养老保障制度发展目标，笔者认为中国有必要进一步思考非缴费型养老金制度的作用与在中国实践的可能。本研究拟对已有关于非缴费型养老金制度的研究进行综述，希图能够借此加强人们对非缴费型养老金制度的认识并对中国养老金制度的设计提供一定的参考。

一　非缴费型养老金制度效果研究

普惠制养老金制度与家计调查型养老金制度是非缴费型养老金制度的两种表现形式：前者指不考虑居民的性别、工作历史、婚姻状态、种族、残疾与否等特征，赋予所有的老年居民相同的获取养老金的权利（Gorman，2005）；后者指居民的养老金权利的获取状态取决于政府对其家庭财产状况或收入状况调查的结果，即家计调查型养老金制度旨在仅向贫困或低收入老年人提供非缴费型养老金。由于非缴费型养老金制度下，居民的养老金领取资格不受制于其缴费状态，故该项制度的实施产生了许多积极的社会经济效果。

（一）非缴费型养老金制度有利于扩大养老保障体系的覆盖范围

由于非缴费关联而又不依赖于长期的就业记录，所以相对于社会保险体系、合作或小额保险而言，社会救助体系能够更好地将社会保障制度扩展至低收入人群（Overbye，2005）。其中，向贫困人口和最贫困群体提供常规收入的非缴费型养老金和扶贫计划被证明能够成功地将保障扩展至低收入国家老年人口和他们的家庭（Barrientos，2007）。另外，非缴费型养老金对于非正规就业人口获取社会保障尤为有效（Willmore, 2007）。阿根廷、巴西等拉丁美洲国家非缴费型养老金制度的实践充分证明了这一点（Bertranou et al. , 2004）。基于相关研究，设计政府可支付水平的普惠制非缴费型养老金被认为是发展中国家应对养老金甚至是社会保障覆盖率危机（coverage crisis）的重要途径（Charlton, 2005）。

（二）非缴费型养老金制度有利于减轻老年人及其家庭的贫困程度

在大多数社会，由于诸多因素的影响，脆弱性（vulnerability）随着年龄的增长而增长（Barrientos 和 Lloyd – Sherlock, 2002）。非缴费型养老金体系对于减轻老年人及其家庭的贫困和脆弱性作出了显著的贡献（Barrientos, 2007）。在巴西和南非的样本中，计划（非缴费型养老金计划）覆盖组的贫困发生率比计划未覆盖组分别低 5. 5 个和 1. 9 个百分点，计划覆盖组的贫困缺口率比计划未覆盖组分别低 6. 7 个和 3. 3 个百分点，同时非缴费型养老金计划在应对极端贫困方面更有力度（IDPM, 2003）。在玻利维亚，2006 年向 65 岁以上人口提供的每年大约 235 美元的非缴费型养老金（bonosol）有效地减轻了老年人的贫困程度，2007 年改革后向 60 岁以上人口提供的每年大约 314 美元的普惠制养老金（renta dignidad）将更有效地改善老年人的生活状态（Müller, 2009）。通过对毛里求斯、加拿大和挪威三个普惠制养老金制度先行国家的非缴费型养老金制度实践的研究，可发现普惠制非缴费型养老金对于减轻三个国家老年家庭的贫困状态均产生了有益的影响。而且，相对于家计调查型养老金制度而言，普惠制养老金制度能够更有效地降低贫困和社会不公平程度（Kildal 和 Kuhnle, 2008）。

除以上制度实施效果外，非缴费型养老金制度无论从政治、经济还是社会的角度看均可以使国家、公众和个人受益。即在非缴费型养老金制度下，政府需要改革其管理结构从而有利于提高政府行为的透明度，企业所有者和农民会将养老金投资于新资本从而使公众获利，非缴费型养老金的获得有利于改善老年人及其家庭成员的健康状态从而提高老年人的家庭地位（Johnson 和 Williamson, 2008）。

当然，非缴费型养老金制度也有其局限性，例如，由于依赖于政府资金的提供故而相对于其他老年保障形式更不可靠，可能降低人们参与缴费型养老保障体系的积极性，可能降低家庭成员向家中老年人提供经济保障的责任感（Johnson 和 Williamson，2008）。

二　非缴费型养老金制度实施条件研究

可行性（feasibility）和可支付性（affordability）是准备实施非缴费型养老金制度前需要考虑的重要问题（Gorman，2005）。而且，就非缴费型养老金制度的实施条件而言，普惠制养老金制度与家计调查型养老金制度有其共性亦有区别。

首先，从可行性的角度来看，任何考虑实施非缴费型养老金制度的国家均需要具有核对预期领取者年龄、居住身份和其他类似信息的途径（Johnson 和 Williamson，2006）。当然，相对于普惠制养老金制度，家计调查型养老金制度需要政府掌握更多的信息。一般情况下，大多数实施家计调查型养老金制度的国家以收入水平作为非缴费型养老金获取资格的判断标准，此外，还有个别国家以资产水平（例如，澳大利亚）作为判断标准，但可能在发展中国家以家庭是否拥有稀缺消费品（scarce consumer goods，例如水、电、机动车等）作为判断标准更合适。需要指出的是，上述判断标准越复杂，家计调查型养老金制度的执行成本就会越高，因为这一标准很难在制度覆盖范围内被一致性地执行，从而可能引发更多的腐败行为。此外，在家计调查型养老金制度下，家庭可能会采取策略性的行动并隐瞒他们的真实收入（James，2001）。综上，相对于普惠制养老金制度，家计调查型养老金制度要求政府具有更高的管理能力（Shen 和 Williamson，2006）。

其次，从可支付性的角度来看，实施非缴费型养老金制度要求一国政府具有基本的融资能力（financial capacity），而其所需要的融资能力水平部分地取决于养老金待遇的优厚程度（Johnson 和 Williamson，2006）。由于针对同一群体所采取的普惠制养老金制度的覆盖水平会高于家计调查型养老金制度，因此，相等待遇水平的普惠制养老金制度的财务成本要显著高于家计调查型养老金制度。为了降低养老金制度的财务成本，实施普惠制养老金制度的发展中国家养老金领取者的门槛年龄普遍高于实施家计调查型养老金制度的发展中国家，而且前者所提供的非缴费型养老金待遇水平普遍低于后者（James，2001）。

正是由于普惠制养老金制度与家计调查型养老金制度在实施条件方

面存在上述差异，已有研究认为相对于家计调查型养老金制度，普惠制养老金制度更不易于引致腐败与诈欺（Holzmann 和 Hinz，2005），也更不易于降低人们就业、储蓄与参与缴费型养老金制度的积极性（Overbye，2005）。无效（disutility）、信息失真（informational distortion）、激励扭曲（incentive distortion）、行政损失（administrative losses）被视为家计调查型养老金制度的社会成本（Willmore，2006），而普惠制养老金制度有利于降低家计调查型养老金制度所产生的上述成本（Kildal 和 Kuhnle，2008）。即整体来看，尽管普惠制养老金制度的财务成本高于家计调查型养老金制度，但是，综合考虑社会成本后，普惠制养老金制度的总成本可能低于家计调查型养老金制度。基于此，相对于家计调查型养老金制度，低收入国家更适于引入普惠制养老金制度（Gorman，2005；Willmore，2007；Johnson 和 Williamson，2008）。

三　非缴费型养老金制度实践研究

截至2007年，世界上有72个国家实施了非缴费型养老金制度，其中，46个是中低收入国家（HelpAge International，2007）。最近十年，更是有越来越多的低收入国家开展了非缴费型养老金计划实践。例如，玻利维亚、莱索托、尼泊尔、孟加拉国在最近十年内引入了上述计划，同一时期巴西、阿根廷和印度则显著扩充了上述计划（Barrientos，2007）。在非缴费型养老金制度中，普惠制养老金制度更是引起了学者们的注意。1945年，世界上仅有新西兰一个国家实施普惠制养老金制度，到1965年，实施普惠制养老金制度的国家数达到9个，而到2005年实施这一制度的国家数已经达到16个（Kildal 和 Kuhnle，2008）。

在已经实施非缴费型养老金制度的国家，其制度覆盖范围可能是符合年龄条件的全体国民，也可能仅针对农村居民。从财务角度来看，养老金制度的研究者主要关注资金筹集、资产管理、待遇支付三大环节，由于非缴费型养老金制度是现收现付型的，不存在积累基金的投资运营问题，故无须考虑资产管理环节。鉴于此，表5—1对各国的非缴费型养老金制度的覆盖人群、资金来源、待遇水平与财政负担等进行了归纳。

表 5—1　　部分国家非缴费型养老金制度实践总结

类型	国家	覆盖人群（年龄下限，岁）	资金来源	待遇水平（美元/人月）	财政负担（GDP 占比）
家计调查型	南非	60（女） 65（男）	税收融资	70	1.4%
	巴西	67（城市） 60（农村男） 55（农村女）	税收融资	140	1.3%
	阿根廷	79	税收融资	105	0.23%
	智利	70	税收融资	60	0.38%
	孟加拉国	57	税收融资	2	0.03%
	印度	65	税收融资	4	0.01%
	哥斯达黎加	65	雇主供款、税收融资	30	0.3%
	乌拉圭	70	税收融资	90	0.62%
普惠制	莱索托	70	税收融资	25	2%
	玻利维亚	60	国有企业红利、税收融资	26	1.2%
	纳米比亚	60	税收融资	23	0.9%
	毛里求斯	60	税收融资	61（60—89 岁） 229（90—99 岁） 262（100 岁以上）	1.7%
	博茨瓦纳	65	税收融资	30	0.5%
	尼泊尔	75	税收融资	2	0.1%
	萨摩亚群岛	65	税收融资	33	1.4%
	文莱	60	税收融资	120	0.4%
	科索沃	65	税收融资	50	2.7%
	墨西哥	70	税收融资	65	0.2%

注：（1）根据 Barrientos（2007）、Barrientos 和 Lloyd - Sherlock（2002）、IDPM（2003）、Johnson 和 Williamson（2006）、Müller（2009）、Willmore（2007）整理而得。（2）玻利维亚的普惠制养老金曾于 2008 年进行了改革，即将领取资格从 65 岁降低于 60 岁、待遇水平由 235 美元/年提高到 314 美元/年（Müller，2009）。目前，尚无研究体现最新制度下养老金制度成本的 GDP 占比，故表格中的该数据为改革前的数据，当然新制度下这一比例将有所上升。（3）待遇水平一栏的数据可能由于不同年份各国货币与美元间汇率的变动而有所变动。

显然，非缴费型养老金制度的成本取决于制度覆盖范围及养老金待遇水平（Bertranou et al.，2004）。除受制度成本影响外，一国非缴费型养老金制度的负担能力短期内取决于一国政府为该制度的融资能力，长期看则部分地取决于一国经济发展水平。表5—1显示，一国基本能够以1—3个百分点的GDP支撑国内的非缴费型养老金计划。国际劳工组织社会保障部的模拟研究显示在部分撒哈拉以南非洲国家一项基本的非缴费型养老金制度的成本大约占GDP的1%（Pal et al.，2005）。有研究预测表明，如果2005年阿根廷为65岁以上老人提供普惠制养老金的GDP占比为1.5%，到2050年这一比例将上升至4%（Bertranou et al.，2003）。可见，从财务可持续性的角度出发，判断一国能否实施非缴费型养老金制度还有赖于对该国人口发展趋势与经济发展水平的充分认识。

四　关于缴费型与非缴费型养老金制度融合的研究

建立养老保障制度之初，关于缴费型与非缴费型养老金制度地位的问题就是制度建立者关注的问题之一，当时，可供选择的养老金体系共有六种：普惠制非缴费型养老金体系、部分非缴费型养老金体系（家计调查型养老金制度，例如英国和澳大利亚的养老金体系）、有政府补贴支持的强制性养老保险体系（例如德国的养老金体系）、有政府补贴支持的自愿性养老保险体系（例如比利时的养老金体系，该国同时运行社会救助性质的非缴费型养老金体系）、公共管理下的年金体系（例如加拿大的养老金体系）、个人管理下的自愿性养老保险体系，由于支出方面的考虑，普惠制非缴费型养老金制度未能成为最初制度实践者的选择（Baldwin，1910）。缴费型的与收入关联的养老金制度有利于满足人们的不同偏好、提高国民储蓄、避免收入和财富的再分配、保证未退休劳动者的生活标准、建立可供政府使用的基金等（Willmore，2006），故缴费型养老金制度是养老保障制度建立之初大多数国家的选择。然而，如前所述，走到今天，非缴费型养老金制度越来越多地受到人们的关注。德国、法国、意大利、奥地利、西班牙等社会养老保险体系的实践者也于20世纪90年代开展了非缴费型养老金的制度改革实践（Bonoli和Palier，2007）。

另外，由于非缴费型养老金制度基本以减少或消除老年人贫困为目标，该制度所提供的养老金水平有限，因此，执行这一制度的国家一般同时运行缴费型与非缴费型养老金制度（Barrientos，2007；Müller，2005）。应该说，能够将水平相对优厚的普惠制基本养老金权益与收入关联型养老金权益良好结合的养老金政策将能够使无力为自身退休后生活融资的群体脱离贫困状况（Kangas 和 Palme，2000）。

当然，缴费型养老金制度与非缴费型养老金制度在融合过程中还面临一定的问题。例如，非缴费型养老金制度的实施可能会降低人们参与缴费型养老金制度的积极性，这就使得同时实行两种养老金制度的国家陷入一种两难境地：如果非缴费型养老金待遇水平过于优厚就可能使得缴费型养老金制度更不可持续；另外，如果非缴费型养老金待遇水平过低就可能使得难以为缴费型养老金制度（例如养老保险制度）覆盖的非正规就业群体处于贫困状态。而且由于发展中国家政府的执行能力普遍低于发达国家，发展中国家更可能提供较低水平的非缴费型养老金以提高人们参与缴费型养老金制度的积极性（James，2001）。此外，由于在历史上，缴费型养老金制度与非缴费型养老金制度完全基于不同的原则由不同的机构分别进行管理，二者之间无论是在组织构架上还是管理文化上都存在一定的差异，因此，在融合两种养老金制度的过程中，会遇到一系列政治问题，而要尽快并且尽可能地解决或规避上述问题就需要大量额外的外部支持并且需要在能力建设方面进行大量的新投资（Charlton，2005）。

五　建议中国实行非缴费型养老金制度的研究

目前，中国建立的是社会统筹与个人账户相结合的部分积累制的养老保险体系。社会保险的制度安排可能由于政府对制度覆盖人口的财政补贴而产生累退性的再分配效果（regressive redistribution），并且不利于非正规就业人员获取社会保障（Overbye，2005）。中国当前养老保险体系的覆盖范围有限，3/4 的劳动人口未被养老保险体系覆盖，尤其在农村正规养老保险体系的覆盖程度仅为 11%；而中国在传统文化与低经济发展水平方面与实行积累制养老金改革的拉丁美洲国家有相似之处，拉美国家改革不能大幅度提高养老金体系的覆盖率这一事实说明中国如果继续单纯沿着积累制养老金体系改革的逻辑亦无法扩大养老保障体系的覆盖范围；中国的老龄化发展趋势又说明未来的中国不能依靠当前这种家庭养老模式较好地赡养无养老保障支持的老年人（Calvo 和 Williamson，2008）。

在上述背景下，应该依靠何种养老保障制度模式来更好地为中国老年人提供养老保障呢？非缴费型养老金制度可能是这一问题的解决方案之一。由于中国中央政府目前难以掌握家计调查型养老金制度所需的准确可靠的个人收入数据，而由地方政府进行收入调查又可能引起腐败行为（Shen 和 Williamson，2006），因此，普惠制养老金制度安排可能是中国未来非缴费型养老金制度安排的选择。

阳义南、董克用（2009）对中国实行供款型农村养老保险制度的约束条件进行分析，指出全面覆盖的农村养老金制度必须包括非供款型的养老金计划。进一步，当前诸多研究认为中国应在农村实施普惠制的非缴费型养老金制度。Shen 和 Williamson（2006）建议中国实行统一待遇标准的省级统筹（由省财政出资支持，同时中央政府向贫困省份补贴）的非缴费型养老金体系，即仅以年龄和居住地作为唯一的资格标准（注意，各省获取养老金的起始年龄可能不同）。张晖、何文炯（2007）根据2005 年相关数据及2000 年人口普查资料，对在中国农村建立普惠制养老金制度（建议养老金待遇水平为 600 元/年/人）进行了测算，结论是所需资金总量较大，但是占同期财政支出的比例并不高。Yang et al.（2009）针对中国农村的实际情况，设计了覆盖农村地区的普惠制非缴费型养老金制度（其中将 65 岁及以上人口界定为具有领取资格的人口，将官方贫困线界定为养老金待遇水平），该文指出这一制度安排有利于降低农村地区的贫困化程度，减少城乡间的收入差距，并且有利于促进社会和政治稳定。Shen 和 Williamson（2006）认为普惠制养老金制度最初应在中国农村实行，但随着制度的成熟可逐渐扩充到城市地区。

六　小结与思考

人口老龄化、城镇化、工业化、移民、艾滋病等因素使得低收入国家家庭养老模式受到严重冲击，急需寻找新型的养老保障制度安排加强老年人的生活保障（Barrientos，2007）。非缴费型养老金制度在扩大养老保障覆盖范围、降低老年人及其家庭的贫困程度方面所实现的制度效果似乎要求低收入国家进一步思考实施非缴费型养老金制度的可能。

本节从以下五个方面对国际上关于该制度的研究加以综述：非缴费型养老金制度效果研究、非缴费型养老金制度实施条件研究、非缴费型养老金制度实践研究、缴费型与非缴费型养老金制度融合研究、建议中国实行非缴费型养老金制度研究。已有研究表明，在低收入国家，非缴费型养老金制度在扩大养老保障制度覆盖范围、减轻老年人及其家庭的贫困程度方面起到了重要作用；尽管非缴费型养老金制度需要可行性与可支付性两方面的前提，已有的制度实践表明大多数发展中国家具有实施非缴费型养老金制度的能力；而且，与缴费型养老金制度融合的非缴费型养老金制度更有利于实现非缴费型养老金制度的减贫效果。

当然，非缴费型养老金制度的实施要求可行性与可支付性两方面的前提条件，前者要求低收入国家提高政府的管理能力，而后者要求低收入国家政府提高其融资能力。不过，已有国家的制度实践似乎说明大多数发展中国家具有实施非缴费型养老金制度的能力。笔者相信，随着各发展中国家政府执行能力的提高，在不久的将来，非缴费型基础养老金制度与缴费型养老保险体系可以共同承担起大多数发展中国家的养老保障任务。

第二节　构建普惠制公共养老金体系的意义探讨

自2001年进入老龄化社会以来，中国的老龄化程度不断加深，2010年65岁以上人口占总人口的比重已高达8.87%，比2000年上升了1.91个百分点。[①] 由于计划生育等诸多因素的影响，未来几十年中国的老龄化速度将快于欧美国家，在固定出生率（constant - fertility variant）的假设下到2060年中国65岁以上人口占总人口的比重将高达

① 根据第五次和第六次人口普查数据计算而得。

29.6%，接近西欧国家的平均水平[①]。在老龄化中国，研究可持续的公共养老金制度具有重要的现实意义。

当前，中国的公共养老金制度主要由覆盖不同人群的差异化的养老保险制度组成，这种碎片化的养老金制度不仅有失公平性、妨碍劳动力流动，还加大管理成本（朱玲，2010），在建设覆盖全民的公共养老金制度的过程中有必要对现行养老金制度实施结构性改革。公共养老金制度应以消除老年贫困为目标，并同时具备公平性与可持续性这两大特征。社会保险的制度安排可能由于政府对制度覆盖人口的财政补贴而产生累退性的再分配效果，并且不利于非正规就业人员获取社会保障（Overbye，2005），因此，较之养老保险制度，非缴费型养老金制度显然更有助于实现公共养老金制度的公平性目标。非缴费型养老金制度可分为普惠制养老金制度与家计调查型养老金制度两种模式。由于中国中央政府目前难以掌握家计调查型养老金制度所需的准确可靠的个人收入数据，而由地方政府进行收入调查又可能引起腐败行为（Shen 和 Williamson，2006），因此，普惠制养老金制度可能是中国未来公共养老金制度安排的选择。

一　全国统一的基础养老金制度是覆盖全民的社会保障体系的重要组成部分

2006 年《中共中央关于构建社会主义和谐社会若干重大问题的决定》提出，到 2020 年，要基本建立覆盖城乡居民的社会保障体系。党的十七大报告进一步明确提出要“以基本养老、基本医疗、最低生活保障制度为重点，以慈善事业、商业保险为补充，加快完善社会保障体系”。在上述精神的指导下，两年来，中国各级政府不断探索加强养老保障体系建设的实践。尽管，现有的实践使得中国养老保障体系覆盖范围不断加大，但是五大养老保障体系差别较大，而且城乡居民养老保险制度由地方根据自身财政状况探索建立，各地方政策不一，待遇水平差异较大。这种割裂的养老保障制度安排使得部分制度受地方财政水平差

① 资料来源：Population Division of the Department of Economic and Social Affairs of the United Nations Secretariat, World Population Prospects: The 2010 Revision，联合国经济与社会事务部网站（http：//esa. un. org/unpd/wpp/index. htm）。

异影响而难以充分扩大覆盖范围。在这一背景下，有必要建立全国统一的基础养老金制度。

二　非缴费全民普惠型基础养老金制度符合基础养老金的公共品属性

人们日常生活中的消费品（含无形的服务）有公共物品与私人物品之分。公共品是指那些在消费上具有非竞争性与非排他性的产品。由于所具有的非竞争性与非排他性的程度不同，公共品又被进一步划分为纯公共品与准公共品。现实生活中的纯公共品很少，我们日常所说的大多数公共品都属于准公共品。其中，具有排他性和非竞争性的准公共品被称为俱乐部产品，因为一旦满足这类产品的消费门槛，就可以在不减少他人消费的情况下消费此类产品。众所周知，公共品通常需要由政府进行供给制度安排，那么，对于俱乐部产品，其消费门槛成为供给制度安排考察的重点。当然，某种物品的公共品属性还取决于所考察的人群，我们日常生活中所提到的公共品，主要是从全民的角度来看的。

综观中国当前的养老保障体系可以发现，各大养老保险体系的制度安排中，覆盖人群的养老金待遇均由基础养老金和个人账户养老金共同构成，而且，基础养老金的获取资格均在一定程度上取决于个人的缴费状态（尤其是缴费年限）。从这个角度来看，当前社会养老保险制度安排所提供的是具有排他性的俱乐部产品。之所以下这样的结论，原因是：一方面，覆盖范围内的人员如果未履行缴费义务将不能获得养老保险的待遇保障，因此，养老保险具有排他性；另一方面，各类社会养老保险均在某一层次上实行社会统筹，当统筹资金不足以支付当地的保险待遇时，一般由财政加以补贴，因此，某人获取养老保险的待遇支付并不减少他人可能享有的养老保险待遇，故养老保险具有非竞争性。即缴费年限要求成为当前社会养老保险制度安排的消费门槛。

由于中国各地区经济发展水平不同，养老保障制度安排必然会体现地区的经济水平差异，即不可能实行全国待遇水平绝对同一的养老保障制度，故中国的养老保障制度安排必然是具有地区差异的排他性的俱乐部产品。现在的问题是，当前制度安排的消费门槛是否合理？如上所述，当前的社会养老保险制度安排事实上是将无缴费能力的人口隔离于制度之外。由于绝大多数老年人已丧失劳动能力，属于社会的弱势群体，故在建设社会主义和谐社会的过程中应由政府保证全体老年人的基本生活，即政府所提供的最基本的养老保障制度安排不应将无缴费能力人口排除在外。尤其是当前，扩大社会养老保险覆盖范围主要是扩大城乡居民养老保险体系的覆盖范围，而这一制度的拟覆盖群体存在大量的贫困人口（没有缴费能力的人口）。如果基础养老金待遇资格继续与个人账户的缴费状态挂钩，则显然会影响养老保障制度对贫困人口的覆盖。另外，各大养老保障制度均存在财政保证基础养老金（统筹养老金）支付这一隐藏的转移支付制度安排，如果贫困人口难以为养老保障制度覆盖则意味着基础养老金所涉及的财政转移支付职能是向非贫困人口转移资源，这又显然有悖于社会公平。可见，当前的社会养老保险制度安排的消费门槛不可能满足人人有养老保障这一目标。

当然，通过某种复杂的制度安排仍然可以依靠养老保障制度实现人人有养老保障这一目标。例如，可通过社会救助代贫困人群向养老保险体系缴费。此时，社会救助不仅要解决贫困人口当前的生存问题还要为其未来的保障获取资格缴费，但是这种制度安排所涉及的交易成本（例如，界定与调查贫困人口信息的成本、甄别信息的成本等）较高。另外，这种制度安排的政策设计较普惠制的非缴费型养老金制度安排复杂，复杂的制度安排会进一步增加执行成本，因此，这种制度安排并不为大多数国家所采用。从体现社会公平和降低制度执行成本的角度来看，对全民实行普惠制非缴费型基础养老金制度是建立覆盖全民的养老保障体系的必然选择。国际经验亦表明，构建非缴费型全民养老金体系，有利于覆盖非正规就业和农村就业人群（覆盖全体老年人）。

综上，如果我们将基础养老金作为社会最基本的养老保障制度安排（依靠基础养老金达到消除老年贫困的目标），那么，从基础养老金的公共品属性出发，应跳出养老保险模式，以普惠性非缴费模式构建中国的基础养老金制度，即将重构的普惠制基础养老金制度作为消除老年贫困的第一支柱。

第三节 普惠制公共养老金制度设计研究

从财务的角度讲，任何一类养老金制度设计都涉及三个环节：资金筹集环节、资产管理环节与待遇支付环节。关于普惠制基础养老金制度的资金筹集问题，各国所普遍采用的一般税或特别税的税收征缴法可为我们所借鉴，但具体的税制安排涉及企业税收负担、社会公平等多方面，完善的筹资制度安排已超出了本书的研究范围。另外，由于基础养老金是一种现收现付的制度安排，这一制度安排在资金管理环节所涉及的主要是统筹层次与统筹方法问题，基本不存在基金积累与投资运营等问题，本书前面的章节已经指出，拟设计的普惠制基础养老金制度应该是中央统筹、由中央财政保证支付的，本节拟不进一步探讨这一制度的资产管理环节。基于以上问题，本节主要从财务角度，考察普惠制基础养老金制度的待遇水平确定、制度静态成本问题，下一节将继续探讨这一制度安排的长期可持续性问题。

一　全民普惠制基础养老金待遇水平确定

由本章第一节的内容可知，绝大多数国家的普惠制养老金制度所提供的是同一水平的养老金。但是，与其他国家普惠制养老金制度安排的背景不同，中国地域范围较广，各地区间、城乡间经济发展不平衡，因此，对全民实行绝对统一的养老金待遇水平将难以保障经济发展水平较高地区老年人口的基本生活。也正由此，笔者认为应该从相对公平的角度分区域分城乡界定老年人口基础养老金待遇。

利用中国现有的统计数据，关于普惠制基础养老金计发基数（或待遇水平）的确定可以有以下两类依据，一是社会平均工资，二是居民平均消费支出。由于后者更能够反映养老金的基本需求，而且利用后者有利于界定老年贫困，故本研究依据居民平均消费支出确定普惠制基础养老金待遇。

（一）老年贫困的界定

如前所述，基础养老金应以消除老年贫困为目标，这就要求其制度安排能够保证实现其消除老年贫困的功能。关于贫困人口的界定有绝对贫困和相对贫困两个维度。前者是将各种经济收入合计不足以满足个人的衣食住行等最基本的生存需要，生命的延续受到威胁的人口界定为绝对贫困人口；后者是将一个国家或地区20%的最低收入阶层或收入水平低于社会平均生活水平1/2的群体作为相对贫困人口（罗遐，

2007）。

陈永昌（1990）指出确定贫困线与编制贫困指数是国外测度绝对贫困的两个重要途径。其中，更有诸多国家和地区通过确定贫困线的方法界定贫困人口。长期以来，中国政府制定的贫困线标准包含：绝对贫困线标准与低收入贫困线标准两部分，前者是相对更困难的人群。1985 年的贫困线标准是人均年纯收入 200 元，此后根据物价指数，逐年微调。2005 年中国绝对贫困线标准是年人均年纯收入 683 元，2007 年上调为 785 元，低收入贫困线标准为年人均年纯收入 786—1067 元（周敏凯、周薇，2008）。尽管随着中国经济发展水平的提升，中国的官方贫困线不断提升，但这一水平仍然低于联合国每人每天 1.25 美元的绝对贫困线标准，也低于大多数国家的贫困线标准。近年来，有许多关于中国的官方贫困线过低的讨论。世界银行 2009 年 3 月的报告认为中国官方贫困线不仅低于国际标准，相对于不断增长的收入和政府目标而言这一贫困线也较低，该报告甚至认为中国的贫困线可能难以满足最基本的食品和非食品需求（World Bank，2009）。

中国较低水平的官方贫困线有其客观必然性，但已有研究表明，相当于官方贫困线水平的基础养老金难以保证老年人的基本生活，无法实现利用基础养老金消除老年贫困这一制度目标。鉴于此，本研究拟从相对贫困角度界定国家基础养老金制度目标。显然，从这一角度所确定的基础养老金待遇更有利于保障老年人的基本生活。

（二）基础养老金待遇水平的确定

由于城乡居民收入方式和消费结构不同，为合理保持地区之间和城乡之间的差异，本研究拟将基础养老金分别按照各地区城市和农村的消费支出进行计算。即从相对贫困的角度，将各省城镇居民家庭平均每人年消费性支出的 50% 界定城镇居民基础养老金支付水平，农村居民家庭平均每人年生活消费性支出的 50% 界定农村居民基础养老金支付水平。以 2007 年为例，拟设计制度下全国各地区月养老金水平如图 5—1 所示，其中，城市最低为 313 元（青海省），最高为 719 元（上海市），待遇差为 2.3 倍；农村最低为 80 元（贵州省），最高为 369 元（上海市），待遇差 4.6 倍；城乡间最低基础养老金待遇差为 3.9 倍，最高基础养老金待遇差为 1.9 倍。图 5—2 描述了拟设计制度下全国各地区城乡基础养老金待遇水平占人均国内生产总值的比重，由于各地经济发展水平差异巨大，不同地区的这一比重有较大差别，可以发现城镇基础养老金水平占人均 GDP 的比重普遍在 13%—40%，农村基础养老金水平占人均 GDP 的比重普遍在 4%—14%。由国际上其他实行普惠制养老金制度的国家（或地区）的实践来看（见表 5—2），这一比例的高低与否均是合理的。

表 5—2　　**（2003 年前后）部分国家普惠制养老金待遇水平占人均 GDP 的比重**　　（单位：%）

国家（或地区）	新西兰	毛里求斯	纳米比亚	博茨瓦纳	玻利维亚
GDP 占比	46（个人） 35（夫妻）	16（60—89 岁） 60（90—99 岁） 68（100 岁以上）	16	10	26
国家（或地区）	尼泊尔	萨摩亚群岛	文莱	科索沃	墨西哥城
GDP 占比	10	22	10	50	5.5

资料来源：Willmore（2007），pp. 31 – 32。

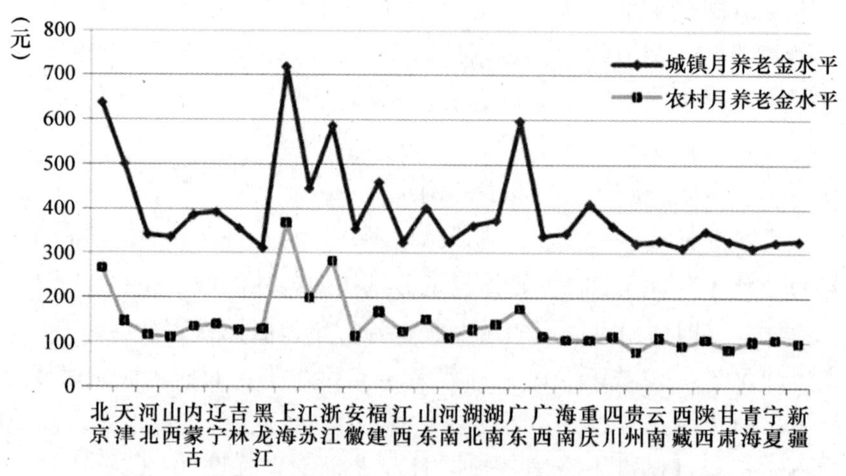

图 5—1　拟设计制度下全国各地区基础养老金支付水平

注：2007 年城镇居民家庭平均每人年消费性支出和农村居民家庭平均每人年消费性支出的数据来自《中国统计年鉴 2008》。

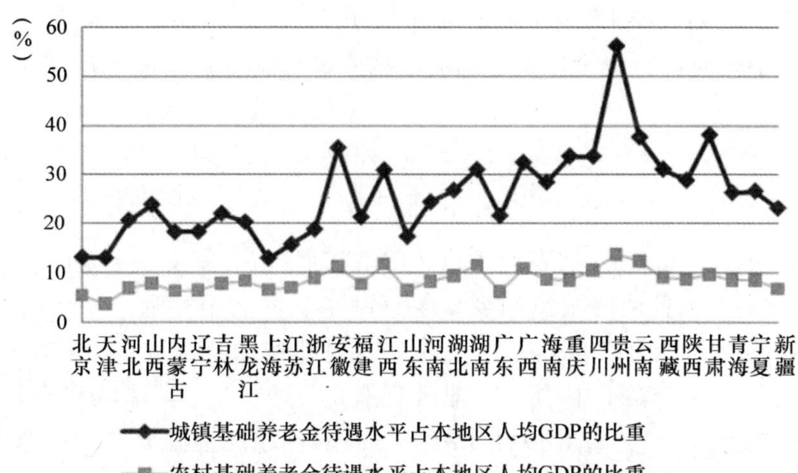

图5—2　拟设计制度下全国各地区基础养老金待遇水平占人均GDP的比重

二　普惠制基础养老金制度成本的静态分析

从静态的角度来看，某一时期建立基础养老金制度的财务成本取决于该期制度覆盖人口数与养老金的待遇水平。前面已经确定了基础养老金的待遇水平，下面本节首先考察中国各地区的老年人口数。

（一）公共养老金初始领取年龄的界定

目前，中国不同养老金制度所界定的初始领取年龄（统称退休年龄）具有一定的差异，如城镇职工基本养老保险规定普通女性退休年龄为50周岁、女干部退休年龄为55周岁、男性退休年龄为60周岁；而一些城乡居民养老保险所界定的退休年龄为65周岁，如北京市。除体现地区经济发展水平差异的养老金待遇水平存在差异外，中央统筹的普惠制公共养老金制度应实现各地区政策的一致性，即应有全国统一的退休年龄。鉴于中国现有的制度安排与当前的相关讨论①，又鉴于国际上普遍将65岁以上人口界定为老年人（属于被抚养人口）这一通行做法，本研究拟确定65岁及以上的老龄人口具有领取公共养老金资格。

① 在国内，当前出现了关于推迟退休年龄的一系列讨论，现有讨论普遍认为推迟后的退休年龄应为65岁。而根据国际经验，在72个实行非缴费型养老金制度的国家中，27个国家将领取资格界定在65岁，更多的国家将领取资格界定在70岁。中国2006年的预期寿命为71岁，因此将领取资格界定在65岁是合理的（Yang et al.，2009）。

（二）拟设计制度财务成本的静态分析

就中国而言，拟设计的普惠制基础养老金制度的总成本可用如下公式计算：

$$C_i = P_{ui} \times R_{ui} + P_{ri} \times R_{ri} \quad (1)$$

$$C = \sum_{i=1}^{31} C_i \quad (2)$$

其中，P_{ui}和P_{ri}分别表示各地区城镇和乡村65岁及以上人口数；R_{ui}和R_{ri}分别表示各地区城镇和乡村普惠制基础养老金待遇水平；C_i表示各地区基础养老金总成本；C表示全国基础养老金总成本；其中，$i=1, 2, \cdots, 31$，表示中国大陆地区现有的31个省、自治区和直辖市。我们依据公式（1）计算拟设计制度下中国各地区基础养老金的总财务成本，利用公式（2）计算全国基础养老金的总财务成本，计算结果见表5—3。

由上述结果可知，由于各地人口老龄化程度不同，由消费支出水平不同所决定的养老金待遇水平不同，以及财政收入水平和GDP水平等的差异，如果由各省（自治区或直辖市）自行负担公共养老金总成本，则各地财政负担不同，湖南省的财政负担最重，但相对于整体经济而言（以GDP占比表示），四川省的负担最重。上述结果说明，若沿着省级统筹的逻辑开展公共养老金，则各地财政负担不同，存在一定的地区不合理性，需要中央政府针对这一统筹机制建立地区利益调节机制，这个过程较为复杂。但若由中央统筹公共养老金，中央财政保证公共养老金的支付，则2009年拟设计制度的公共养老金总成本占当年中央财政收入的7.42%，仅占当年全国GDP的1.49%。与建立普惠制养老金制度的国家（或地区）比较（见表5—4），这个负担是相对合理的。

表5—3　　2009年各地区普惠制公共养老金总成本　　（单位：%）

地区	合计（亿元）	财政收入占比	GDP占比	地区	合计（亿元）	财政收入占比	GDP占比
北京	143.76	7.09	1.18	湖北	191.66	23.52	1.48
天津	87.14	10.60	1.16	湖南	245.72	28.99	1.88
河北	192.53	18.04	1.12	广东	425.09	11.65	1.08

续表

地区	合计（亿元）	财政收入占比	GDP占比	地区	合计（亿元）	财政收入占比	GDP占比
山西	84.90	10.54	1.15	广西	132.07	21.27	1.70
内蒙古	85.03	9.99	0.87	海南	23.74	13.32	1.44
辽宁	241.20	15.16	1.59	重庆	133.29	20.34	2.04
吉林	100.86	20.71	1.39	四川	331.70	28.24	2.34
黑龙江	130.23	20.30	1.52	贵州	70.86	17.01	1.81
上海	263.69	10.38	1.75	云南	112.82	16.16	1.83
江苏	440.13	13.63	1.28	西藏	4.25	14.11	0.96
浙江	354.83	16.56	1.54	陕西	124.89	16.99	1.53
安徽	190.33	22.03	1.89	甘肃	57.48	20.06	1.70
福建	161.58	17.33	1.32	青海	11.39	12.98	1.05
江西	110.43	19.00	1.44	宁夏	14.85	13.31	1.10
山东	361.76	16.45	1.07	新疆	44.26	11.38	1.03
河南	248.94	22.11	1.28	全国	5084.86	7.42	1.49

注：（1）根据《中国统计年鉴2010》《中国就业与人口统计年鉴2010》相关数据计算而得。

（2）财政收入占比=城乡合计公共养老金总成本/当年地区财政收入；GDP占比=城乡合计公共养老金总成本/当年地区GDP。

表5—4　（2003年前后）部分国家普惠制养老金总成本的GDP占比　（单位:%）

国家（或地区）	新西兰	毛里求斯	纳米比亚	博茨瓦纳	玻利维亚
GDP占比	4.3	1.7	0.9	0.5	1.2
国家（或地区）	尼泊尔	萨摩亚群岛	文莱	科索沃	墨西哥城
GDP占比	0.1	1.4	0.4	2.7	0.2

数据来源：Willmore（2007），pp. 31－32。

第四节　普惠制基础养老金制度的长期可持续性分析

当前诸多研究认为中国应在农村实施普惠制的非缴费型养老金制度（张晖、何文炯，2007；杨德清、董克用，2008；阳义南、董克用，2009；Yang et al.，2009），随着在农村地区的成熟发展该制度可进一步扩充到城市地区（Shen 和 Williamson，2006）。尽管中国尚没有覆盖全民的非缴费型养老金制度安排，但当前的中国具有实施上述制度安排的能力（董克用和孙博，2011）。但是，随着中国老龄化程度的加深，上述养老金制度是否可持续呢？杨燕绥和朱祝霞（2011）基于国民基础养老金（本研究所讨论的全民普惠制公共养老金）制度安排测算中国社会保障税税率水平时曾粗略测算了全民普惠制公共养老金制度成本的财政支出占比与 GDP 占比，该文为全民普惠制公共养老金制度的可持续性研究提供了一个良好的开端；但是该文存在以下两点不足：第一，未能给出界定普惠制公共养老金待遇水平的依据，第二，未能依据宏观经济函数所给出的总消费与 GDP 间的内在关系分析公共养老金支出的可持续性，而是简单地假设每年城镇与农村居民家庭平均每人全年生活费支出、社会平均工资、财政支出、GDP 四者同步增长，这一假设的科学性有待推敲。基于既有研究的不足，本研究拟从财务角度，结合人口结构和平均消费倾向的变动趋势进行公共养老金制度的制度设计及其可持续性（可支付性）分析。

一　人口预测的一般分析

为了表达上的清晰、完整与方便，我们首先引入一些记号。

定义 $A \equiv \{0, 1, 2, \cdots, m\}$ 是有限的非负整数年龄集，即 $\forall a \in A$：a 是一个可能的整数年龄，表示“满 a 岁且未满 $a+1$ 岁”；其中，$\min A = 0$ 且 $\max A = m$。在本文中，为了简化分析，我们假设任何人的年龄都只能取 A 中的值，并且，任何人的年龄在第 t 年的任意时刻都取同一数值，即我们只以“满 a 岁且未满 $a+1$ 岁”来表达某人从第 t 年初到第 t 年末的年龄，且记该年龄为 a。定义 $A_{i-} \equiv \{a \in A \mid a \leqslant i\}$，即 A_{i-} 是未满 $i+1$ 岁的年龄段；定义 $A_{j+} \equiv \{a \in A \mid a \geqslant j\}$，即 A_{j+} 是满 j 岁的年龄段；定义 $A_{j-i} \equiv \{a \in A \mid j \leqslant a \leqslant i\}$，即 A_{j-i} 是满 j 岁且未满 $i+1$ 岁的年龄段。[①] 借助这些符号，我们定义 A_{14-}、A_{15-64}、A_{65+} 分别是少儿（或未满 15 岁）年龄段、劳动年龄段、老年（或满 65 岁）年龄段；这样，$A_{14-} \cup A_{65+}$ 即非劳动（或被抚养）年龄段。

定义 $P(a, t)$ 是一国在第 t 年初处于年龄 a（或满 a 岁且未满 $a+$

① 不妨规定 A_{i-}、A_{j+}、A_{j-i} 都可以是空集，这样，i、j 原则上可以取任意实数。

1 岁）的人口，即 $P(a, t)$ 表达了该国在第 t 年年初“人口按年龄分布”的情况。[①] 类似地，定义 $M(a, t)$ 与 $W(a, t)$ 分别是该国在第 t 年年初处于年龄 a 的男性人口与女性人口。显然，$M(a, t) + W(a, t) \equiv P(a, t)$。

$\forall S \subseteq A$：称 S 是一个年龄组；并定义 $P(S, t) \equiv \sum_{a \in S} P(a, t)$、$M(S, t) \equiv \sum_{a \in S} M(a, t)$、$W(S, t) \equiv \sum_{a \in S} W(a, t)$ 分别是该国在第 t 年年初处于年龄组 S 的总人口、男性人口、女性人口。进一步，定义 $P(t) \equiv P(A, t)$、$M(t) \equiv M(A, t)$、$W(t) \equiv W(A, t)$ 分别是该国在第 t 年年初的总人口、男性人口、女性人口；定义 $L(t) \equiv P(A_{15-64}, t)$、$\bar{L}(t) \equiv P(A_{14-}, t) + P(A_{65+}, t) \equiv P(t) - L(t)$ 分别是该国在第 t 年年初的劳动年龄人口、非劳动年龄（或被抚养）人口；定义 $b(t) \equiv \bar{L}(t) / L(t)$是该国在第 t 年年初的抚养比。在本文中，为了分析的方便，我们假设只有处于劳动年龄的人口才从事生产劳动；同时我们忽略各人在劳动能力上的差异，而将 $L(t) \equiv P(A_{15-64}, t)$ 笼统地称为“劳动人口”[②]。

运用前面引入的记号，对于该国的人口我们进一步定义：

在第 t 年处于年龄 a 的男性人口的变化率：$mdr(a,t) \equiv 1 - \dfrac{M(a+1,t+1)}{M(a,t)}$[③]

在第 t 年处于午龄 a 的女性人口的变化率：$wdr(a,t) \equiv 1 - \dfrac{W(a+1,t+1)}{W(a,t)}$

在第 t 年处于生育年龄的女性（育龄女性）人口的男孩生育率：$mbr(t) \equiv \dfrac{M(0,t+1)}{W(A_{15-49},t)}$[④]

在第 t 年处于生育年龄的女性（育龄女性）人口的女孩生育率：

---

① 不妨进一步规定 $\forall a \notin A$：$P(a, t) = 0$。这样，$P(a, t)$ 中 a 原则上可以取任意实数。

② 或者说，我们假设 $P(A_{15-64}, t)$ 中无劳动能力人口只占微不足道的比重。

③ 一国在第 t 年处于年龄 a 的人口的变化，主要是由于该年龄人口在该年死亡、迁入该国或迁出该国。

④ 本文对生育年龄（年龄段 A_{15-49}，即满 15 岁且未满 50 岁）的规定源于《中国统计年鉴》中的规定。

$$wbr(t) \equiv \frac{W(0,t+1)}{W(A_{15-49},t)}$$

不难看到，掌握了（$\forall a \in A$，t）M（a，t）与W（a，t）的情况，等同于同时掌握了以下情况：

（i）（$\forall a \in A$）M（a，0）与W（a，0）（设$t=0$代表基年）；

（ii）（$\forall t$）mbr（t）与wbr（t）；

（iii）（$\forall a \in A$，t）mdr（a，t）与wdr（a，t）。

也就是说，如果我们要预测在未来任一年年初处于任一年龄的男性人口与女性人口，我们就必须了解（或假设）在未来任一年里任一年龄的mbr（t）、wbr（t）、mdr（a，t）与wdr（a，t）的值。根据对（i）—（iii）所做的假设预测（$\forall a \in A$，t）M（a，t）与W（a，t），可以说是人口预测的一般模式。一般地，由于我们并不能精确地掌握关于（i）—（iii）的全部信息，因此人口预测不可能是完全精确的。换一个角度说，某种人口预测方案，事实上总是相对于关于（i）—（iii）的某些假设而言的。再或者说，人口预测事实上表明的是，如果一些因素既定或保持不变，人口变化的趋势将是什么。经常地，人口预测更主要的是在启示或警示我们，如果不注意某些因素的影响，或者放任某一因素的影响，人口形势在未来将出现什么样的结果，从而，人口预测可以提醒我们及时改变这些因素的影响。

当然，如何做出关于（i）—（iii）的假设，也并不是任意的，所作出的假设应该尽可能符合已有的人口变化的趋势。此外，做出这些假设也要充分考虑到数据可获得性的约束。

二　结合我国数据的人口预测

目前在有关我国人口预测的研究中，部分学者利用各次人口普查数据或抽样调查数据、结合各年龄段生育率、死亡率、出生性别比等假设来预测（杜鹏等，2005；陈卫，2006；封进和宋铮，2006），部分学者利用《中国统计年鉴》数据建立数理模型特别是灰色模型来预测（贺菊煌，2001；门可佩等，2007；陈作清等，2008）。由于数据、方法等多方面的差异，这些研究中的预测结果不尽相同，但整体上所预测的趋势相近。关于我国的人口预测基本上会提及我国的老龄化问题，但是本书关于基础养老金长期可持续性研究与老龄化中国人口红利实现可能性的研究需要关于劳动人口和总人口的增长率的预测数据，故国内外众多关于我国人口预测的结果本研究并不能使用。与封进和宋铮（2006）的需求相同，本研究也有必要对我国的人口进行重新预测。

与以往研究中的预测方法不同，本研究利用《中国统计年鉴（2006—2010）》列出的2005年年底（或2006年年初）—2009年年底（或2010年年初）分性别分年龄段的抽样人口数据，并结合该数据的特点采用了与FIVFIV人口预测模型类似的思想，以5岁年龄组为单元，进行间隔5年的人口预测（严浩，2007）。相关数据的具体情况可见表5—5。

从表5—5中我们发现如下特征。

（1）各年年鉴中列出的是在各年分年龄段（5岁段）分性别的抽样人口数据，而非在各年分年龄分性别的总体人口数据。

（2）在各年，未满5岁男性人口与育龄女性人口之比［用$MBR(v) \equiv M(A_{4-}, v) / W(A_{15-49}, v)$表示］在10.06%—10.66%；未满5岁女性人口与育龄女性人口之比［用$WBR(v) \equiv W(A_{4-}, v) / W(A_{15-49}, v)$表示］在8.26%—8.69%。两种比值各自在各年的差别都不超过0.6个百分点。

（3）在各年，满75岁男性人口与未满75岁男性人口之比［用$MGR(v) \equiv M(A_{75+}, v) / M(A_{74-}, v)$表示］在2.72%—3.25%；满75岁女性人口与未满75岁女性人口之比［用$WGR(v) \equiv W(A_{75+}, v) / W(A_{74-}, v)$表示］在3.6%—4%。两种比值各自在各年的差别也都不超过0.6个百分点。

表5—5　**2005—2009年抽样人口分年龄分性别情况**　（单位：人）

年份	2005		2006		2007		2008		2009	
年龄段（岁）	男	女	男	女	男	女	男	女	男	女
0—4	499709	407393	33121	27436	33163	26833	33352	27057	33140	27018
5—9	577004	483660	38942	31646	37275	30927	35314	29088	34705	28296
10—14	721493	631770	48057	41079	45342	38936	42560	36717	39749	33610
15—19	749084	694399	55481	49542	52436	46481	49438	43329	44170	39345
20—24	499927	536796	37271	38889	38520	40081	40003	40883	44001	43636
25—29	539235	571055	35868	38242	37245	39510	37497	38920	37678	37803
30—34	711021	734887	45819	47580	42623	44130	40627	41400	38833	39901

续表

年份	2005		2006		2007		2008		2009	
年龄段（岁）	男	女	男	女	男	女	男	女	男	女
35—39	813134	838354	56033	57920	57121	58270	54028	55269	52579	53461
40—44	732641	742898	57276	58505	57649	58198	56636	57072	55862	56494
45—49	575858	571720	38248	38247	37944	38140	42061	42640	45647	46719
50—54	622759	614170	45643	44964	46624	45858	46290	45668	42441	41893
55—59	462421	445014	34539	33737	36982	36243	39294	38260	39592	39522
60—64	342519	325791	24947	23939	25948	25050	26778	25929	28348	27342
65—69	286166	277929	20460	19536	20296	19554	19823	19361	20277	19837
70—74	224027	230928	16142	16550	16385	16851	16556	16746	16258	16234
75 +	227886	294121	16456	20551	17188	20940	18083	21844	18590	22003
合计	8584882	8400884	604303	588363	602740	585999	598339	580182	591871	573115
总计	16985766	1192666	1188739	1178521	1164986					
抽样比	1.325%	0.907‰	0.900‰	0.887‰	0.873‰					
MBR（*v*）	10.655%	10.069%	10.210%	10.438%	10.442%					
WBR（*v*）	8.686%	8.341%	8.261%	8.468%	8.513%					
MGR（*v*）	2.727%	2.799%	2.935%	3.116%	3.243%					
WGR（*v*）	3.628%	3.619%	3.706%	3.912%	3.992%					

数据来源：《中国统计年鉴》（2006—2010）。

注：2005 年数据为全国 1% 人口抽样调查数据；2006—2009 年数据为人口变动情况抽样调查数据。所有调查的标准时间均为各年 11 月 1 日 0 时。

根据年鉴中数据的以上特征，我们在预测时采用以下方法。

我们知道，“年龄”“新生儿（人口）”等的定义与度量其实与预先规定的时间段有关。通常所说的“年龄”与“新生儿（人口）”都是以“自然年”为时间单位进行考察或度量的。由于年鉴中并没有列出处于每个年龄的人口，而是以 5 年为一个年龄段列出相关人口数据，考虑到这种数据上的限制，我们不妨把 5 年当成一个“年龄单位”。按此规定，在预测未来人口时，我们也以 5 年为一个“时间单位”，预测每经过一个时间单位，处于各年龄单位的人口的情况。再考虑到年鉴中各年数据存在的差异，我们分别以 2005 年、2006 年、2007 年、2008 年、2009 年这 5 个年份为基年，利用各基年数据预测从各基年开始的 15 个时间单位（共 75 年）里，每经过 1 个时间单位，处于各年龄单位的分性别的人口。也就是说，我们利用第 v 年年初（$v=2005$，2006，…，2009）的数据，预测在第 $v+5u$ 年年初（$u=1$，2，…，14，15），处于各年龄单位的分性别的人口。[①] 这样，我们会得到 5 组（因为我们有 5 套基年数据）未来 15 个时间单位内的预测数据。将这些数据合并在一起，我们可以得到 2010—2084 年各年年初分年龄段分性别的人口预测数据。这是本研究预测的基本思想。

同上述“时间单位”与“年龄单位”的规定相一致，本书引入 MBR（v）与 WBR（v）相当于这样一种理解：把未满 1 个年龄单位的人口规定为（基于此种“年龄单位”的）“新生儿”，从而 MBR（v）与 WBR（v）反映了各时间单位里“新生儿人口”与育龄女性人口之比。或者说，MBR（v）与 WBR（v）相当于前面定义的 mbr（t）与 wbr（t），区别只在于对时间单位与年龄单位的规定不同（分别是 5 年与 1 年）；它们都可以理解为育龄女性在各时间单位里的（基于不同“年龄单位”规定的）“生育率”。

本研究将考察期设为未来 75 年（或未来 15 个时间单位），即 2010—2084 年，这主要是考虑到我国人口的预期寿命在未来年份里很可能一直保持在 70 岁以上的水平，本研究由此将我国人口的预期寿命设为 75 岁，也就是说，我们要预测未来一个预期寿命长度内的人口变化情况。

在具体的预测中，我们进一步采用以下技术性假设。

（1）根据各基年的人口抽样比，我们可以推得各基年各种相关的总体数据。

（2）2005—2009 年，MBR（v）与 WBR（v）各自在各年都既互不相同，又相差不大，考虑到这种波动，我们设 $\forall u \in \{0, 1, 2, 3, \cdots, 15\}$，$v \in \{2005, 2006, 2007, 2008, 2009\}$：

$$\frac{M(A_{4-}, v+5u)}{W(A_{15-49}, v+5u)} = \mathrm{MBR}(v)\ ,\ \frac{W(A_{4-}, v+5u)}{W(A_{15-49}, v+5u)} = \mathrm{WBR}(v)$$

其中，MBR（v）与 WBR（v）根据各基年数据计算而得。该假设实际上假设了，在未来各年，分性别的未满 1 个年龄单位的人口与育龄

---

① 为了表达上的一致与方便，我们不妨将年鉴中的存量数据都理解为各年年初的存量数据。

女性人口之比总与基年相同。国内流行的人口预测方法是外生给定未来时期的总和生育率，按既定的生育模式将其分解为未来时期各育龄组的生育率（贺菊煌，2001）。这种预测方法的主要问题是总和生育率的设定。从1990年年初开始，中国进入了低生育水平时期，而伴随中国人口进入低生育水平时期，生育率就成了一个谜（郭志刚，2010）。第五次人口普查得到的总和生育率是1.22；以往人口规划中使用的总和生育率口径是1.8；于学军（2002）的研究认为2000年中国的总和生育率应为1.6—1.8；杜鹏等（2005）根据教育数据估计的2000年总和生育率为1.73；王浩（2007）指出国家统计局近年定期进行的人口变动情况调查所估算的总和生育率一直没有高于1.45；郭志刚（2010）通过对20世纪90年代中国生育率不同数据的分析认为，2000年时中国的实际总和生育率很可能还不到1.5。总和生育率水平设定上的差异，会对预测结果的差异有较大影响。例如，王浩（2007）分别以1.6和1.8作为总和生育率参数对总人口进行预测，两种预测中，尽管参数值相差0.2，但预测值与实际值之间的绝对差距相差近10倍。这样，在对总和生育率水平"迷茫"的时期，本研究并未设定总和生育率水平，而是采用MBR（v）与WBR（v）这样的指标来替代总和生育率。

（3）2005—2009年，我们设$\forall u \in \{0, 1, 2, 3, \cdots, 14\}$，$v \in \{2005, 2006, 2007, 2008, 2009\}$：

$$1 - \frac{M(A_{5u+5-5u+9}, v+5u+5)}{M(A_{5u-5u+4}, v+5u)} \equiv \mathrm{MDR}(A_{5u-5u+4}, v)$$

$$1 - \frac{W(A_{5u+5-5u+9}, v+5u+5)}{W(A_{5u-5u+4}, v+5u)} \equiv \mathrm{WDR}(A_{5u-5u+4}, v)$$

其中，MDR（$A_{5u-5u+4}$，v）与WDR（$A_{5u-5u+4}$，v）分别是处于年龄段$A_{5u-5u+4}$的男性人口与女性人口在第v年的变化率。这实际上假设了，在未来各年，各年龄段各性别的人口的变化率总与基年相同。由于事实上很难获得分年龄、分性别的跨国境迁出入人口数据，本研究在预测时不考虑人口跨国境迁出入因素①，而把在各年各年龄段的男性人口与女性人口的变动只归因于死亡。表5—6列示了2005—2009年抽样人

① 以往研究中的人口预测也常常不考虑人口跨境迁出入因素，如陈卫（2006）。我国国内各区域间、城乡间的人口迁移水平较高，但国际净迁移水平有限。

口分年龄段、分性别的死亡率情况。我们基于此计算各年龄段各性别人口在各年的变动。

表 5—6　　2005—2009 年抽样人口分年龄段、分性别死亡率情况　　（单位：‰）

年份	2005		2006		2007		2008		2009	
年龄段	男	女	男	女	男	女	男	女	男	女
0—4	1.75	1.56	2.4587	2.9536	1.5544	2.4397	2.5757	3.1217	1.6736	1.4346
5—9	0.36	0.16	0.6493	0.182	0.6336	0.2283	0.3646	0.2334	0.3933	0.2151
10—14	0.24	0.2	0.3705	0.2748	0.3196	0.1657	0.6443	0.1844	0.3549	0.2134
15—19	0.46	0.19	0.6767	0.5149	0.4281	0.2672	0.6708	0.2986	0.3891	0.2263
20—24	0.55	0.2	1.1641	0.6005	1.2318	0.5981	1.16	0.3398	0.7804	0.3161
25—29	0.62	0.26	1.118	0.6314	1.1991	0.6182	1.2027	0.4516	0.9381	0.6432
30—34	0.9	0.35	1.4316	0.9937	1.5566	0.6841	1.7726	0.8465	1.4318	0.5977
35—39	1.26	0.62	1.9369	1.1147	1.7841	0.8158	1.8955	0.7056	1.6908	0.6825
40—44	2	0.84	3.0174	1.2672	2.8401	1.5778	2.5963	1.2155	2.4074	0.9921
45—49	3.48	1.47	3.3219	2.5518	4.0187	1.5616	3.6791	1.4517	3.3231	1.5593
50—54	4.49	2.5	4.5628	2.6447	4.8829	3.1693	5.3375	2.6159	5.0869	3.0427
55—59	6.57	3.95	7.6957	4.069	6.9324	4.8173	8.3155	4.2088	7.3034	3.8862
60—64	11.16	6.83	12.3671	7.3934	10.9274	7.266	12.9532	8.3122	11.2004	6.5732
65—69	19.01	11.56	20.5631	13.4257	22.3365	14.2977	22.0701	13.8517	18.6244	12.4996
70—74	30.15	19.27	34.4701	22.6214	35.7764	24.3572	34.2164	26.0989	30.9892	21.8881

资料来源：《中国人口统计年鉴》（2006）、《中国人口和就业统计年鉴》（2007—2010）。

（4）2005—2009 年，MGR（v）与 WGR（v）各自在各年都既互不相同，又相差不大，考虑到这种波动，再考虑到在未来，我国人口的死亡率很可能进一步下降，预期寿命在未来也很可能进一步延长，我们设 $\forall u \in \{0, 1, 2, 3, \cdots, 15\}$，$v \in \{2005, 2006, 2007, 2008, 2009\}$：

$$\frac{M(A_{75+}, v+5u)}{M(A_{74-}, v+5u)} \equiv MGR(v)\ ,\ \frac{W(A_{75+}, v+5u)}{W(A_{74-}, v+5u)} \equiv WGR(v)$$

即分性别的超预期寿命人口与未超预期寿命人口之比总与基年相同，MGR（v）与 WGR（v）根据各基年数据计算而得。

不难看出，以上技术性假设（1）—（4）分别相当于做出了关于（i）—（iii）的假设，只不过，所涉及的时间单位与年龄单位有所不同。应该说，以上假设比较严格，考虑到未来多种因素的可变性，我们并不期望我们的预测结果有很高的精确度，但这些结果为我们把握（如果当前各种因素保持不变）我国人口规模及结构在未来的变动趋势有重要意义。同任何预测一样，我们的预测只具有参考意义。或者说，我们的预测相当于说明：如果当前各种因素在未来继续发挥同样的作用，那么我国的人口特别是人口结构将有怎样的变化。这为我们今后的政策调整提供必要的参考。

按照以上假设，我们可以得到 5 组预测数据，即分别以 2005 年、2006 年、2007 年、2008 年、2009 年为基年，利用各基年的信息进行“以 5 年为一个时间单位、共 15 个时间单位”的预测后得到的结果。这 5 组预测数据每组对应 15 个预测结果①，将这些结果合并在一起，我们可以得到 2005—2085 年各年初的人口预测数据。② 预测结果如图 5—3 所示。

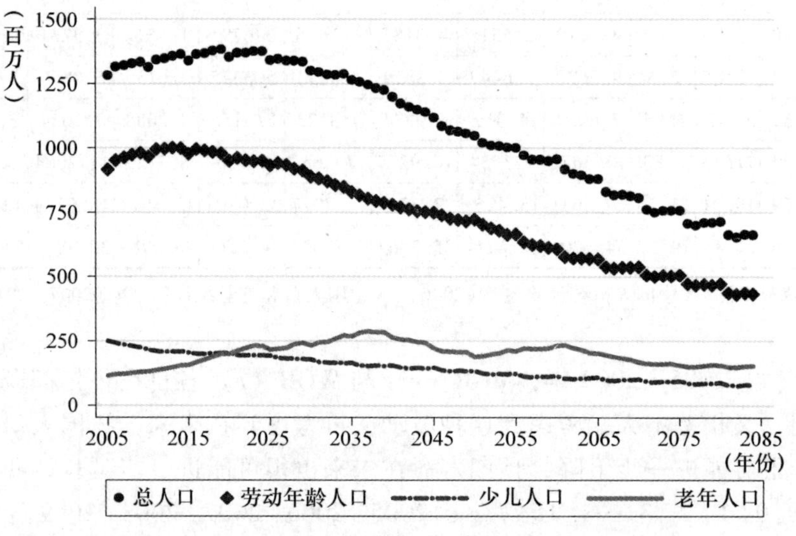

图 5—3　2005—2085 年各年初的人口预测数据

---

① 具体的，以 2005 年为基年，预测的是 2010 年、2015 年……2080 年的情况；以 2006 年为基年，预测的是 2011 年、2016 年……2081 年的情况；以其他年份为基年，依此类推。

② 值得指出的是，本文的这种预测方法中，需要利用基年的信息计算技术性假设（1）—（4）中涉及的各项指标。与以 1 年为一个时间单位相比，以 5 年为一个时间单位，既可以呼应年鉴中的数据形式，又可以减轻指标计算中的偶然性。

根据图 5—3，我们可以清晰地看到，2005—2085 年我国人口发展呈现以下特征：

（1）总人口 $P(t)$ 与劳动年龄人口 $L(t)$ 表现出很明显的趋势：总人口先逐年增加，在 2019 年前后达到最大（14 亿人左右），然后逐年减少；并且总人口从 2030 年前后开始不足 13 亿人，从 2040 年前后开始不足 12 亿人，从 2055 年前后开始不足 10 亿人，从 2062 年前后开始不足 9 亿人，从 2081 年前后开始不足 7 亿人。劳动年龄人口亦先逐年增加，但先于总人口在 2013 年前后达到最多（超过 9 亿人），然后逐年减少；并且劳动年龄人口从 2038 年前后开始不超过 8 亿人，以后大约每 10 年减少 1 亿人。

（2）少儿（未满 15 岁）人口 $P(A_{14-}, t)$ 呈现明显的逐年下降趋势，并且从 2021 年前后开始普遍不足 2 亿人，从 2066 年开始普遍不足 1 亿人。

（3）老年（满 65 岁）人口 $P(A_{65+}, t)$ 呈现先逐年上升后波动下降的趋势：在 2037 年前后达到最大值（近 2.9 亿人），然后逐年下降，从 2050 年前后开始再逐年上升，从 2062 年前后开始再逐年下降；并且从 2021 年开始的很长一段时期，老年人口普遍在 2 亿人以上。

三　普惠制基础养老金制度的长期可持续性分析

由于中国人口老龄化日趋严峻，设计公共养老金制度安排时，必须考虑制度长期的财务可持续性。已有研究认为，一国的养老金成本会随着老年人口数量的增长而提高，但由于一国经济也会增长，因此，随着时间的变迁，一国普惠制养老金制度的成本占 GDP 的比重应该是相对稳定的（Johnson 和 William，2008）。中国的经济增长能否抵抗人口老龄化对普惠制公共养老金制度可持续性的冲击？接下来，本研究将结合人口结构和消费倾向的变动趋势分析全民普惠制公共养老金总成本 GDP 占比的长期变动趋势。

要计算一国普惠制养老金制度的可支付性需要进行三方面的统计：人均 GDP、平均的养老金待遇水平、养老金领取者数量占一国总人口的比重。[①] 普惠制养老金总成本占 GDP 的比重，等于养老金领取者数量占

① 参见 Willmore, L. Universal Pensions in Mauritius: Lessons for the Rest of Us [Online], Public Economics 0412003, EconWPA, 2004 (http://129.3.20.41/eps/pe/papers/0412/0412003.pdf)。

全国总人口的比重乘以养老金待遇水平占人均 GDP 的比重。[①] 由于本研究根据人均消费水平界定普惠制养老金待遇水平，因此，养老金总成本 GDP 占比的测算应考虑国家总消费函数的发展规律。假设各地区养老金领取人口占各地区总人口比率的变化与全国养老金领取人口占全国总人口比率的变化一致[②]，则普惠制基本养老金制度总成本 GDP 占比的测算公式为：

$$r_t = \frac{1/2c_t \times P(A_{65+},t)}{Y_t} \tag{3}$$

其中，r_t表示第 t 年全民普惠制公共养老金总成本的 GDP 占比，c_t表示第 t 年的人均消费额，P（A_{65+}，t）表示第 t 年 65 岁以上（含 65 岁）人口数，Y_t表示第 t 年的实际 GDP 水平。

根据宏观消费函数：$C_t = APC_t \times Y_t = c_t \times P(t)$，可得：

$$c_t = \frac{APC_t \times Y_t}{P(t)} \tag{4}$$

其中，APC_t表示第 t 年的平均消费倾向，P（t）表示第 t 年总人口数。

将公式（4）代入公式（3），可得：

$$r_t = \frac{APC_t}{2} \times \frac{P(A_{65+},t)}{P(t)} \tag{5}$$

根据公式（5），可得 2009 年普惠制公共养老金总成本的 GDP 占比为：

$$r_{2009} = \frac{APC_{2009}}{2} \times \frac{P(A_{65+},2009)}{P(2009)} \tag{6}$$

整理公式（5）与公式（6），可得：

---

① Willmore, L.,"Universal pensions in low income countries",[Online], Public Economics 0412003, EconWPA, 2004（http：//129.3.20.41/eps/pe/papers/0412/0412002.pdf）.

② 如果养老金待遇水平与人均 GDP 同比例增长并且全国采取同一养老金待遇水平，那么普惠制养老金总成本的 GDP 占比的变化将等于养老金领取者数量占全国总人口比重的变化。由于本研究所设定的养老金待遇水平存在区域与城乡差异，因此，各地区普惠制养老金总成本 GDP 占比的变化将取决于各地区城乡养老金领取人口占总人口比例的变化。如果要预测各地区分城乡养老金领取人口占总人口的比例需要获得各地区分城乡分年龄人口数、分城乡人口出生率、死亡率，以及分城乡分年龄人口迁移率的基期及预测数据，而上述数据是难以获得的。基于此，本研究假设各地区养老金领取人口占各地区总人口比率的变化与全国养老金领取人口占总人口的比率变化一致。

$$r_t = r_{2009} \times \frac{APC_t}{APC_{2009}} \times \frac{P(A_{65+},t)/P(t)}{P(A_{65+},2009)/P(2009)} \tag{7}$$

根据表 5—3，可知 $r_{2009} = 1.49\%$，由《中国统计年鉴 2010》的数据计算可得 $APC_{2009} = 35.57\%$。根据公式（7），在平均消费倾向不变时，未来各年度普惠制养老金总成本占 GDP 比重等于基期（2009）普惠制养老金总成本占的 GDP 的比重乘以各年度养老金领取者数量占全国总人口的比重除以基期养老金领取者数量占全国总人口的比重。根据前面的人口测算思路，利用《中国统计年鉴》中 2005—2009 年各年的分年龄分性别人口数据，可以预测 2010—2085 年中国各年龄段人口数据。利用上述人口预测数据，结合公式（7），本研究得到了 2010—2085 年各年度全国普惠制养老金总成本占 GDP 的比重，测算结果如图 5—4 中下方的曲线所示。由该曲线可知，随着中国老龄化程度的加深，普惠制公共养老金总成本的 GDP 占比逐渐上升，在 2061 年左右达到顶峰，大约占 GDP 的 4.89%。与表 5—4 的数据对比可知，这一比重

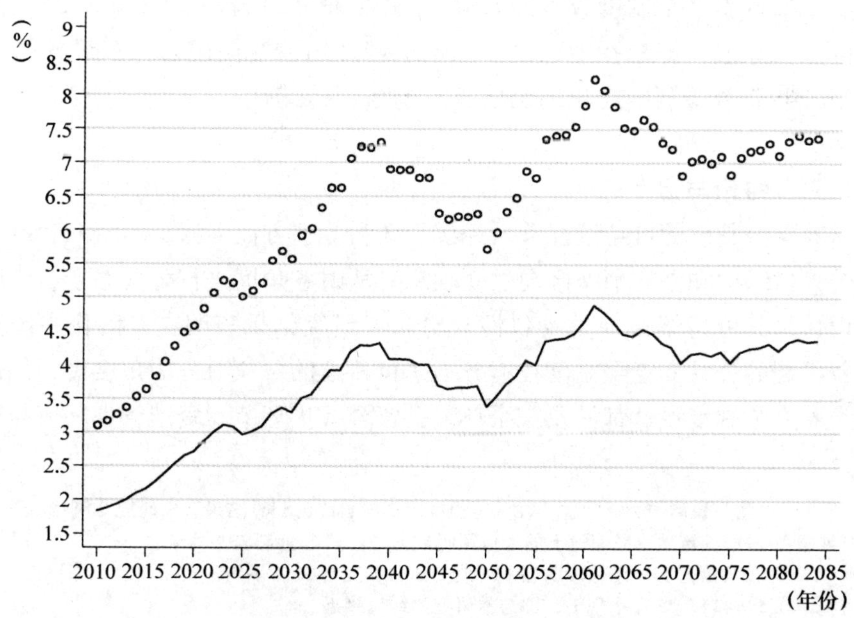

图 5—4　普惠制公共养老金总成本的 GDP 占比预测

在可接受的范围内。[①]

需要指出的是，20 世纪 80 年代以来，中国的平均消费倾向（家庭消费支出占 GDP 的比重）一直处于波动下降的趋势，从 1981 年的 50% 以上降到 2005 年不足 40%（Qi 和 Prime，2009），而 2006 年以来，该比重更是不断下降，并于 2007 年以来基本稳定于 33%—36%。[②] Kuznets 的研究表明，长期来看，平均消费倾向是相对稳定的（Kuznets，1946）。欧美等发达国家以及中国台湾、香港等新兴经济体的平均消费倾向的发展趋势基本符合 Kuznets 的假说，中国的情况仅与新加坡类似。[③] 平均消费倾向的剧烈下降使得不稳定的外部需求会增加一国商业周期的振动幅度（Abeysinghe 和 Choi，2004）。当前，中国扩大内需的政策旨在扭转家庭消费水平下降的趋势，使得内需成为经济增长的重要支撑点。在扩大内需政策的影响下，伴随着中国人口老龄化的加剧、城镇化的发展以及人口区域间的转移，未来中国平均消费倾向有大幅度上升的可能。基于此，本研究基于公式（7）结合前述的人口预测数据测算了 60% 平均消费倾向水平下的长期普惠制公共养老金制度成本的 GDP 占比，测算结果参见图 5—4 中上方的圆形点。根据该点图，中国普惠制基本养老金制度成本的 GDP 占比将于 2061 年达到接近 8.24% 的峰值点。综上，即使在考虑诸多因素上调平均消费倾向后，拟设计的普惠制公共养老金制度在长期仍然具有财务可持续性。

四　结论与启示

养老金制度的可持续性涉及经济、政治等多方面因素，本研究着重于结合人口结构和平均消费倾向的变动趋势从财务角度进行公共养老金制度的设计及其可持续性（可支付性）分析，研究结果表明在老龄化中国实施普惠制的公共养老金制度在财务上是可持续的。从财务的角度讲，任何一类养老金制度设计都涉及三个环节：资金筹集环节、资产管理环节与待

---

① 人口测算模型与初始数据会在一定程度上影响最终的测算结果，本研究亦利用《世界人口展望 2010》固定生育率假设下的人口预测数据考察了普惠制公共养老金总成本的 GDP 占比在 21 世纪的发展趋势，结果表明在平均消费倾向不变与 60% 平均消费倾向水平下该占比分别可控制在 5% 和 8.5% 的水平下，即与本研究的结论接近。

② 笔者根据《中国统计年鉴 2010》相关数据计算而得。

③ 新加坡的平均消费倾向从 1960 年的 80% 下降到 2000 年的 41%。

遇支付环节。关于普惠制公共养老金制度的资金筹集问题，各国所普遍采用的一般税或特别税的税收征缴法可为我们所借鉴，但具体的税制安排涉及企业税收负担、社会公平等多方面因素，完善的筹资制度安排有待未来研究的支持。另外，由于公共养老金是一种现收现付的制度安排，这一制度安排在资产管理环节所涉及的主要是统筹层次与统筹方法问题，基本不存在基金积累与投资运营问题，本研究认为普惠制公共养老金制度应该是中央统筹、由中央财政保证支付的制度安排。

当然，是否实施普惠制的公共养老金制度，不仅取决于该制度的财务可持续性，还将取决于诸多政治经济因素。当前，普惠制养老金制度面临的艰难任务是获得个人、机构以及众多发展中国家政府的认同（Charlton，2005）。本研究仅旨在加强人们对普惠制公共养老金制度的认识并对中国公共养老金制度的设计提供一定的参考。

本章结合中国的经济发展现状，设计了覆盖全民的普惠制基础养老金制度的相关环节，着重设计了其中的待遇支付环节。本研究认为，覆盖全民的普惠制基础养老金应该是中央统筹的以消除老年贫困为目标的制度安排。为实现为一目标，本制度设计从相对贫困角度界定养老金待遇水平。本研究认为，鉴于中国区域间、城乡间经济发展不平衡，应实行体现相对公平性的具有一定差别的养老金待遇。进一步通过静态与动态模拟的统计分析，本研究认为达到上述待遇水平的基础养老金制度在中国具有长期的财务可持续性，即具有经济上的可行性。

当然，资金来源是养老金制度设计的重要一环，普惠制基础养老金制度应是由国家法规政策所界定的强制性的养老保障制度安排，全国统筹的统一的基础养老金应由中央财政保证支付。故这样的制度设计需要财政可支付能力的支持。我们的统计分析发现，如果基础养老金完全由中央财政支付，则 2007 年拟设计制度的基础养老金总成本（3851.05 亿元）占中央财政收入的比例为 13.68%，占全国 GDP 的比例仅为 1.54%。表面上制度成本较高，但考虑到 2007 年中国基本养老保险总费率 28%（企业工资总额的 20%，个人工资总额的 8%），2 亿企业职工当年养老保险基金总收入达 7834 亿元[①]，而这部分收入并不属于中央

---

① 《中国劳动统计年鉴 2007》，人力资源和社会保障部（http://www.mohrss.gov.cn/SYrlzyhshbzb/zwgk/szrs/tongjinianjian/201206/t20120627_67039.html）。

财政收入的组成部分。未来可考虑设计一种新型的企业税取代当前的企业养老保险缴费以专项支付基础养老金，则可在不增加企业负担的情况下保证国家基础养老金的支付。事实上，由雇主缴费为非缴费型养老金体系融资在国际上也有成功的实践，哥斯达黎家非缴费型养老金支出的46%由雇主缴费提供，其余由税收融资满足（Bertranou，2004）。而且，实现中央统筹基础养老金制度后，可以统一管理体制，实现税务征收、社保机构托管、银行支付的有效运行机制，可以节约人力、资金和系统建设费用，用于补充中央统筹养老基金。

第六章　个人账户养老金制度构建研究：理论与政策探讨

从养老金体系构成的一般理论出发，对于个人而言，构建积累制的个人账户养老金①的目的主要是补充个人在老龄化背景下公共养老金的不足；对国家而言，主要是缓解老龄化背景下公共养老金支付危机。表面上看，构建积累制个人账户养老金是迫于老龄化压力的必然选择，但是，积累制个人账户养老金能否有其积极的经济增长效应，却是较难回答的问题。近年来，人们关于这一问题从人口红利的角度给出了进一步的解释。老龄化社会的人口红利效应（第二人口红利）主要是指人们出于对老龄化趋势的担心而进行的养老金储蓄行为能够对一国的资本积累起到积极作用，从而使得一国总产出增加。这一效应说明，鼓励构建积累制的个人账户养老金应成为一国为实现经济增长所进行的积极性政策选择。本章首先对老龄化社会的人口红利效应进行理论探讨，进而结合中国的人口结构发展趋势判断老龄化中国实现人口红利效应的可能性。本章前两节的研究表明全面构建积累制的养老金计划是中国未来解决老龄化社会问题、实现第二人口红利的必然选择。即建立积累制的个人账户养老金体系是在老龄化中国实现人口红利的必然选择。那么，中国为实现这一人口红利，应如何扶持个人账户养老金体系的构建？中国应构建什么样的个人账户养老金体系？本章第三节指出，在当前背景下，应首先为个人账户养老金体系的构建提供制度背景，即制定积极的养老金政策以激励人们构建个人账户养老金实践。

---

① 需要指出的是，本章将从广义的角度探讨个人账户养老金，而不是将这一概念局限于国家基本养老金体系中的个人账户养老金。

第一节　关于人口红利的一般讨论

人口红利是近些年来为人们所关注的一个重要概念，该概念旨在描述人口年龄结构变动对经济增长的促进作用。然而，目前关于这一概念尚有很多混淆的认识（刘元春、孙立，2009）。概念的混淆可能导致当前存在大量关于人口红利计算方法的不解与对实现人口红利的条件的忽视（王丰，2007）。在参考已有研究文献的基础上，本节旨在进一步明确人口红利的概念以及人口红利作用的经济机制，并探讨老龄化背景下我国人口红利可能的实现途径。

"人口红利"或者说人口年龄结构变化对经济增长的影响主要包括两个方面：一是通过劳动力供给的变动对生产领域的影响；二是老龄化阶段对消费和储蓄的影响（张车伟，2007）。人口年龄结构变动若在以上两方面对经济增长有促进作用，则这两方面的作用分别被理解为第一人口红利和第二人口红利。而通常大多数学者所研究的人口红利仅指第一人口红利。

具体而言，（第一）人口红利指人口变化所形成的更富有生产性的人口结构对一国经济增长所起的巨大的促进作用（Bloom 和 Williamson，1998），即（假设其他条件不变）抚养比不断下降的人口结构可以实现人均产出不断增长。由于人口年龄结构（从而抚养比）的变动并非总是单向的，因此，人口年龄结构变动给经济增长带来的红利效果常常是暂时的或波动的。有研究表明，（第一）人口红利对1982—2000 年中国经济增长的贡献约为 15%（王丰和梅森，2006）。而在 2015 年前后，随着中国人口老龄化的加速，人口抚养比将停止下降并转而提高。（第一）人口红利的丧失将影响经济增长速度（蔡昉，2007）。

有学者进一步提出在人口老龄化过程中有可能产生第二人口红利的学说（Mason，2001；Mason 和 Lee，2006）。梅森和李（Mason 和 Lee）指出，在人口老龄化的过程中，如果有劳动能力的人出于对未来养老的担心，在年轻时进行以应对将来养老问题为目的的储蓄，那么，由于投资增加引起资本深化，本国经济仍然可能实现持续的增长。他们把这种以未来养老为目的的储蓄可以推动经济增长的情形称为“第二人口红利”[①]。Lee 和 Mason（2006）进一步对世界各区域经济体的第二人口红利进行了测算，并发现第二人口红利的效应远大于第一人口红利。

Mason 和 Lee（2006）通过构建模型说明了第二人口红利实现的基本经济原理，但该文对第二人口红利的分析引入了诸多比较严格的假设，例如总人口不随时间变化（人口增长率为零），人均消费与劳动生产率以不变的增长率增长，等等。王丰（2007）讨论了人口老龄化与第二人口红利的关系，但是该文亦未将第一人口红利与第二人口红利纳入同一分析框架。本节在第一部分将尝试进一步讨论人口年龄结构与经济增长间的一般关系，以在同一分析框架下简明地界定第一人口红利和第二人口红利，明晰人口红利作用的经济机制。

一　人口年龄结构变动与经济增长间一般关系的分析

我们定义 $P(t)$、$L(t)$ 和 $\underline{L}(t)$ 分别是一国在第 t 年初的总人口、劳动年龄人口和非劳动年龄人口（或被抚养人口）；定义 $b(t) \equiv \underline{L}(t)/L(t)$ 是该国在第 t 年年初的抚养比。在本研究中，为了分析的方便，我们假设只有劳动年龄人口才从事生产劳动；同时我们忽略实际从事生产劳动的人口与劳动年龄人口之间的差异，而将 $L(t)$ 笼统地称为“劳动人口”。[②]

设在第 t 年（从第 t 年年初到第 $t+1$ 年年初），一国总人口 $P(t)$ 与劳动人口 $L(t)$ 的增长率分别是 $p(t)$ 与 $l(t)$，由 $P(t) \equiv L(t) + L(t)$，则有

$$\frac{1+l(t)}{1+p(t)} \equiv \frac{1+b(t)}{1+b(t+1)} \text{ 或 } \frac{l(t)-p(t)}{1+p(t)} \equiv \frac{b(t)-b(t+1)}{1+b(t+1)}$$

---

① 当然，亦有学者从其他层面理解第二人口红利。例如，蔡昉（2009）认为仅从人口老龄化时期储蓄动机的角度来考察，尚不能出现在推动经济增长方面可与第一人口红利相提并论的第二人口红利，只有从劳动力供给和人力资本积累的角度来考察第二人口红利才具有显著的意义。该文进一步提出通过教育深化提高劳动生产率，保持和延伸产业的竞争优势，通过养老保障制度安排创造新的储蓄源泉，以及通过劳动力市场制度安排，扩大人口老龄化时期的劳动力资源和人力资本存量等，可以在第一人口红利式微乃至消失后仍然产生第二人口红利。本研究认为，一方面，该文并未界定第二人口红利；另一方面，通过各项措施扩大人口老龄化时期的劳动力资源相当于延伸第一人口红利，而没有构成第二人口红利。本研究更加认同 Mason 和 Lee（2006）关于第二人口红利的界定。

② 在一些特别时期，这种差异是不能忽略的。但一般而言，这种差异是很小的。

设 $Y(t)$ 是该国第 t 年的总产出（流量），且

$Y(t) \equiv y_L(t)\,L(t) \equiv y(t)\,P(t) \equiv y(t)\,[L(t) + \underline{L}(t)]$

其中，$y(t)$ 与 $y_L(t)$ 分别是该国在第 t 年的人均产出与劳动生产率（劳均产出）。设从第 t 年到第 $t+1$ 年，本国人均产出 $y(t)$ 与劳动生产率 $y_L(t)$ 的增长率分别是 $g(t)$ 与 $g_L(t)$，则

$$g(t) = g_L(t) + \frac{1 + g_L(t)}{1 + p(t)}[l(t) - p(t)] = g_L(t) + \frac{1 + g_L(t)}{1 + b(t+1)}[b(t) - b(t+1)]$$

我们可以看到，$g(t)$ 受到 $g_L(t)$ 以及 $b(t)$ 与 $b(t+1)$ 或 $l(t)$ 与 $p(t)$ 的影响，其中的影响可以分成三部分：第一部分是技术因素的影响，表现为 $g_L(t)$；第二部分是人口因素的影响，表现为 $[l(t) - p(t)]/[1+p(t)]$ 或 $[b(t) - b(t+1)]/[1+b(t+1)]$；第三部分是技术因素与人口因素的交互作用，表现为 $g_L(t)\,[l(t) - p(t)]/[1+p(t)]$ 或 $g_L(t)\,[b(t) - b(t+1)]/[1+b(t+1)]$。不考虑技术因素，或者说设 $g_L(t) = 0$，则从第 t 年到第 $t+1$ 年，只要劳动人口比总人口增长得更快（或者，从第 t 年年初到第 $t+1$ 年年初，抚养比降低），人均产出就会增长。也就是说，其他条件不变，单纯人口结构变化本身就会影响人均产出的增长。这种由人口因素引起人均产出增长的情形，通常被称作“第一人口红利”。由于事实上技术因素与人口因素对人均产出增长还存在交互作用，因此，只有当技术因素不存在，或者当 $g_L(t) = 0$ 时，我们才可以计算人口因素“单纯”的作用，即计算第一人口红利对人均产出增长的“纯粹”的贡献。①

设一国具有不变规模报酬（一次齐次）的总生产函数 $Y(t) \equiv F[K(t), L(t)]$，其中，$K(t)$ 是该国在第 t 年年初的总资本；从而，劳动生产率可表达为：$y_L(t) \equiv f[k_L(t)]$，其中 $k_L(t) \equiv K(t)/L(t)$ 是该国在第 t 年年初的资本—劳动比（或“劳均资本”）。该式表明，劳动生产率取决于劳均资本。一般而言，$f'(k_L) > 0$，$f''(k_L) < 0$，即劳动生产率随劳均资本的增加而提高，但这种提高

① 需要指出的是，由于本研究忽略了实际从事生产劳动的人口与劳动年龄人口间的差异，而当二者存在显著差异时，即无劳动能力人口与失业人口之和占劳动年龄人口较大比重时，第一人口红利亦难以实现。故充分就业亦是第一人口红利的实现条件之一。

是边际递减的。设 $g_k(t)$ 是该国在第 t 年的劳均资本增长率，则

$$g_L(t) = \frac{f\{[1+g_k(t)]k_L(t)\}}{f[k_L(t)]} - 1$$

该式表明，一国从第 t 年到第 $t+1$ 年的劳动生产率增长率受该国在第 t 年的劳均资本增长率的影响。设 $g_K(t)$ 是该国在第 t 年的总资本增长率，由 $k_L(t) \equiv K(t)/L(t)$ 知，

$$g_k(t) = \frac{g_K(t) - l(t)}{1 + l(t)}$$

综上，该国从第 t 年到第 $t+1$ 年的人均产出增长率可表示为

$$g(t) = \frac{f\left[\frac{1+g_K(t)}{1+l(t)}k_L(t)\right]}{f[k_L(t)]}\frac{1+l(t)}{1+p(t)} - 1$$

此式表明，该国从第 t 年到第 $t+1$ 年的人均产出增长率取决于该国在第 t 年的总资本增长率 $g_K(t)$、劳动人口增长率 $l(t)$、总人口增长率 $p(t)$。由此，我们可以看到，从第 t 年到第 $t+1$ 年，即使一国不存在第一人口红利，即 $l(t) \leqslant p(t)$，只要总资本增长率足够高于劳动人口增长率，那么，该国在这一时期人均产出仍然可以有正的增长率。简言之，总资本的增加可以克服人口因素对人均产出增加的不利影响。

根据国民收入核算恒等式，从使用（支出）的角度来看，在第 t 年，一国总产出 $Y(t)$ 的使用情况可表达为

$$Y(t) \equiv C(t) + I(t) + G(t) + X(t)$$

其中，$C(t)$、$I(t)$、$G(t)$、$X(t)$ 分别是在第 t 年，该国的总产出用于本国公众最终消费、本国总资本形成（总投资）、本国政府最终消费、出口（外国使用）的部分。[①] 设 $K(t)$ 是该国在第 t 年初的资本存量（总资本），$D(t)$ 是该国在第 t 年的折旧，$Z(t)$ 是该国在第 t 年的非自愿存货增加[②]，于是该国在第 t 年的净资本形成（净投资，或

① 常见的表达式 $Y(t) \equiv C(t) + I(t) + G(t) + X(t) - M(t)$ 中，等号右侧的 C、I、G 均可能包括对外国产出的使用。本节的表达式中，等号右侧各变量均只表达对本国产出的使用，从而其中不包含进口 $M(t)$ 这个变量。

② 非自愿存货增加即不符合生产者意愿的、“计划外的”存货增加。$Z(t)=0$ 表明在第 t 年该国宏观经济在总量上是均衡的。宏观经济学一般假设，当 $Z(t) \neq 0$ 时，如果 $C(t)$、$G(t)$、$X(t)$、$D(t)$ 不变，那么随着时间的推移，存货调节机制会自发调节生产从而使宏观经济均衡。在一般的宏观经济分析中，特别是在经济增长分析中，研究者一般直接假设 $Z(t) \equiv 0$，即在各年宏观经济总是均衡的。如无特别说明，本文以下的分析一般也使用这一假设。

该国从第 t 年年初到第 $t+1$ 年年初总资本的变化量）是

$$\Delta K(t) \equiv I(t) - D(t) - Z(t) \equiv Y(t) - C(t) - G(t) - X(t) - D(t) - Z(t)$$

对于总保持均衡的宏观经济，$Z(t) \equiv 0$，则

$$\Delta K(t) \equiv I(t) - D(t) \equiv Y(t) - C(t) - G(t) - X(t) - D(t)$$

设 $T(t)$ 是该国在第 t 年的政府税收，根据上式，我们把净资本形成变形为

$$\Delta K(t) \equiv [Y(t) - C(t) - T(t) - D(t)] + [T(t) - G(t)] - X(t)$$

不妨定义 $S(t) \equiv Y(t) - C(t) - T(t) - D(t)$ 为本国公众储蓄，$S_G(t) \equiv T(t) - G(t)$ 为本国政府（净）储蓄，$\hat{S}(t) \equiv S(t) + S_G(t)$ 为本国总储蓄，则显然

$$\hat{S}(t) \equiv Y(t) - D(t) - C(t) - G(t),\ \Delta K(t) \equiv S(t) + S_G(t) - X(t) \equiv \hat{S}(t) - X(t)$$

这两式表明：一国在第 t 年的总储蓄事实上与政府税收无关，而与折旧、公众最终消费、政府最终消费有关；并且，该国在该年的净资本形成，等于同期本国总储蓄与出口之差。

如果本国在第 t 年的净资本形成在当年总能够全部转化为生产性投资①，那么，进一步，我们可以将净资本形成表达为

$$g_K(t)\, k_L(t)\, L(t) \equiv \Delta K(t) \equiv [f[k_L(t)] - c_L(t)]\, L(t) - G(t) - c_{\underline{L}}(t)\, \underline{L}(t) - X(t) - D(t) \quad (*)$$

其中，$c_L(t)$、$c_{\underline{L}}(t)$ 分别是在第 t 年，本国总劳动人口、总非劳动人口的人均消费。结合前面结论有

$$g(t) = \frac{f\left[\frac{1}{1+l(t)}\left(k_L(t) + f[k_L(t)] - c_L(t) - c_{\underline{L}}(t)b(t) - \frac{G(t)+X(t)+D(t)}{L(t)}\right)\right]}{f[k_L(t)]} \frac{1+b(t)}{1+b(t+1)} - 1 \quad (1)$$

公式（1）是本研究的关键结果，它表明，如果一国不存在第一人

---

① 应当指出，这是一个很强的假设，它不仅要求 $Z(t) \equiv 0$，而且要求 $\Delta K(t)$ 全部是生产性的。

口红利，甚至人口结构成为阻碍人均产出增长的重要因素，那么该国可能采取什么办法来克服人口因素的不利影响。公式（1）对我们的启示是，在某一年，如果政府以及劳动人口中的大多数人预期若干年后本国将进入老龄化社会，并且政府及这部分人因为担心未来劳动人口比重 $L(t)/P(t)$ 降低从而抚养比 $b(t)$ 上升，所以从该年开始减少即年最终消费，或者减少即年出口，增加即年本国总储蓄，即 $c_L(t)$、$G(t)/L(t)$、$X(t)/L(t)$ 下降引起 $\hat{S}(t)/L(t)$ 提高，以便为以后的消费做准备，那么，若其他变量不变，本国即年的净资本形成 $\Delta K(t)$ 就会增加。而如果本国即年的净资本形成总能够全部转化为即年的生产性投资，劳均资本 $k_L(t)$ 就可能增加，从而劳动生产率 $f[k_L(t)]$ 或 $y_L(t)$ 可能提高，进而人均产出 $y(t)$ 可能增加。政府及劳动人口为应对未来人口结构变化而减少即年最终消费或出口、增加即年储蓄，使得即年净资本形成增加，进而人均产出增加的情形，我们称之为“第二人口红利”①。

不难看到，公式（1）实际上将可能的两类人口红利一并表达出来：第二人口红利与第一人口利交互地影响一国的人均产出增长率。当一国不存在第一人口红利 $[l(t) \leqslant p(t)$ 或 $b(t) \leqslant b(t+1)]$ 时，第二人口红利对人均产出增长的有利作用完全可能克服人口因素的不利作用，即只要 $c_L(t)$、$G(t)/L(t)$、$X(t)/L(t)$ 满足

$$f\left[\frac{1}{1+l(t)}\left(k_L(t)+f[k_L(t)]-c_L(t)-c_L(t)b(t)-\frac{G(t)+X(t)+D(t)}{L(t)}\right)\right]>$$
$$f[k_L(t)]\frac{1+b(t+1)}{1+b(t)} \tag{2}$$

人均产出仍可能增长。我们还可以看到，与第一人口红利不同，由于 $c_L(t)$、$G(t)$ 的可控制性显然强于 $l(t)$ 与 $p(t)$，故第一人口红利的作用可能是短期的或波动的，而第二人口红利的作用可以是长期的

① “第二人口红利”的获得似乎与通常所说的需求管理政策（比如“扩大消费或出口以刺激经济增长”）相悖。事实上，需求管理政策的前提是 $Z(t)>0$，而这里的分析是基于 $Z(t)\equiv 0$ 的。这是可能容易混淆的地方。此外，一国完全可能不出于对人口因素的考虑而增加储蓄、扩大资本积累，这也完全可以取得类似于“第二人口红利”的效果。但“第二人口红利”强调的是由人口结构变动预期导致的净资本形成增加。一般而言，一国的折旧水平与非劳动（或被抚养）人口的人均消费水平，具有更大的刚性或不可控性。这里在分析“第二人口红利”时不考虑它们的作用。

或持续的，并且可以减缓第一人口红利消失的影响。

总体而言，第二人口红利的实现有三个必要的前提：（1）本国的宏观经济在各年都是均衡的；（2）本国减少即年的其他方面的支出，从而即年的净资本形成增加；（3）本国即年的净资本形成全部转化为即年的生产性投资。只有同时满足这三个前提，才可能使劳均资本增加从而可能提高劳动生产率。显然，这三个环节与一国的政策（比如需求管理政策、资本积累政策等①）紧密相关。

二 老龄化中国人口红利的实现途径探讨

如上文所述，第一人口红利与第二人口红利的实现均需一定的政策支持，尽管两类人口红利均是指人口结构对经济增长的促进作用，并且先后发生于人口结构变动的不同时期，但两类人口红利的实现与否是相互独立的。当前，相对于第一人口红利而言，人们关于第二人口红利的认识仍然有限。基于此，本部分拟进一步分析第二人口红利可能的实现途径。

上文的分析表明，在人口老龄化的过程中，在宏观经济均衡的前提下，可通过增加资本积累的方式来实现人均产出的不断增长，从而实现第二人口红利。通过公式（2）可以发现，实现第二人口红利的资本积累方式有以下几种：（1）减少政府最终消费②；（2）降低劳动人口的消费比率；（3）降低出口水平。不同积累方式所产生的社会福利效果不同。当前，政府最终消费水平关系到一系列国计民生问题的解决，因此不可能在短期内较明显地下降。出口的影响因素主要是本国与外国在价格水平与收入水平上的差异，由于外国的收入水平与价格水平是外生变量，出口的可控性也较弱；更重要的是，当前，出口变动会显著影响我国相关产业的大量就业人员的福利水平，因此，出口的调整只能是长期性的，短期内也不可能做出较大调整。与前面的方式不同，在当前降低劳动人口的消费比率，使其拿出一部分可支配收入用于积累养老金，这不仅可以实现资本积累的功能，还可以更好地应对他们未来的养老需

---

① 这里应注意两类政策的区别：需求管理政策属于短期政策（主要目标是实现宏观经济即时均衡），而资本积累政策属于长期政策（主要目标是实现宏观经济长期可持续增长）。

② 这里还应注意，减少政府最终消费并不等同于减少政府财政支出。

求，是更可行也更必要的积累方式。可见，要在老龄化中国实现第二人口红利需要构建一个合理的养老金积累机制。①

综上，解决老龄化社会问题、实现第二人口红利的一条重要途径便是养老金计划安排；而能否实现第二人口红利，从长期来看，关键在于如何建立合理的养老金计划；从短期来看，关键在于政府能否恰当地实现宏观经济均衡。当然，养老金积累机制的构建仍然面临诸多现实约束（例如，收入分配状况②、短期内经济的非均衡增长③等），考虑到这些约束，养老金积累机制的全面构建将是一个分阶段展开的循序渐进过程。尽管如此，全面构建积累制的养老金计划是解决老龄化社会问题、实现第二人口红利的必然选择。

第二节　老龄化中国人口红利实现的可能性探讨

一　中国人口结构长期变动预测

根据图 5—3 的人口预测值，我们计算了 2005—2085 年各年各类人口的比重，计算结果如图 6—1 所示。

从图 6—1 可知，2005—2085 年中国人口发展趋势呈现以下特征：

（1）老年人口比重 $P\ (A_{65+},\ t)\ /P\ (t)$ 整体上呈现先逐年上升，后波动上升的趋势：2037 年之前整体上一直呈上升趋势，之后下降然后再上升。从 2033 年开始，该比重将普遍处于 20% 以上的水平；2061 年前后，该比重将达到最大值（超过 25%）。

① 目前，我国养老金体系主要由部分积累制的国家基本养老金计划构成；尽管 2004 年出台政策规范企业年金计划以来，积累制的企业年金计划逐步发展起来，但其覆盖范围仍十分有限；而西方国家为应对老龄化社会问题所鼓励建立的个人养老储蓄计划在我国并未真正建立起来。

② 该状况直接决定了不同人群的养老储蓄能力。收入分配不均等，尤其会降低中低收入人群的养老储蓄能力，从而可能降低积累制养老金体系的覆盖范围。在这方面，可以借鉴英国最新提出的养老金改革措施：2008 年的英国养老金法案提出了为未进入雇主养老金计划的 22 岁至退休年龄的中低收入人群提供一个低成本的私人养老金计划的具体措施。

③ 本研究所讨论的第二人口红利是基于均衡的宏观经济［$Z\ (t)\ \equiv 0$］。当 $Z\ (t)\ >0$ 或总需求不足时，单纯提高养老金积累率短期内可能不利于提高总需求；反之，当 $Z\ (t)\ <0$ 或总需求过旺以致通货膨胀较严重时，养老金账户则需要面对有效的保值增值问题。

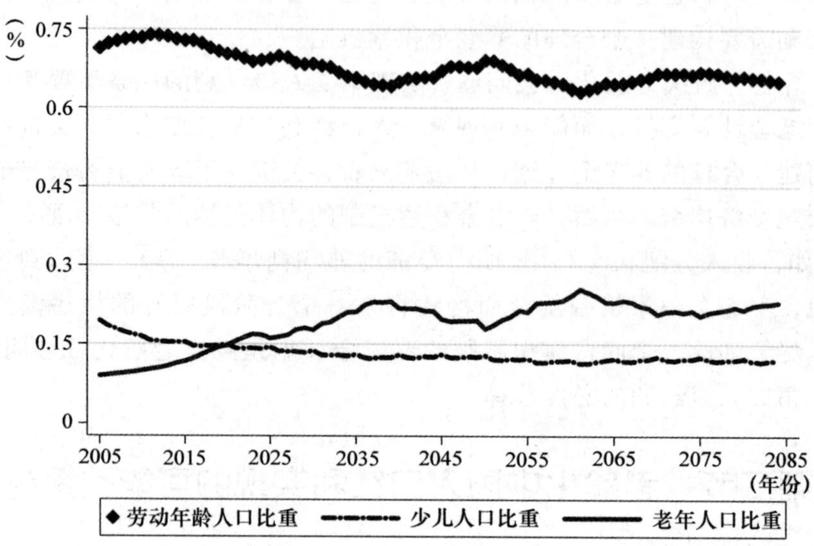

图 6—1　2005—2085 年各年各类人口比重预测

（2）少儿人口比重 $P(A_{14-}, t) / P(t)$ 整体上呈现逐年下降趋势，并且从 2016 年开始，该比重将基本低于 15%。

（3）劳动年龄人口比重 $L(t) / P(t)$ 整体上呈现波动下降趋势：先逐年上升，然后逐年下降，从 2040 年前后开始逐年上升，再从 2050 年前后开始逐年下降，在 2061 年前后达到最低值（接近 63%）；然后逐年上升，从 2076 年前后又开始逐年下降。从 2021 年前后开始，劳动年龄人口比重将普遍处于不足 70% 的水平。

根据前面各类人口比重的预测结果，我们还可以计算抚养比 $b(t) \equiv L(t) / L(t) \equiv 1 / [L(t) / P(t)] - 1$、少儿人口抚养比 $P(A_{14-}, t) / L(t) \equiv [P(A_{14-}, t) / P(t)] / [L(t) / P(t)]$、老年人口抚养比 $P(A_{65+}, t) / L(t) \equiv [P(A_{65+}, t) / P(t)] / [L(t) / P(t)]$，并分析它们的变化趋势。显然，$b(t)$ 与 $L(t) / P(t)$ 呈反向变动关系；由于 $L(t) / P(t)$ 的变动幅度没有 $P(A_{14-}, t) / P(t)$ 与 $P(A_{65+}, t) / P(t)$ 的变动幅度大，因此，少儿人口抚养比和老年人口抚养比在变化趋势上分别表现了与少儿人口比重和老年人口比重相似的特征。2005—2085 年各年各类抚养比的情况如图 6—2 所示。从图 6—2 可知，中国人口结构变化呈现如下特征：

（1）抚养比 $\underline{L}(t)/L(t)$ 呈现明显的波动上升趋势：先逐年上升，从 2040 年前后开始逐年下降，从 2051 年前后又开始逐年上升，在 2061 年前后达到最高值（58.6%）。从 2028 年开始，抚养比将一直不低于 45%。

（2）少儿人口抚养比 $P(A_{14-}, t)/L(t)$ 从 2026 年前后开始整体上呈现较稳定的趋势，并且将基本维持在 19% 左右。

（3）老年人口抚养比 $P(A_{65+}, t)/L(t)$ 整体上呈现先逐年上升后波动上升的趋势：先逐年上升，从 2040 年前后开始逐年下降；从 2051 年前后开始再逐年上升，到 2061 年前后达到最高值（40.5%），然后又逐年下降，到 2076 年前后又逐年上升。从 2033 年前后开始，该比值将普遍不低于 30%。

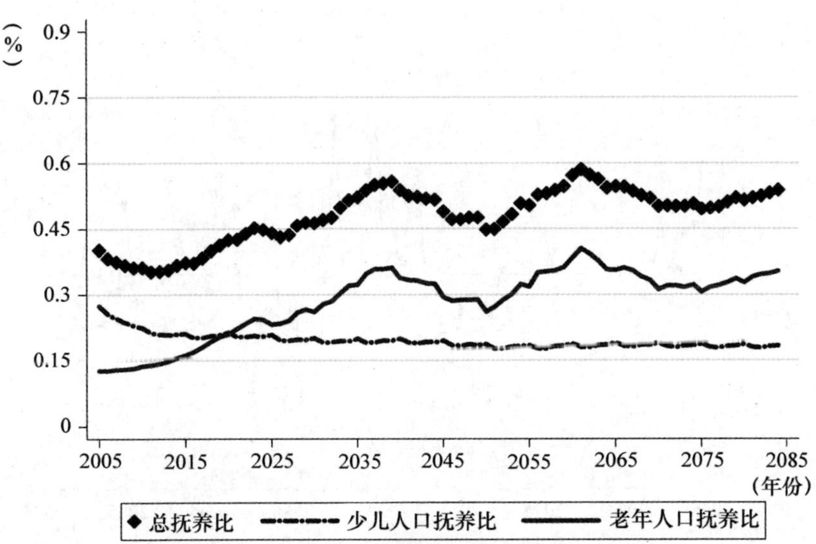

图 6—2　2005—2085 年各年各类抚养比预测

二　老龄化中国人口红利实现的可能性预测

根据历史数据分析人口红利效应的方法通常有三种：第一种是使用宏观时间序列数据，用多元回归方法通过在回归方程中带入人口因素考察其对经济增长的贡献；第二种是使用宏观模拟方法来分解人口因素的贡献；第三种是通过个案分析说明人口变化的影响（王丰，2007）。本研究旨在分析未来的老龄化中国人口红利实现的可能性，故仅基于上面的人口预测结果考察2005—2085年间我国人口因素与经济增长间的关系。

根据上一节的内容，如果能够实现充分就业且劳均资本基本不变，那么单纯人口因素变化引起的人均产出增长率为 $[l(t)-p(t)]/[1+p(t)]$，其中，$l(t)$ 与 $p(t)$ 分别是劳动年龄人口与总人口在第 t 年的增长率。根据上面的预测结果，我们计算出未来各年该式的预测值，结果如图6—3所示。从图6—3中看到，从2005—2085年间，$l(t)-p(t)$ 阶段性地为正或为负，但在大多数年份里是负的，考虑到实现充分就业的困难，我国在这些年份里很可能无法享有第一人口红利，相反，我们必须面对人口因素对人均产出增长的不利影响。

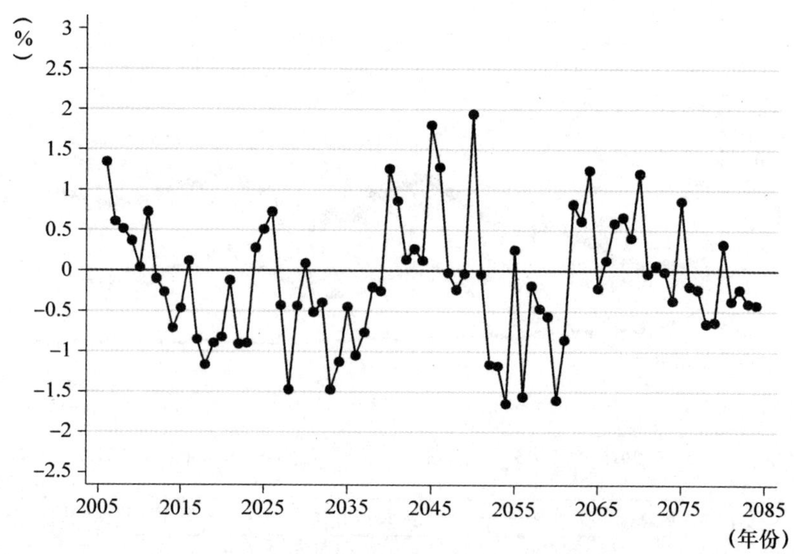

图6—3　人口因素对人均产出增长率的影响

注：图中各点即 $[l(t)-p(t)]/[1+p(t)]$，它们表明：若保持充分就业且劳均资本不变，单纯人口因素变化所决定的各年的人均产出增长率。

结合图6—2与图6—3可以发现，整体上，从2012年开始的几十年中，若保持当前各种条件不变，我国人口老龄化趋势将相当严峻，总抚养比特别是老年人口抚养比将长期位于较高的水平。在这种形势下，即使能够长期保持充分就业及劳均资本不变，我国的第一人口红利在大多数年份里也很可能消失，人口因素将对人均产出增长起到不利作用。如果当前不采取一定措施，我国很可能出现“未富先老”的局面。通过以往的研究可知，克服这一人口对经济增长不利作用的方式之一就是，在人口老龄化趋势下，激励人们在年轻时积极进行养老储蓄，努力实现在保持充分就业的前提下增加即年净投资，从而在第一人口红利消失的同时争取实现第二人口红利。

第三节　实现人口红利效应的个人账户养老金体系构建研究：政策与步骤探讨

前面的分析指出，建立积累制的个人账户养老金体系是在老龄化中国实现人口红利的必然选择。那么，中国为实现这一人口红利，应如何扶持个人账户养老金体系的构建？中国应构建什么样的个人账户养老金体系？本研究认为，在当前背景下，应首先为个人账户养老金体系的构建提供制度背景，即制定积极的养老金政策以鼓励并激励人们构建个人账户养老金实践。

一　实现人口红利效应的公共政策选择——积极的养老金政策

积累制的养老金计划可以是国家强制的养老储蓄计划（例如，澳大利亚的超级年金[①]），也可以是非强制的自愿储蓄计划（例如，美国的401（K）计划、法国的PERP养老金计划、中国的企业年金计划）。但无论是哪一类计划，一般都需要调动个人的养老储蓄意愿，并考虑个人的养老储蓄能力。影响人们养老储蓄意愿与储蓄能力的相关因素比较多，主要包括当前年龄、收入水平、税收政策、养老金计划的安全管理机制、管理费水平、贴现率，等等。鼓励居民进行养老储蓄的公共政策需要关注上述问题及其相互影响，只有在税收优惠政策到位，管理费合理，管理模式安全，贴现率具有激励性的条件下，才能追求到养老储蓄政策的最佳效果。

① 澳大利亚超级年金计划的强制性并不是绝对的。该计划仅强制雇主缴费，而鼓励雇员自愿向计划供款。

目前，中国养老金体系主要由部分积累制的国家基本养老金计划构成；尽管2004年出台政策规范企业年金计划以来，积累制的企业年金计划逐步发展起来，但其覆盖范围仍十分有限；而西方国家为应对老龄化社会问题所鼓励建立的个人养老储蓄计划在中国并未真正建立起来。鉴于中国养老金计划的发展现状，本研究认为增强人们对养老金计划的认识[①]、构建合理的养老金计划税收管理模式、建立强有力的养老金计划安全管理模式对于中国构建积累制的养老金计划极为重要。

（一）培育养老金计划发展的EET税收模式讨论

无论是应对老龄化社会可能出现的社会问题，还是获取第二人口红利继续实现经济的良性发展，中国都应努力构建积累制的养老储蓄计划。而这一计划的建立不能仅依靠强制性的公共养老金计划安排[②]，而应尽可能调动人们进行养老储蓄的积极性。当前的现实却是，大多数人没有（私人）养老金计划的概念。[③] 养老金是锁定为养老所用的资金，积累式的养老金账户在很长的时期内处于产权游离状态。这就要求我们在培育信托文化的同时，采取有效措施激励人们进行养老储蓄。

减免或延期缴纳所得税是各国政府鼓励居民进行养老储蓄的重要政策工具，当前美国、德国、法国等绝大多数OECD国家选择了EET的延期征税政策，即鼓励人们在缴纳所得税之前进行养老储蓄，对养老基金投资收益免征利息税，在领取养老金时，对超过起征额部分征收个人所得税。EET的延期征税政策为全球树立了鼓励养老储蓄以应对人口老龄化的政策标杆，是建立积极养老金政策的举措之一。

目前，中国的养老金税收政策已经开始了EET延期征税实践，但这一税收政策实践目前仅在企业年金中开展。2013年，《财政部、人力资源社会保障部、国家税务总局关于企业年金、职业年金个人所得税有

---

① 一般而言，普通中国民众具有一定的养老储蓄观念，这也是造成中国高储蓄率的重要原因。但是，由于没有私人养老金计划制度安排，民众的各类储蓄功能不分，很难真正将养老储蓄锁定为退休之后使用，从而难以真正解决民众的养老问题。

② 强制性的公共养老金计划要求所有个体面临相同的制度模式：相同的缴费比例、共同的收益水平、公平的支付待遇。这种强制性的计划安排具有转移支付的功能。从公平的原则出发，这种制度安排不可能通过要求太高的缴费比例来实现较高的积累水平。

③ 本研究中，私人养老金计划是除公共养老金计划之外的所有养老金计划，既包括企业养老金计划，又包括个人养老金计划。

关问题的通知》明确了企业年金在缴费、投资运营、领取三个阶段个人所得税的处理原则，文件规定“一、企业年金和职业年金缴费的个人所得税处理：1. 企业和事业单位（以下统称单位）根据国家有关政策规定的办法和标准，为在本单位任职或者受雇的全体职工缴付的企业年金或职业年金（以下统称年金）单位缴费部分，在计入个人账户时，个人暂不缴纳个人所得税。2. 个人根据国家有关政策规定缴付的年金个人缴费部分，在不超过本人缴费工资计税基数的4%标准内的部分，暂从个人当期的应纳税所得额中扣除。……二、年金基金投资运营收益的个人所得税处理：年金基金投资运营收益分配计入个人账户时，个人暂不缴纳个人所得税。三、领取年金的个人所得税处理：1. 个人达到国家规定的退休年龄，在本通知实施之后按月领取的年金，全额按照‘工资、薪金所得’项目适用的税率，计征个人所得税；在本通知实施之后按年或按季领取的年金，平均分摊计入各月，每月领取额全额按照‘工资、薪金所得’项目适用的税率，计征个人所得税。……”该通知已经明确了企业年金与职业年金个人所得税上EET的纳税模式。2014年8月出台的《国务院关于加快发展现代保险服务业的若干意见》明确了“适时开展个人税收递延型商业养老保险试点”这一原则。本研究认为，中国亟待进一步建立鼓励居民进行养老储蓄的一揽子延期征税政策，例如，针对退休理财规划的延期征税政策。即从目前的情况来看，采取EET的税收模式对养老金计划实施全面优惠的税收安排将是有效的激励措施之一，原因如下：

首先，西方各国的实践表明，EET模式是促进养老金计划发展的重要举措。

由于人们具有终身消费效用贴现值总和最大化的动机，而个人计划外的储蓄可能意味着人们终身总效用水平下降。在这种情况下，为激励人们进行养老储蓄，西方国家对私人养老金计划主要采取EET模式，例如美国、英国、比利时、奥地利、法国等绝大多数OECD国家。

尽管德国，这个建立社会保障制度最早的国家，目前的养老金计划税收制度并未完全实现EET模式①，但面临老龄化的压力，德国的养老

① 当前，德国在企业养老金计划中的企业缴款部分实行TTE，而个人供款部分则实行EET。

金税收模式正在发生变化。德国于 2001 年引入了有税收优惠的个人退休账户，并于 2005 年实施了《老龄收入法案》（*Alterseinkünftegesetz*，*AltEinkG*），目标是对所有退休储蓄计划（包括现收现付的公共养老金计划）实行 EET 的税收模式。为避免税收模式调整对财政收入的过度冲击，该法案将有 35 年的过渡期。到 2040 年，德国将对所有主要的退休计划实行 EET 的延期纳税模式（Fehr 和 Jess，2007）。

其次，EET 的养老金计划税收模式有利于提高全民的养老金待遇。

诚然，只有具有养老储蓄能力的人口才能建立（私人）养老金计划，但 EET 模式并不代表对低收入人群[①]不公平的税收待遇。从各国（包括中国）的实践来看，公共养老金计划具有很强的转移支付功能。在（私人）养老金计划能够解决计划覆盖人口养老金需要的情况下，公共养老金计划可以加大对低收入人群的转移支付水平。澳大利亚政府当前的养老保障计划实践就是很好的说明。中国亦可以通过 EET 税收模式激励有养老储蓄能力的人口建立（私人）养老金计划账户，而经过一段时间的运作后，加大基本养老金计划对低收入阶层的倾斜力度，从而提高全民的养老金待遇。

最后，EET 的养老金计划税收模式符合中国人口老龄化趋势下的财政收支要求。

除较低水平的利息税外，中国当前尚未实施其他资本利得税，所以，与现有税收制度比较，对养老金计划投资收益环节免税不会减少税收收入。EET 税收模式将减少当前的财政收入，而增加未来的财政收入。几年来，中国财政一直保持收大于支的状态，故短时期内养老金计划缴费阶段免税不会给财政造成过大冲击。而如上所述，几十年后，中国必须承受巨大的养老负担，那时需要加大对养老保障的财政投入，而 EET 的模式恰好能够使老人在领取养老金待遇时为财政做出贡献，从而可以减轻老龄化严峻时代中国的财政压力。

综上，在人口结构日益老龄化的背景下，针对（私人）养老金计划采取 EET 的税收模式安排，符合中国经济发展的客观情况。这一安排不仅有利于解决老龄化社会问题、实现第二人口红利，还有利于提高全民的养老金待遇。

① 或者没有养老储蓄能力的人。

（二）养老金计划的安全管理模式探讨

退休计划区分于普通储蓄的一个重要方面就是退休计划具有既得权益性质，即必须基于退休计划锁定养老储蓄账户，这就使得养老储蓄在较长时间内处于产权游离状态。产权游离期间，养老基金的安全性成为全社会都极为关注的问题。进一步，养老基金的安全性也将成为能否实现第二人口红利的关键环节。因此，需要政府对构建养老基金安全运营机制承担主导责任。

目前，中国企业年金计划采用信托管理模式[①]，计划的受托人资格由有关政府部门严格把关。当前，企业年金受托人已经建立了相应的内控机制，同时已形成对其的外部监督机制。但是，中国目前尚缺乏受托人进入与退出的竞争机制。因此，如何参考澳大利亚、智利、美国等国的经验构建受托人竞争机制亦是未来养老金计划成功开展的关键。

需要指出的是，企业年金仅是积累制雇主养老金计划的一种模式，如何开展私人养老储蓄计划亦应是中国政府进一步引导的方向。本研究认为，以信托模式构建私人养老储蓄计划的运营机制亦将是此类计划成功开展的保证。今后，中国相关政府部门应保证企业年金信托模式的健康发展，同时注意信托文化的宣传。

养老储蓄需要锁定账户，养老储蓄者的产权在较长时间内发生产权游离，此期间养老基金安全性是全社会都极为关注的问题，是能否实现老龄人口红利的关键环节。因此，需要政府对构建养老基金安全运营机制承担主导责任。

全面理解养老基金安全，从专款专用和保值增值两个角度界定。专款专用即指确保养老基金不被挪用和损害，但不能防范通货膨胀带来的基金价值损失。保值增值即指对养老基金获取时间价值的保障。养老金数额巨大、公益性强，其安全性至关重要，但没有任何机构可以用自己的资产为养老金经营风险进行全额担保，积极选择是建立确保养老金安全运营的有效机制。

养老金安全运营机制的核心是受益人利益最大化。受益人利益最大化即养老基金在长期运作中保值增值，其贴现率能够覆盖通胀率和适度

---

① 信托模式要求受托人资产与委托人及受益人的资产独立，从而有利于保证受益人利益最大化，实现养老基金在长期运作中的保值增值。

增加，以保障其生活质量。由此可见，实现这个目标需要具有长期性和稳定性的理念和行为方式，即审慎人。审慎人必须“恪尽职守，履行诚实、信用、谨慎、勤勉的义务”①。

如何打造审慎人管理养老基金呢？20 世纪 70 年代以后，全球养老金领域的一个共识即信托——建立代人理财的受托人制度，并基于这个共识取得了一系列经验，要求养老金管理机构达到如下条件：（1）具备一定的资产规模和严格的资质；（2）依法建立内控机制和接受外部监督；（3）建立养老基金投资绩效评价机制；（4）受托人进入与退出的竞争机制，最终达到“只有受托人退出，没有养老金计划破产”的目的。其中，应注意资产独立和信息披露这两个最为重要的环节。

需要指出的是，个人的养老储蓄意愿对于第二人口红利的实现是至关重要的。因此，当前，我们应让人们知悉中国人口的未来变动趋势，以使人们形成进行养老储蓄的迫切感。同时，通过 EET 的税收优惠模式和信托模式的养老金安全运营机制进一步鼓励人们进行养老储蓄。

当然，积极养老政策还将涉及养老理财产品的供给、金融市场的发展等诸多问题，但个人的养老观念、财政的税收理念与社会的信托文化是当前构建中国养老金文化亟须解决的问题。

二　关于个人账户养老金体系构建步骤的探讨

如上文所述，为了使个人账户养老金计划发挥其补充性养老保险的作用，应由国家出台相关的政策加以鼓励。当我们对 EET 延期纳税模式和养老金计划信托模式安排有所了解后，还需要对中国个人账户养老金体系构建的步骤加以探讨。

从三支柱养老金体系的构成来看，目前，中国养老保障的第二支柱——与收入相联系的强制型缴费计划已经比较成熟。当前的问题仅在于，中国当前的基本养老金制度安排相当于将承担消除老年贫困作用的第一支柱——基础养老金，与起到平滑消费作用的第二支柱融合在一个养老保险制度安排之中。

为了更好地发挥两个支柱的作用，在构建普惠制非缴费型基础养老金体系的同时，可依托现有的国家养老保险制度中的个人账户养老金制

① 参见《企业年金基金管理办法》第 8 条。

度构建与收入相关联的强制型个人账户养老金计划。这一计划在设计上可以参考英国 SERPS 计划的退出选择（contract out）机制，与企业年金计划建立联系。

如上文所述，积累制的个人账户养老金体系应更多地由自愿性养老计划构成。目前，中国的企业年金计划即属于这种类型。今后一段时间，我们应着力扩大企业年金计划的覆盖范围。尽管企业年金是企业在参加国家基础养老保险的基础上自愿建立的雇主补充养老金计划，但是，政府可以通过 EET 税收安排等针对合格计划[①]的优惠政策鼓励这一计划的广泛发展。在扩大企业年金计划覆盖范围的同时，应该继续由国家出台相关的政策措施增强企业年金的积累规模，例如，通过扩大企业年金免税幅度鼓励企业和员工增大缴费比例。[②]

目前在中国，个人养老储蓄计划（退休规划）基本未能展开，人们进行退休规划的意识还很薄弱。要解决这一问题，一是要向人们灌输自我防老的养老意识；二是要由金融机构开展相应的退休规划服务，开发养老金产品；三是可参考英国 2008 年养老金法案的举措，为全民构建“自动加入的”有税收优惠支持的自愿的养老储蓄账户。已有研究表明，事先构建相关养老金账户而让人们自愿选择是否退出与让人们选择是否建立养老金账户两种构建养老金账户的措施所产生的效果有显著的区别。从行为金融学的角度来看，人们更多的是默认当前的安排，因此，事先构建相关养老金账户而让人们自愿选择是否退出，更有利于提高养老金个人账户的构建率。

本章从人口红利的角度，为积累制个人账户养老金体系的构建提供了理论支持并提出了相应的政策建议。其中，第一节首先简要回顾了有关老龄化社会的人口红利效应的相关研究，进而从理论上明确了人口结构与经济增长间的一般关系，在同一分析框架下界定了第一人口红利与第二人口红利，并指出实现两类人口红利的条件。第二节利用中国抽样

---

① 合格计划指满足法定条件，符合报备要求，进行了注册与登记后享受优惠税收政策的员工福利计划。

② 在这方面，中国当前的政策走向与本研究的讨论是一致的。2009 年，由财政部、国家税务总局发布的《关于补充养老保险费补充医疗保险费有关企业所得税政策问题的通知》（财税〔2009〕27 号）已经将企业年金企业所得税前列支的比例由 4% 提高到了 5%。2013 年，《财政部、人力资源和社会保障部、国家税务总局关于企业年金、职业年金个人所得税有关问题的通知》则明确了企业年金与职业年金个人缴费部分的 EET 纳税模式。

人口数据，勾勒2010—2085年中国人口结构的变化趋势，指出在未来的大部分年份里，从第一人口红利的角度来看，人口结构很可能将对中国经济增长起负面作用；而解决未来养老问题并实现第二人口红利的关键是，从当前开始即在充分就业的前提下实现持续的、有效的资本积累。一个重要的、可行的资本积累方式就是建立积累制的养老金计划；同时，政府提供有利于提高养老金计划效率的法律与政策，是应对中国人口老龄化问题的必要条件。综上，本章认为，在满足相关约束条件的前提下，解决未来养老问题、实现第二人口红利的关键是，从当前开始即实现持续的、有效的资本积累；而建立积累制的养老金体系是实现第二人口红利的必然选择。

当前中国个人账户养老金计划开展得还不是很成熟，尤其是第三支柱中的个人养老储蓄计划尚未展开。但若要在老龄化社会实现人口红利，必须调动人们进行养老储蓄的积极性，构建自愿性个人账户养老金计划。为此，需要首先从公共政策的角度出发，构建积极的养老金政策，例如增强人们对养老金计划的认识、构建合理的养老金计划税收管理模式、建立强有力的养老金计划安全管理模式等。进而，应结合中国养老金计划开设现状，有计划、有步骤地开展个人账户养老金体系构建实践。本研究认为，这一步骤即为第一，解构国家基本养老保险计划，依托其个人账户养老金制度安排构建强制缴费型养老金计划这一养老保障的第二支柱。第二，进一步发挥合格计划税收优惠政策的作用，鼓励企业建立企业年金计划并激励企业与个人加大企业年金的缴费比例。第三，参考英国最新的个人账户养老金构建实践，出台相关措施鼓励人们构建自愿性养老储蓄计划。

第七章　职业养老金制度发展研究

职业年金，顾名思义，是职业人享有的能够体现其职业特征的养老年金。“职业年金制度首先在公共部门建立，逐步扩展到私人部门，并且后来在许多国家的私人部门广泛建立了职业年金制度。”“公共部门的职业年金制度首先是在航海员、军人、公务员、公共企业等部门和职业建立。”“私人部门的职业年金制度最先是以雇员福利的形式出现的，一些规模较大、实力较强的私人企业，为加强员工激励，自愿为其员工建立雇员福利制度。私人部门的职业年金制度又可以称为企业年金制度。”（龙玉其，2015）

如前所述，由于中国机关事业单位的公共养老金制度改革滞后于企业的公共养老金制度改革，在第一支柱养老金未改革到位的情况下，机关事业单位的职业年金制度也未展开。因此，中国的职业养老金制度开始于私人部门的企业年金，而后才拓展至机关事业单位等公共部门的职业年金。[①]《企业年金试行办法》与《企业年金基金管理试行办法》于2004年5月1日同时生效，这标志着中国开始了企业年金制度建设，2015年3月《机关事业单位职业年金办法》的出台则标志着中国开始了机关事业单位职业年金制度建设。从理论上看，职业年金的范畴比企业年金广阔，但依据我国当前的制度实践，企业年金和职业年金的适用对象不同，二者并立存在。以下企业年金仅指非机关事业单位的职业年金制度，职业年金仅指机关事业单位的职业年金制度。

---

① 在推动机关事业单位基本养老保险改革的过程中，于2015年3月27日明确出台了《机关事业单位职业年金办法》。

第一节 中国企业年金制度

中国建立企业年金计划、完善养老保障制度的思想最早产生于20世纪80年代末90年代初。1991年，在国务院发布的《关于企业职工养老保险制度改革的决定》（国发〔1991〕33号）中，第一次明确地提出了“国家提倡、鼓励企业实行补充养老保险”。1995年原劳动部发布了《关于印发〈关于建立企业补充养老保险制度的意见〉的通知》明确和规范了发展企业补充养老保险的有关政策。2001年7月6日，《国务院关于同意辽宁省完善城镇社会保障体系试点实施方案的批复》首次提出“有条件的企业可为职工建立企业年金，并实行市场化运营和管理”。2004年1月6日原劳动和社会保障部公布了《企业年金试行办法》，该办法对企业年金给予了明确的定义，指出“企业年金，是指企业及其职工在依法参加基本养老保险的基础上，自愿建立的补充养老保险制度”。

《企业年金试行办法》（2004年中华人民共和国劳动和社会保障部第20号令，以下简称“20号令”）于2003年12月30日经劳动和社会保障部公布，《企业年金基金管理试行办法》（中华人民共和国劳动和社会保障部、中国银行业监督管理委员会 、中国证券监督管理委员会、中国保险监督管理委员会令第23号，以下简称“23号令”）于2004年2月23日由劳保部同三个金融监管委员会联合颁布。两个办法自2004年5月1日起实施，这标志中国开始了合格的企业补充养老金计划实践。本节主要介绍企业年金的制度模式与发展现状。

一 企业年金的适用范围

企业年金是企业自愿建立、员工自愿参加的补充养老金计划。能够建立企业年金计划的企业需要满足三个条件：（1）依法参加基本养老保险并履行缴费义务；（2）具有相应的经济负担能力；（3）已建立集体协商机制。

二 企业年金的缴费原则

企业年金所需费用由企业和职工个人共同缴纳。根据相关政策，企业缴费在职业工资总额5%范围内的部分在缴纳企业所得税前列支，超过的部分在税后利润列去；职工个人缴费可以由企业从职工个人工资中代扣。2004 年的 20 号令明确规定："企业缴费每年不超过本企业上年度职工工资总额的 1/12。企业和职工个人缴费合计一般不超过本企业上年度职工工资总额的 1/6。"这一规定事实上给出了企业年金的缴存上限，也在一定程度上限制了个人企业年金账户的积累规模。

三　企业年金的基金构成与管理方式

企业年金基金由三部分构成：企业缴费；职工个人缴费；企业年金基金投资运营收益。企业年金基金实行完全积累，采用个人账户方式进行管理，采取市场化投资以实现企业年金基金的保值增值。

四　企业年金计划的治理结构

根据企业年金计划运营的事务性质，可分为内部性事务和外部性事务。企业年金计划运营的内部性事务包括年金账户信息管理、年金财务信息管理、年金计划的修订和完善、会员交流和信息披露等。企业年金计划运营的外部性事务包括选择年金服务提供商、年金资产市场化管理、制定投资策略和实现稳健收益、支付年金等。

企业年金计划在企业内部建立，需要建立和健全内部管理机制；企业年金资金流和信息流向企业外部移动时，需要建立外部管理机制；企业年金市场化运营，需要建立安全运营机制，明确企业年金计划的委托人、受托人、功能代理人和受益人。

（一）企业年金计划的委托人

发起企业年金计划的企业和履行缴费义务的雇员是委托人，企业年金管委会（以下简称"管委会"）是内部代理人，管委会在意志上是独立于企业和职工的第三方，即企业年金内部的受托人，也称第一受托人。对外而言，管委会是选择和监督受托人的委托人，具有选择、更换和监督受托人的权力。

企业年金管委会的职责主要有以下两方面：一是基于集体协商原则制订年金方案和制定规则；二是选择委托和监督企业年金计划市场运营的受托人。管委会具有双重法律特征，对企业年金计划的内部运营来说是受托人，对企业年金计划的外部运营来说是委托人。

（二）企业年金计划的受托人

受托人指接受委托人的委托管理企业年金计划的责任主体，包括企业年金理事会和法人受托机构。受托人需要做到管理行为细心、审慎地制定投资策略、遵守投资规则、承担功能代理人的连带责任、组织结构钱权分离、充分的信息披露、使得信托资产独立、做到基金风险分散，同时受托人的服务需要获取管理费。按照我国信托法和“两个办法”（20号令和23号令）的规定，企业年金计划受托人具有企业年金计划管理与运作权，同时承担着完全的企业年金计划管理的信托责任，因而为保证企业年金计划的管理安全，保护受益人的合法权益，加强企业年金计划受托人的监督和管理显得尤为重要。制约受托人的主要措施如下：受托人的准入与退出机制、委托人监督与筛选、受托人竞争市场、专业机构评价、参保人监督和政府监管。

企业年金理事会是在企业内部组建，接受管委会委托的，受托管理和监督企业年金外部运营的专门机构，不得收取管理费。理事会作为企业年金计划受托人，必须依法建立和开展工作，理事会成员应当具备一定的资质。

理事会自身的属性决定其具有反映企业和职工意志的天然属性，但是不具备受托人的全部功能，仅具有部分决策和监督功能。企业年金管委会一旦选择理事会作为管理企业年金计划的外部运营受托人，必须监督理事会做好项目外包的委托工作，选择好功能代理人。

企业年金计划的法人受托人是指依法建立的，经过监督机构准入的，并经过专家委员会资格再评审获得资格的，专门受托管理企业年金计划的法人机构。

法人受托机构必须具备以下条件：经国家金融监管部门批准，在中国境内注册；注册资本不少于1亿元，且在任何时候都维持不少于1.5亿元的净资产；具有完善的法人治理结构；取得企业年金基金从业资格的专职人员达到规定人数；具有符合要求的营业场所、安全防范设施和与企业年金基金受托管理业务有关的其他设施；具有完善的内部稽核监控制度和风险控制制度；近3年没有重大违法违规行为；国家规定的其他条件。

受托人应履行以下职责：“选择、监督、更换账户管理人、托管人、投资管理人以及中介服务机构；制定企业年金基金投资策略；编制企业年金基金管理和财务会计报告；根据合同对企业年金基金管理进行监督；根据合同收取企业和职工缴费，并向受益人支付企业年金待遇；接受委托人、受益人查询，定期向委托人、受益人和有关监管部门提供企业年金基金管理报告，发生重大事件时，及时向委托人、受益人和有关监管部门报告；按照国家规定保存与企业年金基金管理有关的记录至少15年；国家规定和合同约定的其他职责。”

受托人的核心功能是依法选择养老金计划管理的服务商，依法制定投资策略和实施资产配置。

（三）企业年金基金的功能代理人（服务商）

企业年金计划运营涉及信息流管理，需要专业的账户管理人；涉及资金流，需要专业的资产托管人；涉及投资事务，需要专业的投资管理人。受托人的主要职责在于选择和监督功能代理人，尽心尽意地为企业年金计划工作，在委托人的监督下形成“审慎人”工作机制。

1. 企业年金基金的账户管理人

企业年金基金的账户管理人指接受受托人委托，管理企业年金信息的专业机构。账户管理人需要“建立企业年金基金企业账户和个人账户；记录企业、职工缴费以及企业年金基金投资收益；及时与托管人核对缴费数据以及企业年金基金账户财产变化状况；计算企业年金待遇；提供企业年金基金企业账户和个人账户信息查询服务；定期向受托人和有关监管部门提交企业年金基金账户管理报告；按照国家规定保存企业年金基金账户管理档案至少15年；国家规定和合同约定的其他职责”。即账户管理人负责保管企业年金计划建立、缴费、归属、分配和支付等环节的权益和财务的全程记录。

2. 企业年金基金的资产托管人

企业年金基金的资产托管人指由受托人委托保管企业年金基金财产的商业银行或专业机构。单个企业年金计划托管人可由一家商业银行或专业机构担任。托管人应当履行下列职责：“安全保管企业年金基金财产；以企业年金基金名义开设基金财产的资金账户和证券账户；对所托管的不同企业年金基金财产分别设置账户，确保基金财产的完整和独立；根据受托人指令，向投资管理人分配企业年金基金财产；根据投资管理人投资指令，及时办理清算、交割事宜；负责企业年金基金会计核算和估值，复核、审查投资管理人计算的基金财产净值；及时与账户管理人、投资管理人核对有关数据，按照规定监督投资管理人的投资运作；定期向受托人提交企业年金基金托管和财务会计报告；定期向有关监管部门提交企业年金基金托管报告；按照国家规定保存企业年金基金托管业务活动记录、账册、报表和其他相关资料至少 15 年；国家规定和合同约定的其他职责。”

3. 企业年金基金的投资管理人

企业年金基金的投资管理人指接受受托人委托，对企业年金基金进行投资管理的专业机构。投资管理人应当履行下列职责：“对企业年金基金财产进行投资；及时与托管人核对企业年金基金会计核算和估值结果；建立企业年金基金投资管理风险准备金；定期向受托人和有关监管部门提交投资管理报告；根据国家规定保存企业年金基金财产会计凭证、会计账簿、年度财务会计报告和投资记录至少 15 年；国家规定和合同约定的其他职责。”

企业年金基金的投资管理人必须建立风险准备金，对风险准备金实行专户管理，余额达基金资产净值 10% 时不再提取，由债权人申请和按照受托人指令执行，以弥补投资亏损，投资管理人必须在 2 日内弥补减少额。

受托人与账户管理人、投资管理人和托管人确定委托关系，应当签订书面合同。鉴于中国法治程度、中介市场发展和监管能力比较薄弱，因而在受托人责任承担这一问题上，我国选择了建立具有全权功能的受托人制度，以对企业年金计划安全承担全部责任。在这种模式下，受托人对其选择的功能代理人需要承担连带责任。在一些养老金市场比较发达的国家，由托管人承担受托人职责。

五　企业年金的领取原则

按照 2004 年原劳动和社会保障部颁布的《企业年金试行办法》（第 20 号令），企业年金待遇支付条件必须是以下三种情况之一。

（一）退休

参保人只有达到退休年龄时，才可以从本人企业年金个人账户中一次或定期领取企业年金；如果没有达到国家规定的退休年龄，不得提前提取资金。

（二）出国

对于放弃中国国籍，出境定居的企业年金参保人员，其个人账户资金可根据本人要求一次性支付给本人。

（三）死亡

当参保职工或已享受企业年金待遇的退休人员死亡后，其个人账户余额由其指定的受益人或法定继承人一次性领取。

除此之外，对于企业年金的权益维护，20 号令也做了相应规定。当职工变动工作单位时，个人账户资金可以随同转移，职工升学、参军、失业期间或新就业单位没有实行企业年金制度的，其年金个人账户可由原管理机构继续管理。所有上述情况企业年金基金都不得提前支取。

六　企业年金的税收政策

建立企业年金制度之初，对企业年金缴费、投资、领取环节所得税的处理并未出台专门的文件。2009 年 12 月 10 日，国家税务总局下发了《关于企业年金个人所得税征收管理有关问题的通知》，规定："一、企业年金的个人缴费部分，不得在个人当月工资、薪金计算个人所得税时扣除。二、企业年金的企业缴费计入个人账户的部分（以下简称"企业缴费"）是个人因任职或受雇而取得的所得，属于个人所得税应税收入，在计入个人账户时，应视为个人一个月的工资、薪金（不与正常工资、薪金合并），不扣除任何费用，按照'工资、薪金所得'项目计算当期应纳个人所得税款，并由企业在缴费时代扣代缴。"2011 年 1 月 30 日，国家税务总局又发布了《国家税务总局关于企业年金个人所得税有关问题补充规定的公告》，就"关于企业为月工资收入低于费用扣除标准的职工缴存企业年金的征税问题"与"关于以前年度企业缴费部分未扣缴税款的计算补税问题"两个方面进行了补充规定。上述两个文件均未涉及企业年金投资与领取环节的纳税问题，故人们普遍将这一阶段企业年金的纳税模式归纳为 TEE 模式。由于 TEE 模式不利于激励人们扩大缴费规模，EET 延期纳税模式成为养老金领域专家普遍建议采用的纳税模式。

2013 年财政部联合人力资源和社会保障部、国家税务总局出台了《关于企业年金、职业年金个人所得税有关问题的通知》（财税〔2013〕103 号），明确了企业年金和职业年金计划资金筹集、基金管理、待遇支付阶段的税务处理。

（1）年金缴费环节。一是企业和事业单位（以下统称单位）根据国家有关政策规定的办法和标准（目前规定不超过上年度职工工资总额的1/12），为在本单位任职或者受雇的全体职工缴付的企业年金或职业年金单位缴费部分，在计入个人账户时，个人暂不缴纳个人所得税。二是个人在不超过本人缴费工资计税基数的4%标准内的部分，暂从个人当期的应纳税所得额中扣除。

（2）年金基金投资运营收益环节。年金基金投资运营收益分配计入个人账户时，个人暂不缴纳个人所得税。

（3）领取年金时的个人所得税税务处理。前提条件是个人要达到国家规定的退休年龄，按月领取的年金，全额按照"工资、薪金所得"项目适用的税率，计征个人所得税；按年或按季领取的年金，平均分摊计入各月，每月领取额全额按照"工资、薪金所得"项目适用的税率，计征个人所得税。同时文件还对实施之前积累的年金政策衔接做出了相关规定。

这个文件的出台，标志着我国企业年金或职业年金在税务处理上采取了EET的延期纳税模式，这一积极的税收优惠政策必将对年金的发展产生促进、激励和引导作用。

七 企业年金的投资范畴

我国企业年金基金投资管理采取了数量限制原则加审慎人原则，即要求基金投资管理主体在进行投资操作时严格按照国家的相关规定执行。2011年2月12日，人力资源和社会保障部印发了《企业年金基金管理办法》（以下简称"11号令"），该办法是在对2004年出台的原《企业年金基金管理试行办法》（23号令）发布5年以来，企业年金运行中存在问题及市场需求充分总结与分析的基础上，针对性地进行细化与完善的产物。

11号令的主要内容之一是调整了投资范围与投资比例，其中第四十八条规定："企业年金基金财产以投资组合为单位按照公允价值计算应当符合下列规定：（1）投资银行活期存款、中央银行票据、债券回购等流动性产品以及货币市场基金的比例，不得低于投资组合企业年金基金财产净值的5%；清算备付金、证券清算款以及一级市场证券申购资金视为流动性资产；投资债券正回购的比例不得高于投资组合企业年金基金财产净值的40%。（2）投资银行定期存款、协议存款、国债、金融债、企业（公司）债、短期融资券、中期票据、万能保险产品等固定收益类产品以及可转换债（含分离交易可转换债）、债券基金、投资连结保险产品（股票投资比例不高于30%）的比例，不得高于投资组合企业年金基金财产净值的95%。（3）投资股票等权益类产品以及股票基金、混合基金、投资连结保险产品（股票投资比例高于或者等于30%）的比例，不得高于投资组合企业年金基金财产净值的30%。"

从内容上看相比2004年的23号令，11号令明确限于境内投资，新增加了中央银行票据、短期融资券、中期票据、万能险、养老金产品等投资产品，将固定收益类投资比例由不高于50%提高到95%，流动性投资比例由不低于20%降低到5%，取消投资股票的比例不高于基金净资产20%的比例限制，权益类资产投资比例提高到了30%。

在不久之后的2013年3月19日，人力资源和社会保障部会同中国银行业监督管理委员会和中国证券监督管理委员会联合签发了《关于扩大企业年金基金投资范围的通知》（人社部发〔2013〕23号），进一步拓宽了投资产品的范围，在11号令第四十七条投资金融产品规定之外，增加商业银行理财产品、信托产品、基础设施债权投资计划、特定资产管理计划、股指期货。企业年金基金资产以投资组合为单位，按照公允价值计算应当符合下列规定。

（1）投资银行活期存款、中央银行票据、一年期以内（含一年）的银行定期存款、债券回购、货币市场基金、货币型养老金产品的比例，合计不得低于投资组合委托投资资产净值的5%；清算备付金、证券清算款以及一级市场证券申购资金视为流动性资产。

（2）投资一年期以上的银行定期存款、协议存款、国债、金融债、企业（公司）债、可转换债（含分离交易可转换债）、短期融资券、中期票据、万能保险产品、商业银行理财产品、信托产品、基础设施债权投资计划、特定资产管理计划、债券基金、投资连结保险产品（股票投资比例不高于30%）、固定收益型养老金产品、混合型养老金产品的比例，合计不得高于投资组合委托投资资产净值的135%。债券正回购的资金余额在每个交易日均不得高于投资组合委托投资资产净值的40%。

（3）投资股票、股票基金、混合基金、投资连结保险产品（股票投资比例高于30%）、股票型养老金产品的比例，合计不得高于投资组合委托投资资产净值的30%。

企业年金基金不得直接投资于权证，但因投资股票、分离交易可转换债等投资品种而衍生获得的权证，应当在权证上市交易之日起10个交易日内卖出。

单个投资组合委托投资资产，投资商业银行理财产品、信托产品、基础设施债权投资计划、特定资产管理计划的比例，合计不得高于投资组合委托投资资产净值的30%。其中，投资信托产品的比例，不得高于投资组合委托投资资产净值的10%。投资商业银行理财产品、信托产品、基础设施债权投资计划或者特定资产管理计划的专门投资组合，可以不受此30%和10%规定的限制。

专门投资组合，应当有80%以上的非现金资产投资于投资方向确定的内容。

单个投资组合委托投资资产，投资于单期商业银行理财产品、信托产品、基础设施债权投资计划或者特定资产管理计划，分别不得超过该期商业银行理财产品、信托产品、基础设施债权投资计划或者特定资产管理计划资产管理规模的20%。投资商业银行理财产品、信托产品、基础设施债权投资计划或者特定资产管理计划的专门投资组合，可以不受此规定的限制。

单个企业年金计划基金资产，投资商业银行理财产品、信托产品、基础设施债权投资计划、特定资产管理计划专门投资组合的比例，合计不得高于企业年金计划基金资产净值的30%。其中，投资信托产品专门投资组合的比例，不得高于企业年金计划基金资产净值的10%（表7—1）。

表7—1　　**不同年份企业年金投资范围与比例限制**

	2004年	2011年	2013年
权益类资产	股票等权益类产品、投资性保险产品、股票基金投资上限为30%，其中，股票投资上限为20%	股票等权益类产品以及股票基金、混合基金、投资连结保险产品（股票投资比例高于或者等于30%）的投资上限为30%，不得直接投资权证	股票、股票基金、混合基金、投资连结保险产品（股票投资比例高于30%）、股票型养老金产品上限为30%，不得直接交易权证

续表

	2004 年	2011 年	2013 年
固定收益类资产	银行定期存款、协议存款、国债、金融债、企业债等及可转换债、债券基金投资上限为 50%。其中，投资国债的比例不低于基金净资产的 20%	银行定期存款、协议存款、国债、金融债、企业（公司）债、短期融资券、中期票据、万能保险产品等固定收益类产品以及可转换债（含分离交易可转换债）、债券基金、投资连结保险产品（股票投资比例不高于 30%）上限为 95%	一年期以上的银行定期存款、协议存款、国债、金融债、企业（公司）债、可转换债（含分离交易可转换债）、短期融资券、中期票据、万能保险产品、商业银行理财产品、信托产品、基础设施债权投资计划、特定资产管理计划、债券基金、投资连结保险产品（股票投资比例不高于 30%）、固定收益型养老金产品、混合型养老金产品上限为 135%
流动性资产	银行活期存款、中央银行票据、短期债券回购以及货币市场基金投资比例不低于 20%	银行活期存款、中央银行票据、债券回购等流动性产品以及货币市场基金上限为 5%。债券正回购比例不得高于净值 40%	银行活期存款、中央银行票据、一年期以内（含一年）的银行定期存款、债券回购、货币市场基金、货币型养老金产品上限为 5%。债券正回购的资金余额每个交易日均不得高于净值 40%

八　企业年金的信息披露

根据《企业年金基金管理办法》的规定，受托人、账户管理人、托管人和投资管理人应当按照规定向有关监管部门报告企业年金基金管理情况，并对所报告内容的真实性、完整性负责。

受托人应当在每季度结束后 30 日内向委托人提交季度企业年金基金管理报告，并应当在年度结束后 60 日内向委托人提交年度企业年金基金管理报告，其中年度企业年金基金财务会计报告须经会计师事务所审计。

账户管理人应在每季度结束后 15 日内向受托人提交季度企业年金基金账户管理报告，并应在年度结束后 45 日内向受托人提交年度企业年金基金账户管理报告。

托管人应当在每季度结束后 15 日内向受托人提交季度企业年金基金托管和财务会计报告；并应当在年度结束后 45 日内向受托人提交年度企业年金基金托管和财务会计报告，其中年度财务会计报告须经会计师事务所审计。

投资管理人应当在每季度结束后 15 日内向受托人提交经托管人确认的季度企业年金基金投资组合报告，并应当在年度结束后 45 日内向受托人提交经托管人确认的年度企业年金基金投资管理报告。

当出现减资、合并、分立、依法解散、被依法撤销、决定申请破产或者被申请破产的；涉及重大诉讼或者仲裁的；董事长、总经理、直接负责企业年金业务的高级管理人员发生变动的；国家规定的其他情形等事宜时，法人受托机构、账户管理人、托管人和投资管理人应当及时向人力资源和社会保障部报告；账户管理人、托管人和投资管理人应当同时抄报受托人。

九　中国企业年金计划的发展现状

随着2004年5月1日20号令与23号令的生效，部分企业开始着手构建合格的企业年金计划。2006年4月联想集团的企业年金方案通过劳动和社会保障部的备案，成为中国第一支企业年金计划。随后企业年金计划逐步建立起来。表7—2总结了2007—2015年中国企业年金计划的基本情况。应该说，中国企业年金的发展是相对滞后的，2014年企业年金参加职工数仅相当于城镇职工基本养老保险参保人数的7.18%，2015年企业年金积累基金额仅相当于当年全国GDP的1.41%，远低于西方发达国家职业养老金计划基金的GDP占比。①

表7—2　　2007—2015年企业年金总体情况

年份	企业数（百个）	职工数（万人）	积累基金数（亿元）
2007	320	929	1519
2008	331	1038	1911
2009	335	1179	2533
2010	371	1335	2809
2011	449	1577	3570
2012	547	1847	4821
2013	661	2056	6035
2014	733	2293	7689
2015	755	2316	9526

资料来源：《2007年劳动和社会保障事业发展统计公报》、《人力资源和社会保障事业发展统计公报》（2008—2014年度）、《2015年度全国企业年金基金业务数据摘要》。

① 根据李连友、蒋菲（2013），“丹麦、瑞士、美国等国家的企业年金资产占GDP的比重已高达60%”。

第二节　中国机关事业单位职业年金制度

2011 年出台《事业单位职业年金试行办法》（国办发〔2011〕37 号）等国家相关政策规定，允许事业单位及其职工在依法参加基本养老保险的基础上，建立补充养老保险制度，并称之为职业年金。由于要求参加基本养老保险后才可以建立职业年金计划，职业年金未能覆盖到未进行事业单位的基本养老金改革的人群。2015 年年初，伴随着机关事业单位基本养老保险改革的深入进行，事业单位职业年金制度建立已迫在眉睫。2015 年 4 月 6 日，国务院办公厅发布了《国务院办公厅关于印发机关事业单位职业年金办法的通知》（本节下文简称《职业年金办法》），《职业年金办法》不仅对职业年金给出了明确的定义，还对职业年金的适用范围、缴费规则、基金构成、账户管理、领取条件等相关事宜进行了明确说明。

《职业年金办法》指出，“职业年金，是指机关事业单位及其工作人员在参加机关事业单位基本养老保险的基础上，建立的补充养老保险制度”。职业年金计划“适用的单位和工作人员范围与参加机关事业单位基本养老保险的范围一致”。职业年金基金构成包括“单位缴费；个人缴费；职业年金基金投资运营收益；国家规定的其他收入”。“职业年金基金采用个人账户方式管理。个人缴费实行实账积累。对财政全额供款的单位，单位缴费根据单位提供的信息采取记账方式，每年按照国家统一公布的记账利率计算利息，工作人员退休前，本人职业年金账户的累计储存额由同级财政拨付资金记实。对非财政全额供款的单位，单位缴费实行实账积累。实账积累形成的职业年金基金，实行市场化投资运营，按实际收益计息。”

由于中国的职业年金计划是在企业年金计划运行十余年后才开始大规模出现，该计划在制度模式上对企业年金制度做了诸多借鉴。前文已经明确阐述了中国企业年金的制度模式，本节主要阐述职业年金与企业年金的区别。

一　强制性与自愿性的养老金计划类型差异

《国务院关于机关事业单位工作人员养老保险制度改革的决定》规

定："机关事业单位在参加基本养老保险的基础上，应当为其工作人员建立职业年金。单位按本单位工资总额的8%缴费，个人按本人缴费工资的4%缴费。""应当"就意味着职业年金具有强制性，强制适用于其所覆盖的人群（参加机关事业单位基本养老保险的单位和工作人员）；而企业年金却是纯粹的自愿性计划，企业自愿建立，员工自愿参加。强制性能够保证计划的普及性，即提高计划的参与率。如前所述，我国企业年金运行十余年，建立企业年金的企业数量与参与员工人数都是较为有限的，基于这一状况，职业年金计划的发展无疑有利于推动加大企业年金计划的覆盖范围的政策变革，例如，学者们正在讨论企业年金制度的"自动加入"机制①。

二　中人补偿机制的设立与否不同

目前，部分企业的企业年金设有中人②补偿机制，以补贴中人养老金的不足，而职业年金不存在中人补偿问题。机关事业单位基本养老保险制度改革后，退休职工的养老金将仅由基本养老保险计划所领取的基本养老金与职业年金两部分构成。由于职业年金刚刚建立，即将退休的群体难以通过职业年金的积累补充基本养老金的不足。机关事业单位职业年金制度的建立与机关事业单位基本养老保险制度改革配套进行，对在机关事业单位工作的中人所进行的养老金制度改革补偿全部发生在基本养老保险制度下，故机关事业单位职业年金制度全部采用个人账户方式管理。

除以上原因外，部分企业的年金计划设立中人补偿机制的原因在于历史上，企业可能存在DB补充养老金计划，由于企业年金计划的设立替代了此类DB计划，为了避免已退休人员与即将退休人员补充养老金待遇的差异过大，设立了中人补偿机制。而机关事业单位历史上基本没有职业年金，《国务院关于机关事业单位工作人员养老保险制度改革的决定》发布后，各部门各省市出台的《机关事业单位工作人员养老保

---

① 类似于英国的自动注册机制。此类讨论的典型代表可参见郑秉文，《养老金三支柱全面深化改革——金融市场影响力的视角》，中国社科院社会保障实验室《快讯》（2015年第45期，总第141期）。

② 不同企业对于企业年金计划中的中人界定有差异，大多数设有中人补偿机制的企业将距离退休年龄较近并已具有一定工龄（或司龄）的员工界定为中人。这一界定方法与基本养老保险制度下中人的界定有显著的差异，后者指建立养老保险制度之前参加工作，在建立养老保险制度后退休的人。

险制度改革实施办法》基本设立了10年过渡期，过渡期内退休人员实行新老待遇计发办法的对比，保低限高。这一过渡期的设置事实上起到了中人补偿机制的作用，有效地实现了新旧养老金制度的衔接。

三　DC与NDC

除中人补偿外，企业年金基本采用DC计划对个人账户资金进行实账积累；而部分职业年金的个人账户①采用了名义账户制（norminal defined contributions，NDC）②

名义账户制是现收现付制和积累制、待遇确定型（以下简称DB）和缴费确定型（以下简称DC）的一种混合型制度，简单地讲即在融资方面采取现收现付制的DB型方式，但在给付上采用积累制的DC型方式（郑秉文，2003）。作为一种新的养老保险制度模式，名义账户制出现于20世纪90年代。截至目前，世界上实行名义账户制养老金制度的国家有欧洲的瑞典、意大利、波兰、拉脱维亚、俄罗斯和中亚的蒙古、吉尔吉斯斯坦七个国家（赵秀斋，2013）。上述七个国家主要在公共养老金制度中采用名义账户制，谭珊珊、黄建元（2012）提出在事业单位改革初期使用“社会统筹+名义账户”模式是恰当的选择。当前中国机关事业单位职业养老金制度未完全采用NDC模式，而是DC与NDC的结合。前文关于DC模式已经有了大量介绍，本节主要讨论NDC制度的关键环节。

赵秀斋（2013）指出“在名义账户制度设计过程中，名义账户利率（也称内部收益率）、转型规则以及最低养老金三个参数的设定非常关键”。由于机关事业单位职业年金制度不存在中人补偿，亦即无须考虑转型规则；又由于机关事业单位职业养老金制度是对基本养老金制度的补偿，故无须考虑最低养老金问题。因此，在实践中，职业年金制度的内部收益率——国家统一公布的记账利率的设定非常重要，该参数将直接决定全额拨款单位职业年金的积累水平。目前各国的NDC实践主

---

① 即财政全额拨款的单位职业年金的单位供款部分未进行个人账户实账运营。

② 根据《机关事业单位职业年金办法》第六条规定：“职业年金基金采用个人账户方式管理。个人缴费实行实账积累。对财政全额供款的单位，单位缴费根据单位提供的信息采取记账方式，每年按照国家统一公布的记账利率计算利息，工作人员退休前，本人职业年金账户的累计储存额由同级财政拨付资金记实；对非财政全额供款的单位，单位缴费实行实账积累。实账积累形成的职业年金基金，实行市场化投资运营，按实际收益计息。”全额供款单位缴费部分相当于采用了名义账户制。

要根据缴费工资总额增长率、平均工资增长率、GDP增长率、通货膨胀率等指标的指数化设定积累期的内部收益率。由于不同性质机关事业单位人员个人账户的模式有区别，存在全部DC与DC+NDC两种模式间的差异，从制度公平性考虑，本研究认为，NDC的名义账户利率可以考虑取企业年金或职业年金实账运营部分的平均收益率。尽管由于刚刚开始职业年金的积累，目前尚未出台名义账户利率设定的明确规则，但本研究认为尽快明确这一规则更有利于相关人员形成稳定的养老保障预期，稳定的预期有利于个人自我保障计划的安排与执行。

第三节 西方典型职业养老金计划

目前，职业养老金计划已成为西方国家的普遍性实践，401（K）计划开创了延期纳税的先河，为全球职业养老金计划树立了合格计划的标杆；英国职业年金制度中的自动注册制与选择机制无疑更有利于提高自愿性职业养老金计划的覆盖率；澳大利亚超级年金制度的强制性保障了职业养老金计划的普遍性。基于以上原因，本节仅介绍三个典型的职业养老金计划：美国401（K）计划、英国职业年金计划与澳大利亚“超级年金计划”。

一 美国401（K）计划

401（K）养老金计划即指根据美国《国家税法》第401条（K）款规定建立的私营公司养老金计划，该计划始于1981年，20世纪90年代迅速发展，目前已经成为美国诸多雇主首选的养老保障计划。401（K）计划具有以下特点。

1. 401（K）计划是自愿型雇主养老金计划

一方面，401（K）计划是雇主自愿建立的养老金计划，该计划可以覆盖雇主本人和雇员，是美国最普及的私人公司养老金计划；另一方面，在雇主申请设立401（K）计划后，在规定额度内，员工每月自行决定提拨一定数量的薪水至其401（K）账户，然后雇主按一定比例配款。

2. 401（K）计划属于合格型雇主养老金计划，该计划创立了延期纳税政策模式（EET）

美国《雇员退休收入保障法案》（以下简称ERISA），从鼓励发展雇主出资的退休金计划出发，为雇主出资的退休金计划制定了一整套管理标准，凡按此标准管理的退休金计划被视为“合格计划”，发起建立合格计划的雇主和参加该合格计划的雇员都可以享受优惠的税收待遇。401（K）计划即属于此类计划，而该计划的税收优惠模式为EET（缴费免税、投资收益免税、领取缴税）的延期纳税模式。

（1）雇主/员工供款从应税收入中扣除，但双方供款合计不得超过个人年薪的法定比例或法定额度，2008年这一额度是15500美元/年，2009—2011年是16500美元/年，2015年和2016年是18000美元/年，对于50岁及以上的雇员可每年追加一定额度的供款（catch－up contributions），这一追加额度在2008年是5000美元、2009—2014年是5500美元，2015年和2016年是6000美元。[①]

（2）联邦政府和绝大多数州政府免除401（K）计划缴费和投资收益方面的应纳所得税。

（3）计划成员在59.5岁以前提款需补缴个人所得税和10%的罚金税，但可以依法自我贷款、付息还款（教育投资）和紧急提款（因疾病和灾难提款不用还款）。应该说，由延期纳税模式所提供的税收优惠是401（K）计划发展的原动力。在此之前的补充养老保险计划多由企业缴费，并且企业缴费可以享受税收优惠，但如有个人缴费则需纳税，这一税收政策缺乏对个人进行养老储蓄的激励。而通过个人缴费的税收优惠政策，401（K）计划实现了国家、企业、个人三方为雇员养老分担责任的制度设计，对企业和员工有很大的吸引力。[②]

3. 401（K）计划属于DC计划

由雇主和雇员共同缴费，实行个人账户积累制，雇员退休后养老金的领取金额取决于缴费的多少和投资收益状况。

4. 401（K）计划赋予员工个人管理养老金账户资产的权利

提供401（K）计划的雇主会指定一个基金公司管理公司员工的401（K）账户，这个基金通常会有各种不同类型的、专门注册为401（K）计划投资的基金供员工选择，有股票基金、债券基金、指数基金以及平衡基金等；此外，员工可投资的基金可能既包括最保守的货币市

---

① 参见美国劳工部网站（http：//www. dol. gov/ebsa/publications/401kplans. html）与维基百科（https：//en. wikipedia. org/wiki/401（K）#Taxation），2016年4月2日访问。

② 《401（K）计划》，智库百科（http：//wiki. mbalib. com/wiki/401K% E8% AE% A1% E5%88%92）。

场基金又包括最激进的新兴市场基金。员工可以自行选择将账户资金按不同的比例投入各种基金。近年来，401（K）计划资金的投资方向呈现如下趋势：共同基金、保底寿险合同（平衡指数年金）、债券、股票、不动产、公司股票等。在2008年的金融危机中，一些投资股票比重较大的401（K）计划成员投资损失较重，特别是对那些接近退休的老职工来说，丢失了很大一部分养老金。这令人们开始考虑是否需要对个人投资决策权进行合理限制的问题。

5. 401（K）计划受到严格的监管

监管涉及各金融监管机构、国内税务局和劳工部。该计划的财务信息进入统一的5500报表系统。[①] 根据参与者类型和数量的不同，大多数401（K）计划必须申报以下三种形式的一种：5500报表，雇员利益计划的年收益/报告（Annual Return/Report of Employee Benefit Plan）；5500 - SF报表，小型雇员利益计划的年收益/报告简报（Short Form Annual Return/Report of Small Employee Benefit Plan）；5500 - EZ报表，单一参与人（所有者与他们的配偶）退休计划年收益［Annual Return of One - Participant（Owners and Their Spouses）Retirement Plan］。[②] 政府对其覆盖员工的范围、雇主供款差别、信息披露等方面的法律法规执行情况实行年检，年检合格才可以继续享有税收优惠待遇。进一步说，各金融监管机构对偿付能力、市场行为、公司治理、投资行为、信息披露等进行监管。国内税收局力图防止税收收入流失和税收待遇被滥用。劳工部则要确认计划发起人、计划参与者、计划本身的合格性，严格贯彻落实“非歧视”原则，监督受托人履行职责。

综上所述，401（K）计划是雇主自愿发起、雇员自愿参加并拥有投资管理权、经政府严格监管的美国私人公司雇主养老金计划。

二　英国选择性职业年金计划

（一）英国养老保障体系概述

英国于20世纪上半叶（1911—1946）建立了贝弗里奇社会保险体

① 5500报表（form 5500 seires）是美国劳工部为监管401（K）计划而专门设计的向美国国内税务局和美国劳工部披露信息的表格。

② “401（K）Plans for Small Businesses”，2016年4月2日访问，美国劳工部网站（http：//www. dol. gov/ebsa/publications/401kplans. html）。

系，20 世纪下半叶英国又就其养老保险体系进行了多次改革。到 21 世纪前，英国已经建立了相对成熟的多支柱养老金体系（图 7—1）。英国的养老金体系分为三个层次：第一层次养老金由国家提供，包括国家基本养老金制度和一个以财富审查为基础的非供款受益计划；第二层次是强制的养老金制度，包括国家提供的收入关联养老金计划和私人提供的职业养老金和个人养老金；第三层次为自愿性私人退休储蓄。2005 年以后，英国取消了收入关联养老金计划，开始强化雇主养老金计划。2008 年以后，英国开始强化养老金个人账户的管理和服务。

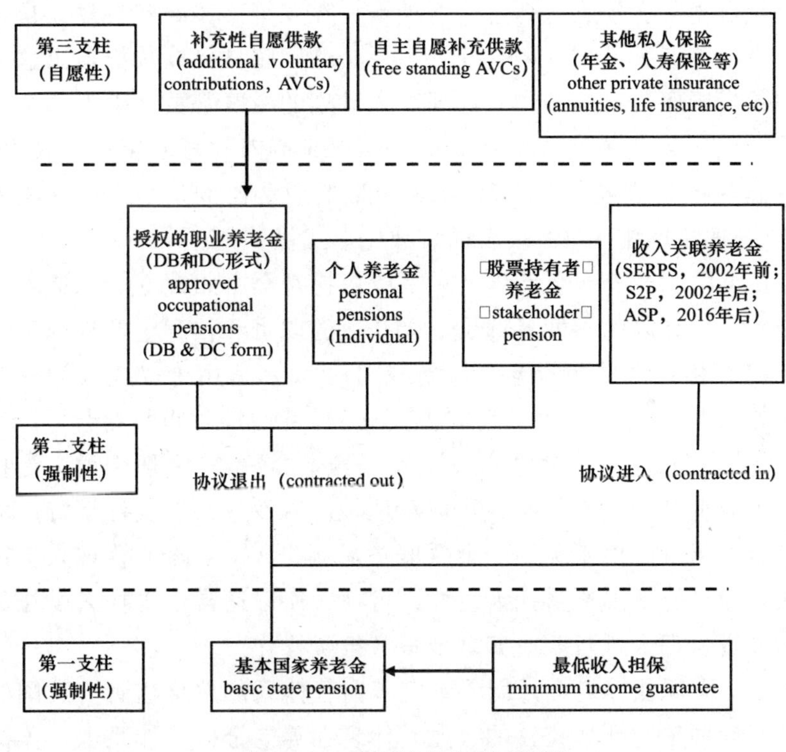

图 7—1　英国养老金制度框架

注：根据英国最新养老金制度修正邓大松、刘昌平（2004）的制度框架图而成。资料来源：邓大松、刘昌平：《中国企业年金制度研究》，人民出版社 2004 年版，第 64 页；维基百科：https：//en. wikipedia. org/wiki/State_ Second_ Pension，2016 年 4 月 21 日访问；英国政府网站：https：//www. gov. uk/additional - state - pension/overview，2016 年 4 月 21 日访问。

（二）英国职业养老金计划特征

英国职业养老金计划具有如下特征：

一是雇员具有在第二支柱社会养老保险计划与雇主养老金计划间进行选择的权利。英国养老保障第二支柱是强制性的，只要雇主举办的职业养老金计划能够提供不低于收入关联养老金计划的退休收入，职工可以根据"退出合约"选择退出收入关联养老金计划，参加其雇主的职业养老金计划。同时，在职工作出这种退出选择后，政府会将职工个人的部分社会保险供款转移到其职业养老金计划。

二是按 2008 年《养老金法》规定：所有雇主要为年龄在 22 岁至国民年金领取年龄、年收入超过 1 万英镑、在英国工作的雇员建立自动注册的工作地养老金计划（workplace pension），雇员可以选择退出这一计划，即相当于雇员自愿参加该计划。该计划的缴费基数在以下两个选项中任选一：（1）年税前收入在 5824—42385 英镑的可取年税前收入额；（2）全部税前薪酬或工资。到 2018 年最低缴费比例是个人按其收入的 4% 供款，雇主匹配 3%，政府税收减免形式供款 1%。①

三是英国职业养老金计划大多采取信托基金方式建立。职业养老金计划受托人由计划的参加者选出。受托人的职责和权利主要来源于三个方面：（1）信托文件和养老金计划规则；（2）适用于受托人的一般性法律，如《受托人法》和《判例法》；（3）专门针对职业养老金计划受托人的法律，如《养老金保障法》和《养老金法》。一般来说，受托人对职业养老金计划供款收缴、账户管理、待遇发放，以及计划资产的投资管理全面负责。由于英国的金融服务局（FSA）对投资管理人实行市场准入，而且通常不给受托人发放许可证，所以通常由受托人委托具有资格的投资管理人进行职业养老金资产投资操作。

四是英国职业养老金计划受到完善监管体系的严格监管。英国的职业养老金计划是欧洲最完善的，尤其体现在养老金监管体系上。英国养老金监管的一个重要特点是多体系监管，其中还包括自我监管。20 世纪 70 年代，为了处理和解决养老金计划中的特殊问题，英国设立了职业养老金管理委员会（Occupational Pension Board，OPB）。20 世纪 90

① 参见"Workplace pensions"，2016 年 4 月 21 日访问，英国政府网站（https://www.gov.uk/workplace-pensions/what-you-your-employer-and-the-government-pay）。

年代，英国在原 OPB 的基础上成立了职业养老金监管局（Occupational Pensions Regulatory Authority，OPRA），其主要功能包括确保职业养老金计划合法运行和按计划兑现承诺，阻止和预防职业养老金计划受托人出现不当行为，调查那些对职业养老金计划稳健经营有损害的活动以及不诚实的受托人行为，并可以采取相应的行动。该局的成立使得职业养老金实现了系统、独立监管，摆脱了监管工作的从属地位，建立了被动反应式监管模式。21 世纪初，英国又组建了新的监管机构——养老金监管局（The Pensions Regulator，TPR），以取代原来的 OPRA。该局受内阁部门——就业与养老金部的监督指导，主要任务是保护职业养老金参与人的权益，促进养老金管理人的良好公司治理，降低养老金支付的潜在风险（胡继晔，2011）。与 OPRA 消极等待计划违法行为不同，养老金监管局比 OPRA 更主动积极收集相关信息。这使其与受托人的合作更为有效，从而降低成员利益的风险并且能有效改进计划运行方式。

三　澳大利亚强制型“超级年金计划”

1991 年，澳大利亚政府颁布《超级年金法》，实行强制雇主供款和个人账户积累的国家养老金计划，通过该法案的实施对原国民年金制度进行了根本变革。该计划体现 3∶7 战略目标，即让 70% 人口通过超级年金计划获得足够养老金，政府责任是构建养老金安全运营机制；同时，政府向超级年金储蓄不足者和非超级年金计划者提供最低养老金，养老金替代率为社会平均工资的 25%。澳大利亚超级年金计划具有以下特点。

第一，超级年金计划是强制型的雇主养老金计划。该法要求雇主为其雇员向经批准的职业养老金计划缴费。1992 年颁布《超级年金保证法》，规定雇主供款最低标准，1992—1993 年度个人工资 3%—4%，逐渐增加到 2002—2003 年度的 9%，2014 年的 9.5%，而 2021 年到 2025 年雇主的最低缴费比例将每年提高 0.5% 进而从 9.5% 逐步提高到 12%。[①]

第二，超级年金计划享受税收优惠。超级年金计划由雇主强制缴费

① 参见“Superannuation in Australia”，2016 年 4 月 21 日访问，维基百科（https://en.wikipedia.org/wiki/Superannuation_in_Australia）。

与雇员自愿缴费构成。对强制性雇主缴费按15%的优惠税率征税，高收入者税率更高，超级年金计划下的收益亦征收15%的税，但对于达到保留年龄（preservation age）后领取超级年金一般是免税的。即对于大多数超级年金计划参与人而言，超级年金的纳税模式属于TTE。

2007年，澳大利亚进行了最新的税制改革，进一步加强对超级年金计划的税收减免安排，具体内容如下：

（1）60岁以上的公众从养老基金中提取年金或者一次性提取全部养老金将全部免税。

（2）允许雇主为75岁以下雇员提供的养老金部分全部抵税。

（3）允许个人自愿储蓄养老金部分全部申报抵税。

需要指出的是，澳大利亚政府在利用税收优惠鼓励超级年金发展的同时，又采取了一些超限额缴费增加税率的措施，以保证计划的公平性和中低收入人群的利益，这些措施如下：

（1）限制每人每年最多可存入养老基金并享受优惠税率的金额为5万澳元。

（2）限制纳税人每年从税后收入中自愿转入上至15万澳元，或者3年内累计转入45万澳元到养老基金。

第三，超级年金计划采用基金运作模式。超级年金计划的所有缴费均由基金管理人进行管理。基金管理人可以是个人或机构，负责对每天的基金运作，包括成员记录、利益给付、向信托机构及监管机构提供报告等。基金管理人由信托机构指定。基金根据基金成员分为以下六类。[①]

公司基金：由公司所设立的养老金基金。在澳大利亚各超大型公司一般都设有自己的养老金基金以管理所属员工的养老金，这类基金一直是澳大利亚养老金市场的主力军。

行业基金：由行业所设立的养老金基金。在澳大利亚，各主要行业也都设有自己的养老金基金。例如，大学员工一般都被要求将雇主提供的养老金存入“大学养老基金”（UniSuper）。由于澳大利亚的政治体制是联邦制，州政府享有很高的权力，因此有些行业会在不同的州设立不同的基金。行业基金以收费低著称，再加上行业工会的历史原因，在

① 参见张锦《浅析澳大利亚养老金体系改革》，国研网研究报告，2007年，国研网（http：//www.drcnet.com.cn）。

2002年以前一直是第二大类基金。近年来，许多行业基金在保持原有的管理架构和非营利的目标下，开始吸收公众的养老金储蓄，以及和其他类型基金进行重组，从而使其的市场份额有所下降。

小型基金：主要是指小于5名成员的基金。小型基金的发展十分迅猛。其资产从1996年仅占GDP的10%，增长到2006年的20%。目前，小型基金已经成为第二大类基金。其中最重要的组成部分就是最具有澳大利亚特点的“自管养老基金”（Self-Managed Super Fund，SMSF）。近两年一系列的税制改革更是对“自管养老基金”的发展起到了推波助澜的作用。

公共服务行业基金：主要针对政府公务员和其他公共服务行业。政府公务员一般都享受较高的雇主提供的年金，最高可以达到17%。因此政府部门存在相当大的养老金缺口。

零售型基金：主要指公开吸收公众养老金储蓄的基金。

特许转存基金：政府指定为数不多的几家基金设立专门的存款账户，来管理一些无名养老金以及一些无法支付管理费的小额账户。

第四，超级年金依据信托管理模式管理养老金基金。为保证养老金计划安全运营，澳大利亚《税法》和《信托法》规定，养老基金必须与计划发起人分开，交专业养老金管理公司管理（法定受托人），国家建立受托人委员会实施监督。“超级年金”基金的法定受托人可以是信托委员会（如果是个人信托），也可以是信托理事会（如果是机构信托）。雇主和雇员在信托委员会或董事会中享有相同的代表权。投资委员会是信托机构投资决策的具体实施主体，负责监控投资业绩、向信托机构建议合适的投资策略等。投资委员会各项职能的实施可以由基金内部或通过外部的投资经理人实现。外部服务提供者负责协助信托机构或投资管理人对基金进行管理，但所有相关责任均由受托人承担。

第五，超级年金计划赋予成员个人选择养老金账户资产的权利。澳大利亚公民有权选择基金来管理自己的养老金，以及基金投资的品种。根据澳大利亚审慎监管局《十年养老金市场回顾》报告，2006年，在276家资产超过1亿澳元的基金中，80%的基金提供平均40种不同的投资组合供成员选择。同时，这些投资组合涵盖了所有市场上的投资产品，包括股票（澳大利亚和国际市场）、房地产（上市和非上市公司）

和固定收益产品，等等。[①]

第六，超级年金计划受到澳大利亚政府的严格监管。1993 年，澳大利亚政府颁布了《超级年金行业监管法》［*Superannuation Industry* (Supervision) Act 1993］对年金行业实行全面监管，此后，澳大利亚政府定期出台该法案的修订案［Superannuation Industry (Supervision) Regulations］以强化对超级年金的监管。上述法案对受托人和养老（职业年金）信托基金的注册、受托人的责任和义务、养老信托基金的运作标准、投资标准、文件公开和报告标准、消费者保护和投诉处理标准等一系列问题，都做了详细的规定。它和信托法（Trust law）、职业年金保证法（Superannuation Guarantee law）、税法（Taxation law）及社会保障法（Social Security law）一起，组成对整个职业年金制度进行监督和管理的严密法规体系。

对职业年金制度的监管起重要作用的政府机构有三个：澳大利亚审慎监管局（Australian Prudential Regulation Authority）、澳大利亚证券和投资委员会（Australian Securities and Investments Commission）、澳大利亚税务局（Australian Taxation Office）。审慎监管局负责对养老信托基金、各种金融机构和受托人的审慎监管，要求受托人提供年度报告，对养老信托基金定期审计；监督法定运作标准的执行以确保基金的持续生存能力。证券和投资委员会负责监管投资活动，要求投资经理为委托人（养老信托基金）提供可靠的收益；同时负责发放销售和咨询中介的执照，监督委托人保护及处理法律方面的投诉。税务局负责税法的实施，对雇主进行审计，监督他们按规定缴纳职业年金贡款额。

---

① 参见张锦《浅析澳大利亚养老金体系改革》，国研网研究报告，2007 年，国研网（http：//www. drcnet. com. cn）。

第八章　从金融视角看中国养老金体系发展

在中国，构成养老金体系的三个支柱都包含预先积累的基金制，基金积累制所形成的养老基金会对金融市场和金融机构产生巨大的影响。正如我们所熟知的，在美国，养老基金的规模可达其资本市场的一半。在我国，养老基金的资本市场表现如何？本章将首先回答这一问题。继而，本章讨论职业养老金体系对金融机构的影响，以及老龄化中国养老金产业的发展战略。

第一节　中国养老基金的资本市场历程

随着人口老龄化问题的加剧，全国社会保障基金（以下简称“社保基金”）、基本养老保险基金、企业年金基金、职业年金基金等各类养老基金的保值增值日益为人们所关注。国务院于 2015 年 8 月 23 日和 2016 年 3 月 10 日分别发布了《基本养老保险基金投资管理办法》和《全国社会保障基金条例》，一系列政策的出台表明中国养老基金的全面资本化运作已经提到日程。中国养老基金大规模资本化运作始于社保基金，社保基金与企业年金基金十几年的资本化运作历程为各类养老基金的投资运作提供了重要的参考。本节旨在梳理中国养老基金的组成及社保基金与企业年金基金的资本化运作历程，希冀能够为基本养老保险基金、职业年金基金的深入资本化运作提供借鉴。

一　中国的养老保险基金组成现状

1991 年，《国务院关于企业职工养老保险制度改革的决定》中明确提出：“随着经济的发展，逐步建立起基本养老保险与企业补充养老保险和职工个人储蓄性养老保险相结合的制度。”依据“政府行为、企业行为、个人行为”原则以及养老保险基金特有的安全性、流动性和收益性，我国的养老保险基金可以依据三支柱原则划分为三个层次，第一层次为全国社会保障基金（以下简称“社保基金”）和基本养老保险基金，第二层次为企业年金基金，第三层次为个人储蓄性养老保险基金。本节将分层次对我国的养老保险基金做简要介绍。

为了应对人口老龄化的挑战，保证社会保障资金的增长需要和养老金按时足额发放，我国政府于 2000 年决定，建立全国社会保障基金，从多种渠道筹集资金，作为国家的长期战略储备，主要用于社会保障事业的发展。全国社会保障基金是中央政府集中的国家战略储备基金，由中央财政拨入资金、国有股减持或转持所获资金和股权资产、经国务院批准以其他方式筹集的资金及其投资收益构成。全国社会保障基金理事会受托全权管理社保基金。2014 年年末，基金资产总额 15356. 39 亿元。其中，直接投资资产 7718. 12 亿元，占基金资产总额的 50. 26%；委托投资资产 7638. 27 亿元，占基金资产总额的 49. 74%。境内投资资产 14050. 61 亿元，占基金资产总额的 91. 50%；境外投资资产 1305. 78 亿元，占基金资产总额的 8. 50%。2014 年年末，基金负债余额 783. 10 亿元，主要是基金在投资运营中形成的短期负债。2014 年年末，基金权益总额为 14573. 29 亿元，包括全国社保基金权益 12407. 97 亿元，个人账户基金权益 1109. 74 亿元，广东委托资金权益 1055. 58 亿元。①

基本养老保险基金包括企业职工、机关事业单位工作人员和城乡居民养老基金。截至 2014 年年末，我国城镇职工基本养老保险的参保人数为 3. 41 亿人，比上年增长了 5. 9%，基金收入为 25252. 3 亿元，比上年增长了 12. 3%。我国城乡居民基本养老保险的参保人数为 5. 01 亿人，与 2013 年相比，增长幅度略小，仅为 0. 713%，基金收入为 2386. 9 亿元，比上年增长了 10. 8%。②

---

① 参见全国社保基金理事会《全国社会保障基金理事会基金年度报告（2014 年度）》，2015 年 5 月 29 日发布，2015 年 6 月 20 日访问，全国社保基金理事会网站（http：//www. ssf. gov. cn/cwsj/ndbg/201505/t20150528_ 6578. html）。

② 参见人力资源和社会保障部《2014 年人力资源和社会保障事业发展统计公报》，2015 年 6 月 30 日访问，中国政府门户网站（http：//www. gov. cn/xinwen/2015 - 05/28/content_ 2870028. htm）。

企业年金是第二层次，是对基本养老保险的重要补充。具体指在政府强制实施的公共养老金或国家养老金制度之外，企业在国家政策的指导下，根据自身经济实力和发展状况自愿建立的，为本企业职工提供一定程度退休收入保障的补充性养老金制度。企业年金既可以完全由企业承担，也可以由企业和个人按照一定的比例各自承担一部分。1994 年颁布的《中华人民共和国劳动法》第七十五条“国家鼓励用人单位根据本单位实际情况为劳动者建立补充保险”的规定，为我国建立企业年金提供了法律依据。截至 2015 年年末，我国建立企业年金的企业有 75454 家，较上年增长了 3%，参与企业年金的职工高达 2316.22 万人，较上年增长了 1%，积累年金达到 9525.51 万亿元，较上年增长了 23.89%。[①]

个人储蓄性养老保险是第三支柱，亦是我国养老保险体系的一个重要组成部分，主要表现为劳动者购买相关商业保险公司的养老保险产品等。2001—2007 年，个人商业养老保险年均增长速度约为 15%，截至 2007 年年底，中国保险业已为人民群众未来的养老保障积累准备金 1.5 万亿元。[②] 根据表 8—1 可见，21 世纪前十年，人身保险保费的增长速度迅猛，受到金融危机等多因素的影响，2011 年，这一增长趋势有所回调，然而，此后，人身保险公司原保险保费收入的年增长率仍高于 10%。应该说，尽管第三支柱在我国所形成的养老基金规模有限，但其发展势头仍然是迅猛的。

表 8—1　**中国人身保险公司保费收入情况**　（单位：亿元）

年份	原保险保费收入	保户投资款新增保费	投连险独立账户新增保费
2004	31935859.21		
2005	36462272.93		
2006	40610901.22		
2007	49489681.18		

① 资料来源：人力资源和社会保障部，《2014 年度全国企业年金基金数据摘要》与《2015 年度全国企业年金基金数据摘要》。

② 资料来源：《中国保险业已为养老保障积累准备金 1.5 万亿元》，2015 年 6 月 30 日访问，搜狐新闻（http://news.sohu.com/20071114/n253256394.shtml）。

续表

年份	原保险保费收入	保户投资款新增保费	投连险独立账户新增保费
2008	73375667.35		
2009	81441829.89		
2010	105008832.08		
2011	95600039.46		
2012	99578863.13		
2013	107409258.64	32123183.65	831751.31
2014	126902846.51	39167542.44	2894978.55

资料来源：根据中国保险监督委员会统计数据：《人身保险公司原保险保费收入情况表》（历年）（http：//www.ssf.gov.cn/）整理而得。

二　我国养老保险基金的运行情况

（一）全国社保基金运行情况

社保基金理事会对于社保基金的管理分为两大类，直接投资和委托投资。截至2015年年底，社保基金理事会管理的基金资产总额达到19139.76亿元，基金权益17968.05亿元，其中，全国社保基金15085.92亿元，比上年末增加2676.39亿元。2015年，社保基金投资收益总额2287.04亿元，收益率达到15.14%。[①]

社保基金投资分为直接投资与委托投资两种模式。直接投资是由社保基金理事会直接管理运作的投资，包括银行存款、在一级市场购买国债、信托投资、对中央直管企业的长期股权投资和股权投资基金形成的实业投资、对上证50等大盘指数的指数化投资等。以2014年社保基金资产结构为例，银行存款（主要是协议存款）占基金总资产的26.08%，信托投资占基金总资产的3.36%，实业投资占基金总资产的14.17%，转持国有股占基金总资产的6.63%，指数化投资占基金总资产的3.71%。

委托投资是由社保基金理事会委托投资管理人管理运作的投资，其资产由社保基金理事会选聘的托管人托管，社保基金理事会根据合同约

① 参见人力资源和社会保障部《2015年全国社会保障基金理事会基金年度报告》，2016年6月3日发布，人力资源和社会保障部网站（http：//www.ssf.gov.cn/cwsj/ndbg/201606/t20160602_7079.html）。

定向投资管理人和托管人分别支付管理费和托管费。委托投资包括股票、债券、证券、投资基金、货币市场产品等。根据2006年发布的《全国社会保障基金境外投资管理暂行规定》，全国社保基金在上述投资的产品范围内增加了境外投资，比例不能超过20%，可以投资的境外金融品种包括银行存款、外国政府债券、国际金融组织债券、外国机构和公司债券、中国政府或者企业在境外发行的债券和银行票据、大额可转让定期存单、股票等货币市场工具以及期货、远期等衍生工具。目前，社保基金理事会委托境内18家和境外34家投资管理人管理运作委托投资，并选择了境内4家和境外2家托管人托管基金资产。

表8—2　**社保基金历年收益情况**

年份	投资收益额（亿元）	投资收益率（%）	通货膨胀率（%）
2007	1129.20	38.93	4.80
2008	-393.72	-6.79	5.90
2009	850.49	16.12	-0.70
2010	321.22	4.23	3.30
2011	73.37	0.84	5.40
2012	646.59	7.01	2.60
2013	685.87	6.20	2.60
2014	1424.60	11.69	2.0
2015	2294.61	15.19	1.4

根据《全国社会保障基金年度报告》（2007—2015）整理而得，http：//www.ssf.gov.cn/cwsj/ndbg/。

从表8—2可以看出，由于金融危机的影响，2008年我国社保基金的投资收益率明显低于通胀率。从2009年起，我国社保基金的投资收益额大体呈上升的态势。除了2011年外，其他年度社保基金的收益率均大于通货膨胀率，说明社保基金已经实现了“保值”的目的。

（二）基本养老保险基金的运行情况

历史上，基本养老保险基金由地方政府管理和运营。近年来，由于物价上涨等原因，许多省、市的退休职工出现养老金无法满足日常物质生活开支的困境，为了解决这一情况，国家不得不一再提高最低养老金发放标准，这导致我国养老金的空账额不断增大。《中国养老金发展报告2015》披露了我国基本养老保险个人账户累计记账额快速增长的状况，即使把城镇职工基本养老保险积累的所有资金用于填补个人账户，仍然会有较大空额，2014年养老保险个人账户的空账高达3.1万亿元。[①]

自2006年9月的“上海社保案”爆发后，原劳动和社会保障部发布了《关于进一步加强社会保险基金管理监督工作的通知》，该法令要求严格管理基本养老保险基金，除了按规定的必要支付费用外，所有基金只能够投资于银行存款和购买国债。虽然根据规定，各地方政府可以购买国债，但由于国债一般都是3—10年期，而养老保险一般适宜投放20—30年的国债，造成了供需不对称，并且国债并不是定向债种，因此很多地方的相关社保机构无法购买国债，导致大量的基本养老保险基金不得不存入银行。根据《中国养老金发展报告2011》，基本养老保险基金结余的1.5万亿元，90%存入银行，10年来，年均投资收益率不到2%，低于年均通货膨胀率。如果扣除通货膨胀率，基本养老保险基金的投资收益已经是负数，其基金规模在不断缩水。根据《2014年中国养老金发展报告》显示，城镇职工养老保险基金运行压力越来越大，当期结余比上一年少了200多亿元，备付月数也比上一年减少了0.1个月。大部分省市已经收不抵支，尤其是黑龙江省，当期结余达到-40.43亿元。

为了更好地实现基本养老保险基金的保值增值目标，2015年8月23日，国务院发布《基本养老保险基金投资管理办法》（以下简称《办法》）。《办法》明确，养老基金实行中央集中运营、市场化投资运作，由省级政府将各地可投资的养老基金归集到省级社会保障专户，统一委托给国务院授权的养老基金管理机构进行投资运营。《办法》明确，投资股票、股票基金、混合基金、股票型养老金产品的比例，合计不得高于养老基金资产净值的30%；参与股指期货、国债期货交易，只能以套期保值为目的。

---

① 参见中国经济网《我国养老金空账超3.5万亿元》，2016年1月11日，凤凰财经（http：//finance.ifeng.com/a/20160111/14159649_0.shtml）。

（三）企业年金基金的运行情况

2004 年 4 月，原劳动和社会保障部正式颁发《企业年金试行办法》规定企业年金实行完全积累制，通过个人账户进行管理，按照国家的相关规定选择专业的托管机构对其进行运营。同月，劳动和社会保障部、中国银监会、中国证监会、中国保监会四部委联合发布《企业年金基金管理试行办法》，针对企业年金的账户管理、受托管理等问题进行了规范。同年 8 月 12 日，《企业年金管理指引》（以下简称《指引》）发布。《指引》根据《企业年金基金管理试行办法》对各类金融机构的操作进行了规范，并提出法人受托和年金理事会受托模式的两大范畴和八大细分模式。《指引》不仅成为企业和管理基金机构的操作指南，更成为相关监管部门进行监管的依据。

企业年金基金从 2006 年下半年开始市场化运作。2011 年，根据企业年金多年运营中的各类实际情况，人力资源和社会保障部、中国银监会、中国证监会、中国保监会四大机构修订了 2004 年的《企业年金基金管理试行办法》，推出了《企业年金管理办法》，对受托人、账户管理人、托管人、投资管理人的权利和职责做出了明确的规定，并对基金的投资范围和比例、收益分配、信息披露以及监管检查做出了新的调整。截至 2015 年年末，中国企业年金的当年加权平均收益率为 9.88%，其中，单一计划、集合计划、其他计划的加权平均收益率分别为 9.92%、9.79%、7.04%，样本期末总资产金额为 8738.38 亿元，固定收益类样本期末资产金额为 1525.03 亿元，含权益类样本期末资产总额为 7213.35 亿元。①

根据表 8—3 可以发现：中国企业年金的加权平均收益率明显高于通货膨胀率。目前，企业年金的投资领域较为广阔，从 2007 年开始，投资组合数目也急剧上升，2014 年的投资组合数已经是 2007 年的 12.92 倍，说明我国企业年金投资的策略更加灵活多样，对风险的敏感程度不断增加。2014 年中国的企业年金基金管理机构已经达到 56 个，主要分布在各大信托、银行、保险公司基金管理公司和资产管理公司。但是，与发达国家相比，中国的企业年金发展还有很长的一段路要走。

① 资料来源：人力资源和社会保障部，《2015 年度企业年金基金业务数据摘要》。

表 8—3　　**历年全国企业年金基金投资管理情况**

年份	投资组合数（个）	资产金额（亿元）	当年加权平均收益率（%）	通货膨胀率（%）
2007	212	154.63	41.00	4.80
2008	588	974.90	-1.83	5.90
2009	1049	1591.02	7.78	-0.70
2010	1504	2452.98	3.41	3.30
2011	1882	3325.48	-0.78	5.40
2012	2210	4451.62	5.68	2.60
2013	2519	5783.60	3.67	2.60
2014	2740	7402.86	9.30	2.00
2015	2623	8738.38	9.88	1.40
年平均	—	—	8.09	2.97

资料来源：通货膨胀率数据来自国家统计局；其他数据来自人力资源和社会保障部基金监督司，《2015 年度全国企业年金基金业务数据摘要》。

三　社保基金与企业年金基金资本化历程及对基本养老保险基金的借鉴

比较社保基金与企业年金十几年的资本化历程，可以发现有如下特点。

第一，养老基金规模持续快速扩大，投资收益对基金规模的扩充作用日益显著。

目前，我国已形成一定规模的养老基金主要有三类：基本养老保险基金、社保基金、企业年金基金。图 8—1 显示，近十几年来，我国各类养老基金规模持续快速扩大。从规模上看，基本养老保险基金占我国养老基金的半壁江山以上；从年均扩充速度来看，企业年金最快，自 2006 年联想集团建立中国第一个企业年金计划以来，企业年金基金规模以高于 30% 的年均增长率扩充。

新资金注入与投资收益是养老基金规模扩充的两个渠道，我国三类养老基金的规模扩充的主要资金来源是新资金注入。尤其是基本养老保险基金，由于历史上基本养老保险基金仅能投资于国债和专项储蓄存款，其年收益率不高于 3%。图 8—2 显示，十几年的资本化运作过程中，企业年金基金和社保基金实现了保值增值，2007 年至 2015 年，社保基金和企业年金基金的年均收益率分别达到10.09%和8.09%。比较而言，社保基金累计收益占基金规模的比重是最高的，截至2015年年底，社保基金已实现收益7898.99亿元，占其基金资产规模的41.27%。

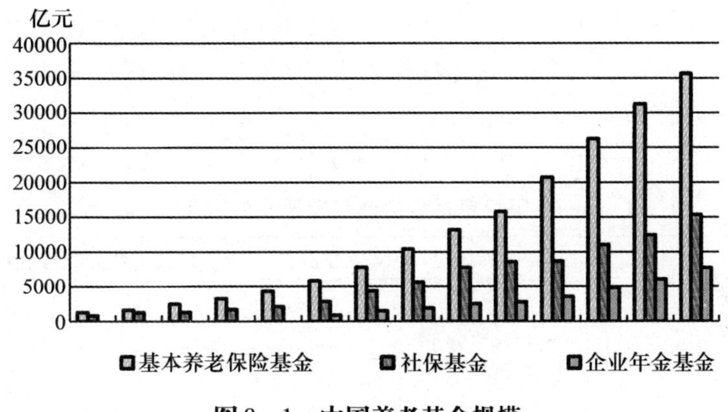

图8—1　中国养老基金规模

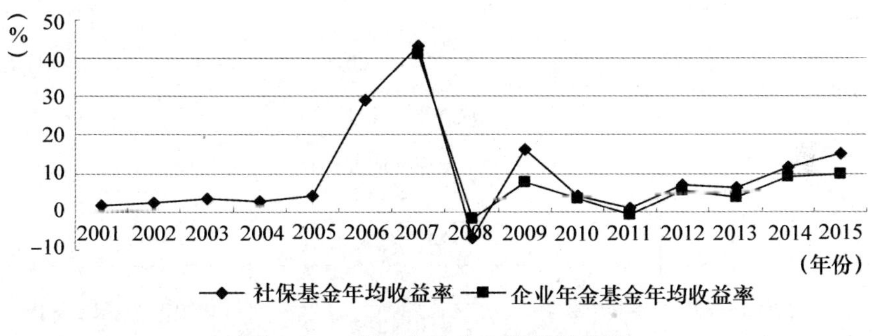

图8—2　中国养老基金投资收益率

第二，养老基金投资范围逐步扩大，投资策略相对稳健。

表8—4展现了社保基金和企业年金基金投资范围及比例限制政策的变化过程，一直以来，各类养老基金的投资范围及比例限制逐步放宽。2001年年底发布的《全国社会保障基金投资管理暂行办法》为社保基金的投资范围和比例限制做了原则性的规定；2005年，根据财政部、劳动和社会保障部关于《全国社会保障基金投资国家重点企业改制及国家重点改革试点项目的函》的回函（财金〔2005〕97号）社保基

金可以进行直接股权投资；2006 年，根据全国社会保障基金理事会发布的《全国社会保障基金境外投资管理暂行规定》，社保基金开始进行境外投资；2007 年，根据《财政部劳动保障部关于调整全国社保基金投资范围审批方式的通知》，社保基金可以开展有银行担保的信托贷款项目投资；2015 年 4 月 1 日，国务院常务会议将社保基金投资范围扩展到地方政府债券，并提高了企业债、地方政府债券的投资比例上限与信托贷款投资的比例上限，允许社保基金按规定在全国银行间一级市场直接投资同业存单。

表 8—4　**中国养老基金投资范围及比例限制**

<table>
<tr><th></th><th>年份</th><th>权益类资产</th><th>固定收益类资产</th><th>流动性资产</th><th>其他投资要求</th></tr>
<tr><td>基本养老保险基金</td><td></td><td>≤30%
直接股权投资
≤20%</td><td>≤135%</td><td>≥5%</td><td>限于境内投资</td></tr>
<tr><td rowspan="6">社保基金</td><td rowspan="3">2001—2015</td><td rowspan="6">≤40%
直接股权投资
≤20%
（2005 年以来）</td><td>银行存款 + 国债≥50%</td><td rowspan="6"></td><td rowspan="6">境外投资
≤20%
（2006 年以来）</td></tr>
<tr><td>企业债 + 金融债≤10%</td></tr>
<tr><td>信托贷款≤5%
（2007—2015）</td></tr>
<tr><td rowspan="3">2015—</td><td>银行存款 + 国债≥50%</td></tr>
<tr><td>企业债 + 地方政府债
≤20%</td></tr>
<tr><td>信托贷款≤10%</td></tr>
<tr><td rowspan="3">企业年金基金</td><td>2004—2011</td><td>≤30%
其中股票
≤20%</td><td>≤50%
其中国债≥20%</td><td>≥20%</td><td>限于境内投资</td></tr>
<tr><td>2011—2013</td><td>≤30%</td><td>≤95%</td><td>≥5%</td><td>限于境内投资</td></tr>
<tr><td>2013—</td><td>≤30%</td><td>≤135%</td><td>≥5%</td><td>限于境内投资</td></tr>
</table>

注：根据《全国社会保障基金投资管理暂行办法》（2001）、《全国社会保障基金境外投资管理暂行规定》（2006）、《财政部劳动保障部关于调整全国社保基金投资范围审批方式的通知》（2007）、《图解：4 月 1 日国务院常务会议》（2015）、《全国社会保障基金条例》（2016）、《企业年金基金管理试行办法》（2004）、《企业年金基金管理办法》（2011）、《关于扩大企业年金基金投资范围的通知》（2013）整理而得。

与社保基金投资范围扩大的历程类似，除表 8—4 所展现的企业年金各类资产投资比例变化之外，企业年金的投资范围也随着金融市场的发展与企业年金基金保值增值的要求而逐步扩大。2004 年 5 月 1 日生效的《企业年金基金管理试行办法》规定“企业年金基金财产的投资范围，限于银行存款、国债和其他具有良好流动性的金融产品，包括短期债券回购、信用等级在投资级以上的金融债和企业债、可转换债、投资性保险产品、证券投资基金、股票等”。该试行办法还严格限制了企业年金各类资产投资比例，其不低于 20% 的流动性资产要求旨在保证企业年金的流动性。随着企业年金基金的规模扩充及其保值增值的需要，2011 年《企业年金基金管理办法》不仅降低了流动性资产的最低比例要求，明确提高了固定收益类资产的投资比例，还扩大了企业年金基金的投资范围。该办法规定“企业年金基金财产限于境内投资，投资范围包括银行存款、国债、中央银行票据、债券回购、万能保险产品、投资连结保险产品、证券投资基金、股票，以及信用等级在投资级以上的金融债、企业（公司）债、可转换债（含分离交易可转换债）、短期融资券和中期票据等金融产品”。2013 年人社部发布的《关于扩大企业年金投资范围的通知》和《关于企业年金养老金产品有关问题的通知》两个文件更是进一步扩大了企业年金基金的投资范围，前者使得企业年金的投资范围扩大至商业银行理财产品、信托产品、基础设施债券投资计划、特定资产管理计划以及股指期货；后者根据养老产品的类型对其投资范围和投资比例做出了限定。2014 年，人社部发布的《关于企业年金基金股权和优先股投资试点的通知》使得企业年金基金能够进行直接股权投资的探索。

综合比较而言，无论是投资范围还是投资比例，与同时期的社保基金相比，企业年金基金面临的限制较多，这在一定程度上影响了企业年金的投资收益。根据图 8—2 所示，除 2008 年外，其他年份社保基金的投资收益率均高于企业年金基金，造成这一结果的部分原因恰恰是投资范围与比例限制方面的差异。例如，图 8—3 与图 8—4 的信息显示，长期股权投资给社保基金带来了稳定的投资收益，尤其在股票市场行情不好的年份，而企业年金基金于 2014 年才开始被允许配置这类资产。

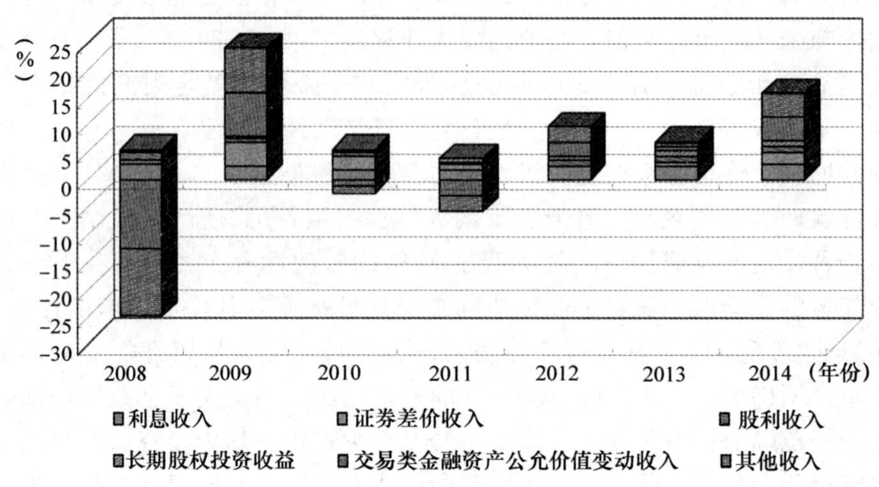

图 8—3　社保基金年收益构成

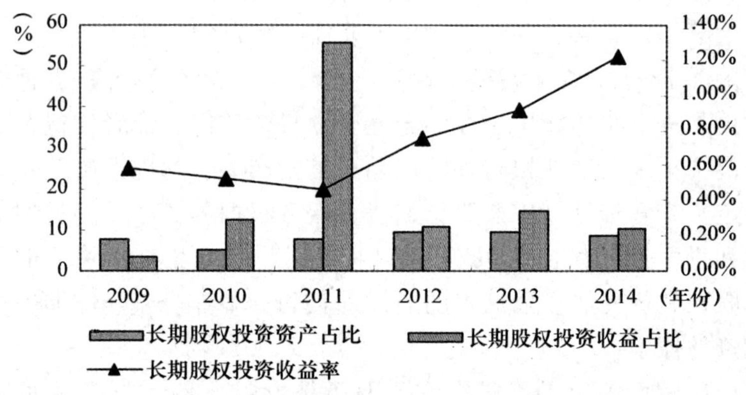

图 8—4　社保基金长期股权投资情况

投资范围与比例的扩大显然有利于基金管理人的灵活运作，提高养老基金的投资收益。但是，数据研究发现，养老基金一般采取相对稳健的投资策略，股权投资比例远低于政策规定的上限。例如，除 2006 年，社保基金长期股权投资占比达 12.08% 外，其他年份这一比例均低于 10%，远低于政策规定的 20% 的上限指标，社保基金 A 股市场重仓股持仓市值占比亦均控制在 10% 以内，社保基金各年度权益类资产占比远低于 40% 的政策上限指标。股票市场投资面临的市场风险高于其他市场，如图 8—3 所示，从社保基金年收益构成来看，交易类金融资产公允价值变动是最不稳定的收益来源，控制此类资产占比的目的在于控制养老基金组合的整体风险。但是，从长期来看，权益类资产是最能够享受经济增长成果的资产，过分控制这类资产的占比会影响养老基金长期保值增值的效果。显然，在条件允许的情况下，尽快加大企业年金基金直接股权投资业务的范围是非常必要的。

综上，社保基金和企业年金基金的资本化运作保证了其保值增值目标的实现，为基本养老保险基金与职业年金基金的资本化运作提供了重要的参考。未来随着金融市场的发展，仍有必要扩大各类养老基金的投资范围，逐步放松其投资比例限制，让基金投资管理人员有更大的灵活操作空间。同时，应建立专业的养老基金管理机构绩效评价体系，以进一步规范引导相关机构的行为，以更好地实现养老基金长期保值增值的目标。

第二节　社保基金收益与 A 股市场关系研究

从国内养老基金投资股票市场的实践来看，社保基金和企业年金基金已将部分资金通过市场化的投资方式投入股票市场，长期来看取得了比较好的投资回报。此外，因为我国企业年金规范化发展时间短、规模小，而全国社会保障基金投资管理制度比较完善、投资股票市场时间最长、投资比例限制最小、投资品种丰富，相对投资规模也比较大。故本研究选择全国社保基金的 A 股收益及持仓表现进行分析，作为各类养老基金入市的借鉴参考。

2001 年和 2002 年全国社会保障基金理事会通过新股申购参与股票市场，2003 年开始停止新股申购，转为委托专业投资机构投资股票市场，因此本研究的时间段为 2003 年至 2015 年。

一　社保基金与 A 股市场的收益率相关性分析

本研究选择参照同时期的通货膨胀率、人均 GDP 增长率和上证指数收益率与社保基金收益率作对比分析。根据表 8—5 可以看出，自 2013 年以来社保基金的年均收益率达到了 10.54%，远远高于同期的平均通货膨胀率 2.97%，可以说社保基金跑赢了通货膨胀，完成了社保基金保值的目标。

表 8—5　　**社保基金各项指标整理对比**　　（单位:%，元）

年份	社保基金收益率	通货膨胀率	上证指数	上证指数增长率	人均 GDP	人均 GDP 增长率
2003	3.56	1.20	1497.04	10.27	10600	12.17
2004	2.61	3.90	1266.5	-15.40	12400	16.98
2005	4.16	1.80	1161.06	-8.33	14259	14.99
2006	29.01	1.50	2675.47	130.43	16602	16.43
2007	43.19	4.80	5261.56	96.66	20337	22.50
2008	-6.79	5.90	1820.81	-65.39	23912	17.58
2009	16.12	-0.70	3277.14	79.98	25963	8.58
2010	4.23	3.30	2808.08	-14.31	30567	17.73
2011	0.84	5.40	2199.42	-21.68	36108	18.13
2012	7.01	2.60	2269.13	3.17	39544	9.52
2013	6.20	2.60	2115.98	-6.75	43320	9.55
2014	11.69	3.30	3234.68	52.87	46629	7.64
2015	15.14	3.00	3539.18	9.41	52000	11.52
平均	10.54	2.97	2548.16	19.30	28633.92	14.10

本研究先检验社保基金收益率与上证指数走势的相关性，图 8—5 展示了社保基金收益率和上证指数增长率数据间的相互关系，我们可以看出，社保基金收益率与上证指数的增长率变化趋势是大致相同的，两条线的走势也大致一致。表 8—6 列出了置信区间为 95% 的双变量双侧相关性检验结果：双侧数据的 Pearson 相关系数（P-值）为 0.896，说明上证指数增长率与社保基金收益率数据在 95% 的置信区间上有着极强的正相关关系。即上证指数增长率与社保基金收益率在显著性水平 $\alpha=0.05$ 时（双侧）显著正相关。即有 95% 的概率，上证指数增长率与社保基金收益率的 Pearson 相关系数落在区间（0.838，0.993）上。

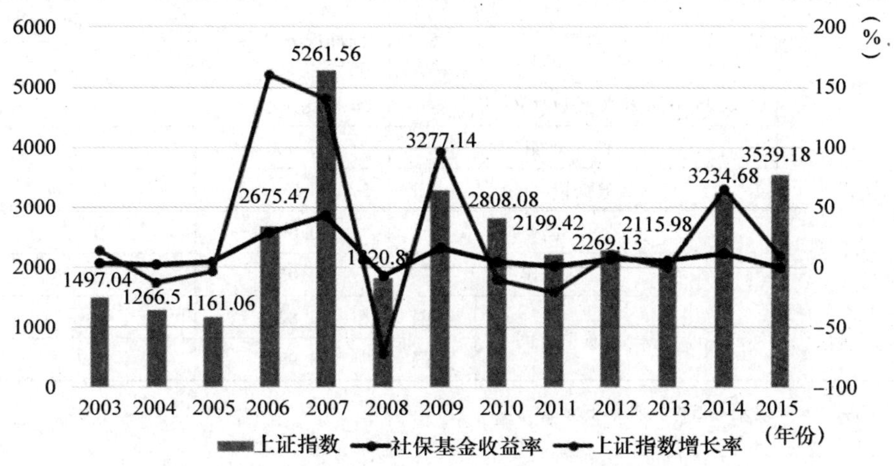

图 8—5　社保基金收益率与上证指数增长率比较

表 8—6　**社保基金收益率与上证指数增长率关系**

主变量		数据	偏差	标准误差	95% 置信区间	
					下限	上限
社保基金收益率	均值	10. 1525	-0. 1277	3. 7158	3. 2878	18. 0812
	标准差	13. 67034	-1. 22854	3. 60691	5. 00980	18. 43613
	数据量	12	0	0	12	12
上证指数增长率	均值	20. 1267	-0. 1792	15. 8185	-10. 4820	53. 0746
	标准差	57. 29070	-3. 33527	10. 44680	31. 40772	72. 96621
	数据量	12	0	0	12	12

主变量				社保基金收益率	上证指数增长率
社保基金收益率	Pearson 相关系数（P-值）			1	0. 896 **
	显著性（双侧）				0. 000
	数据量			12	12
		偏差		0	0. 029
		标准误差		0	0. 050
		95%置信区间	下限	1	0. 838
			上限	1	0. 993

续表

<table>
<tr><th rowspan="2" colspan="2">主变量</th><th rowspan="2">数据</th><th rowspan="2">偏差</th><th rowspan="2">标准误差</th><th colspan="2">95% 置信区间</th></tr>
<tr><th>下限</th><th>上限</th></tr>
<tr><td rowspan="7">上证指数增长率</td><td colspan="3">Pearson 相关系数（P－值）</td><td colspan="2">0.896**</td><td>1</td></tr>
<tr><td colspan="3">显著性（双侧）</td><td colspan="2">0.000</td><td></td></tr>
<tr><td colspan="3">数据量</td><td colspan="2">12</td><td>12</td></tr>
<tr><td rowspan="4"></td><td colspan="2">偏差</td><td colspan="2">0.029</td><td>0</td></tr>
<tr><td colspan="2">标准误差</td><td colspan="2">0.050</td><td>0</td></tr>
<tr><td rowspan="2">95% 置信区间</td><td>下限</td><td colspan="2">0.838</td><td>1</td></tr>
<tr><td>上限</td><td colspan="2">0.993</td><td>1</td></tr>
</table>

注：＊＊表示在5%的水平下显著。

根据以上图表及统计分析结果显示，社保基金的收益率与上证指数的增长率具有显著的相关性，因此用上证指数收益率作为社保基金收益率的参照指标进行对比，反映社保基金的收益率和稳定性是公允可行的。

并且，值得注意的是，如果按照2015年12月31日上证指数收盘价3539.18与2003年12月31日上证指数收盘价1497.04相比，上证指数的年均增长率（算术平均数）为11.37%。因此，无论按照几何平均数19.30%还是算数平均数11.37%进行对比，社保基金的年均收益率10.54%都跑“输”了大盘。但是，我们也可以看到，尽管年均收益率低于大盘，但社保基金收益率的稳健性（从数据的标准差可以看出，见表8—6，社保基金收益率的标准差为13.67034，而上证综指的标准差为57.29070）却要远远高于上证综指的稳健性。

二　全国社保基金A股市场投资范围分析

根据证监会行业分类，汇总了2003—2015年年末排名前三的行业及该行业的重仓股，以及持仓比例排名前三的个股，见表8—7。不难发现，全国社保基金重仓的行业和个股重复率很高，也就是说，社保基金的换手率并不高，多只股票都是买入后长期持有或者是直接参与该股票的发行。社保基金长期重点关注的行业为电力、热力生产和供应业、酒、饮料和精制茶制造业、汽车制造业、医药制造业、电气机械和器材制造业。而2014年开始首度重仓了软件和信息技术服务业、2015首度重仓了化学原料和化学制品制造业。可以看出社保基金的每次重仓除了基础设施、能源、医疗、服务行业等关系国计民生的基础周期性行业，近些年来对于政策导向的计算机和新能源化工业也有所涉猎，会根据国家该时期的政策导向而布局股市。例如“十二五”期间布局基础建设铁路交通等股票；“十三五”开局后又布局新能源化工和计算机科技类股票。

表 8—7　**社保基金历年年末重仓股**

年份	证监会行业	持仓比例（%）	行业重仓股	重仓股
2003	CSRC 石油和天然气开采业	25.17	中国石化	中国石化
2004	CSRC 电力、热力生产和供应业	9.17	深圳能源、深南电 A、漳泽电力	海正药业
	CSRC 道路运输业	8.41	中原高速、粤高速 A、皖通高速	福耀玻璃
	CSRC 医药制造业	8.33	海正药业、同仁堂、东阿阿胶	华能国际
	CSRC 电气机械和器材制造业	8.04	格力电器、特变电工、佛山照明	鞍钢股份
2005	CSRC 电力、热力生产和供应业	9.57	深圳能源、粤电力 A、内蒙华电	长江电力
	CSRC 汽车制造业	9.16	上汽集团、宇通客车、长安汽车	招商地产（退市）
	CSRC 医药制造业	7.05	云南白药、同仁堂、东阿阿胶	上汽集团
2006	CSRC 汽车制造业	8.92	上汽集团、中国重汽、长安汽车	中国联通
	CSRC 零售业	7.95	苏宁云商、华联综超、北巴传媒	上汽集团
	CSRC 酒、饮料和精制茶制造业	7.72	泸州老窖、青岛啤酒、承德露露	招商地产（退市）
2007	CSRC 酒、饮料和精制茶制造业	8.83	青岛啤酒、承德露露	青岛啤酒
	CSRC 电力、热力生产和供应业	8.29	粤电力 A、国电电力、穗恒运 A	特变电工
	CSRC 汽车制造业	8.29	上汽集团、中国重汽、宁波华翔	中国联通

续表

年份	证监会行业	持仓比例（%）	行业重仓股	重仓股
2008	CSRC 电力、热力生产和供应业	8.91	桂冠电力、国投电力、粤电力A	青岛啤酒
	CSRC 房地产业	8.62	美好集团、华发股份、万通地产	山东高速
	CSRC 道路运输业	7.56	山东高速、赣粤高速、楚天高速	隧道股份
2009	CSRC 汽车制造业	12.00	上汽集团、一汽轿车、潍柴动力	美的电器（退市）
	CSRC 零售业	9.74	苏宁云商、大商股份、重庆百货	上汽集团
	CSRC 酒、饮料和精制茶制造业	6.31	青岛啤酒、山西汾酒、伊力特	青岛啤酒
2010	CSRC 医药制造业	9.41	哈药股份、双鹭药业、片仔癀	美的电器（退市）
	CSRC 零售业	7.07	华东医药、重庆百货、王府井	双鹭药业
	CSRC 汽车制造业	5.69	一汽轿车、上汽集团、江铃汽车	铁龙物流
2011	CSRC 汽车制造业	10.91	上汽集团、江铃汽车、华域汽车	上汽集团
	CSRC 医药制造业	8.23	双鹭药业、片仔癀、云南白药	美的电器（退市）
	CSRC 电气机械和器材制造业	5.95	格力电器、陕鼓动力、四方股份	双鹭药业
2012	CSRC 医药制造业	8.30	同仁堂、海正药业、双鹭药业	保利地产
	CSRC 房地产业	7.11	保利地产、荣盛发展、金融街	大秦铁路
	CSRC 零售业	5.96	苏宁云商、重庆百货、华东医药	华侨城 A
2013	CSRC 医药制造业	11.94	同仁堂、双鹭药业、天士力	伊利股份
	CSRC 计算机、通信和其他电子设备制造业	9.76	欧菲光、海康威视、三安光电	美的集团
	CSRC 电气机械和器材制造业	6.22	美的集团、青岛海尔、阳光电源	华侨城 A

续表

年份	证监会行业	持仓比例（%）	行业重仓股	重仓股
2014	CSRC 医药制造业	8.06	复兴医药、同仁堂、天士力	伊利股份
	CSRC 软件和信息技术服务业	6.18	国电南瑞、东华软件、恒生电子	美的集团
	CSRC 电气机械和器材制造业	5.97	美的集团、青岛海尔、阳光电源	华侨城 A
2015	CSRC 医药制造业	13.96	同仁堂、华润三九、人福医药	同仁堂
	CSRC 计算机、通信和其他电子设备制造业	10.78	航天信息、中国卫星、火炬电子	华东医药
	CSRC 化学原料和化学制品制造业	6.64	扬农化工、华信国际、联化科技	聚光科技

总体来看，社保基金投资股票仍然以行业的龙头股及大盘蓝筹股为重点。操作策略十分稳健，重仓股长期持有且换手率低。

三　全国社保基金投资的综合评价及投资建议

全国社保基金尽管从整体上看，其收益率普遍高于通货膨胀率，在一定程度上实现了保值的目的，这也肯定了全国社保基金积极投资资本市场的意义。然而投资组合收益率却并没有跑赢大盘，这表明社保基金的投资十分稳健，风险远远小于大盘。

2003—2015 年是中国经济变化翻天覆地的 12 年，经历了 2006—2007 年的疯狂牛市，也经历了 2008 年之后的全球经济和股市的低迷。虽然全国社保基金并没有一个持续固定的正收益率以保证其固定收益，但从收益率标准差来看，投资组合的抗风险能力还是比较稳定的，因此其风险控制成果是可以肯定的。

我国社保基金股票投资组合所面临的系统性风险和非系统性风险较高。系统性风险表现为中国股票市场整体发展仍不成熟，非系统性风险则表现为社保基金投资组合持股比较集中，通过对持仓行业的分析可以看出，由于所投行业过于集中，所投资的股票换手率较低，重仓行业的换仓速度慢，重仓股持股比例大，所造成的系统性风险较大，在研究的时间段里，即使社保基金投资股票市场所占的比重有限，但仍然和上证综指的走势显著相关，可以看出社保基金股票投资组合的非系统性风险分散能力较弱。

全国社会保障基金理事会投资运营全国社会保障基金，应当坚持安全性、收益性和长期性原则，在国务院批准的固定收益类、股票类和未上市股权类等资产种类及其比例幅度内合理配置资产。

因此在选择社保基金委托管理人时，理事会需严格制定标准，以稳健、谨慎为基础，从全球范围来挑选合格的基金委托管理人，尤其是社保基金管理人的评价不应单一的偏重于投资组合的年度收益，要更加看重管理人长期的业绩。

要完善现有的考评和激励制度，考评范围包括公司治理、投研体系建设、投资团队、投资组合业绩、合规与风险控制等。通过考评机制促进管理人持续提升长期投资业绩，注重资产的稳健增长。尤其是减少当年收益率对下年度管理人拨款的影响。如果太过看重年度收益率在考评绩效中所占的比重，会使得很多管理人追求短期的高收益从而使社保基金风险性增加。因此，合理地评价管理人绩效十分关键，应对擅长固定收益板块和注重长期投资的管理人给予更多激励措施。

全国社保基金按照目前的资产配置结构，投资收益率与所需的资产增值能力相比还有很大的差距。既然养老金全面进入股市已成定局，政府规定的各资产比例限制也需要随着资产保值增值的需要而不断调整，应该适当借鉴其他国家社保基金投资的经验，对已有的比例限制采取浮动范围的补充或者调整。这样既在一定程度上扩大全国社保基金可选择的投资对象的范围，又可以增加资产配置的灵活性。毕竟我国养老金“空账”缺口严重，面对人口老龄化压力巨大，全部靠财政补贴来弥补缺口暂时是不现实的，因此在稳健性的基础上，必须兼顾收益性，用养老金收益弥补一部分资金缺口，减轻国家财政压力。

第三节　基金积累制养老金体系的发展对金融机构的影响

在中国养老基金资本化过程中，金融机构的参与程度越来越大。本节首先探讨金融机构在养老金体系中的功能，进而展示当前中国养老基金管理中金融机构的现实状态，最后从微观角度谈谈金融理财师在养老金管理中的作用。

一　养老金体系构建中的金融机构功能探讨

（一）为养老金管理提供信息网络系统平台

信息社会下，网络带来的高效便捷毋庸讳言，从参保人的角度，养老金缴费、查询、待遇支付，从养老基金管理的角度，账户信息中的财务信息、权益信息都必须在网络系统下完成。2014 年参加城镇职工基本养老保险的人数为 3.4 亿，城乡居民人数为 5 亿，参加企业年金制度的职业人数为 2293 万，如果职业年金能够得到全面开展，个人账户之多，基金规模和信息量之大都将是其他类型金融产品所无法相比的。

（二）参与养老基金管理

从企业年金管理模式来看，我国采取的信托模式，即委托人通过信托合同建立以受托人为核心，基金托管人、账户管理人、投资管理人等功能代理人协同管理的养老基金市场运行机制，这就使不同的金融机构根据国家政策法规和自身特点，选择最适合的角色参与进来。例如在分业经营的金融体制下，银行可以在养老金管理中取得基金受托人、基金托管人和账户管理人等资格；保险公司可以充当受托人、基金托管人、账户管理人和投资管理人……各金融机构都会在养老基金管理中找到自己的一席之地。

（三）提供福利政策和制度咨询

金融机构可以培养专业人员，例如国际金融注册理财师，在系统学习了国家有关福利的法律法规、制度政策的前提下，为客户提供相关咨询，维护客户的基本权益，以服务为导向取得客户的信任。本节最后将着重从微观角度探讨这一问题。

（四）进行福利方案设计

自 20 世纪 90 年代以来，员工福利一揽子计划中增加了很多新的项目和服务，大多数由员工选择或由雇主自愿提供，有一些仅提供给特定员工或员工团体。在社会分工日益深化的背景下，生产经营企业将更专注产品研发、设计和经营，将更多地采取外包的形式将基于人力资源管理战略的福利方案设计交给市场进行，各类金融机构可以利用专业人才进行用人单位各项福利方案的设计，可以涉及养老、医疗、住房、生育等各个方面，采用职业年金、股权激励、利润分享等多种形式，提供一揽子福利方案，让用人单位高效吸引和激励员工。

（五）管理理财规划

金融机构可以利用专业人才，开展用人单位职位评估、市场数据管理（进行调查、市场定价工作）、薪酬规划、员工福利规划等。具体项目可以包括个人财产规划、纳税筹划、福利基金投资管理、单位和个人薪酬分析、退休规划及管理等。

二　养老基金管理中的金融机构

在十几年养老基金资本化运作过程中，金融机构起到至关重要的作用。第一，各类养老基金均应被托管于符合法定条件的商业银行等专业机构。第二，各类养老基金全部或部分资产采取委托投资方式运营，需要专业金融机构作为投资管理人。此外，企业年金在运行过程中还需要专业机构作为受托人进行企业年金的全权管理，需要账户管理人进行账户信息管理。

随着养老基金规模的不断扩充，参与养老基金管理的金融机构越来越多。社保基金的托管人由最初的交通银行和中国银行2家境内银行扩大到4家境内银行和两家境外银行，投资管理人由最初的6家基金管理有限公司扩大到18家境内委托投资管理人和6家境外策略委托投资管理人。人力资源和社会保障部最初于2006年确定了37家企业年金基金管理机构，其中法人受托机构5家、账户管理人11家、托管人6家、投资管理人15家。经过不断的评审调整，2015年10家机构开展了企业年金法人受托管理业务，17家机构开展了企业年金基金账户管理业务，10家机构开展了企业年金基金托管业务，20家机构开展了企业年金基金投资管理业务。

参与养老金管理的金融企业将接受最严厉的监管这一原则已为世界所公认，我国养老基金管理实行“一部三会”综合监管模式，即行政上由人力资源和社会保障部管理，提出立法建议，制定或协助相关部门制定相关政策，组织市场准入工作、开展职业年金投资者教育等。保监会、证监会、银监会针对各自管理的金融机构在养老基金市场运营时开展行业监管。严格的监管有利于金融机构业务流程的规范与完善，更有利于培育资本市场成熟的机构投资者。

根据《基本养老保险基金投资管理办法》，基本养老保险基金"预留一定支付费用后，确定具体投资额度，委托给国务院授权的机构进行投资运营"。受托机构"可对部分养老基金资产进行直接投资，其他养老基金资产委托其他专业机构投资"。基本养老保险基金的投资管理机构是具有"全国社会保障基金、企业年金基金投资管理经验，或者具有良好的资产管理业绩、财务状况和社会信誉，负责养老基金资产投资运营的专业机构"。目前，共 26 家专业机构从事境内社保基金和企业年金基金的投资管理。保守估计，随着基本养老保险基金开始全面的资本化运作，至少有 1.5 万亿元的基本养老基金需要委托专业的投资管理机构投资运营。未来，随着社保基金与企业年金基金规模的不断扩大，随着基本养老保险基金与职业年金的投资运作的开展，更多的投资管理机构将作为养老基金机构投资者从事长期、稳健的资本市场操作。

当然，社保基金与企业年金在资本化运作过程中，也有需要进一步完善的机制。比如，缺乏对养老基金管理机构的专业评价体系，尤其是缺乏投资管理机构的专业评价体系。养老基金应坚持长期目标、基金安全、投资分散、稳健收益的投资原则，其绩效评价不应注重即期投资收益情况，而应在分析绩效构成，通过基准和风格考评，判断基金投资管理机构是否做到风险、收益、流动性相匹配，是否实现了资产分散化目标，是否建立市场风险控制机制，是否具有应对市场变化的步骤安排等方面综合考察。中国目前尚缺乏养老基金投资绩效评价标准，亦没有专业机构对养老基金投资管理机构进行绩效评价，这就使得即期投资收益率成为选择养老基金管理机构的重要标准。如图 8—6 所示，这一单一评价标准会造成投资管理人管理资产的份额经常性地更换，从而导致基金投资管理人由于过分注重短期收益的获取而忽略长期目标的实现。

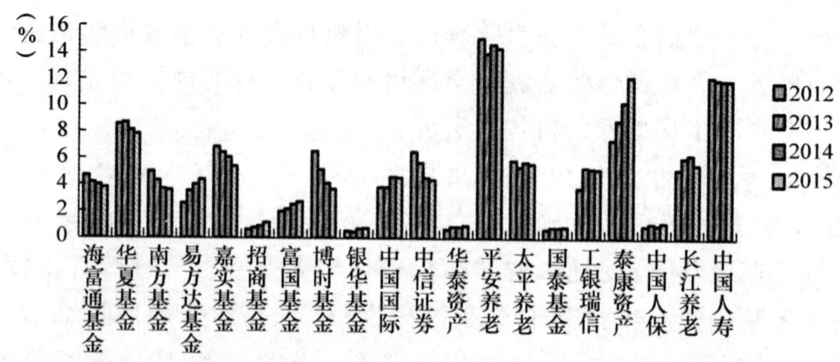

图 8—6 企业年金基金投资管理人管理资产占比

资料来源：根据《全国企业年金基金业务数据摘要》（2012 年、2013、2014 年、2015 年）整理。

三 金融理财师在养老金管理中的作用

金融理财师作为金融机构中服务于客户的第一责任主体，将在以下几个方面进行养老金管理。

（一）福利方案选择

未来在用人单位的福利方案中将更多地采用弹性福利计划、自助福利计划等新型灵活的福利模式，在有选择权的情况下，由于客户的专业能力、信息不对称等方面的局限，将需要理财师等专业人员进行福利方案选择。理财师可以扮演好这个角色，目前，如美国、澳大利亚、加拿大、日本等理财市场较为发达完善的国家，金融理财师都已经为客户开展了长期的福利方案选择服务。

（二）个人账户管理

尽管目前，我国的企业年金（职业年金）个人账户管理尚处于集体管理阶段，但随着积累制第二支柱与第三支柱的发展，个人参与账户管理的需求将越来越大。美国、澳大利亚等国养老金市场的发展已经充分说明了这一趋势。基于客户能力限制，养老金个人账户的建立、权益维护、基金产品市场选择、投资机构选择等都需要专业人员的帮助。理财师可以根据客户的风险属性和风险偏好，在纷繁复杂的资本市场中做出使客户利益最大化的最优选择。例如，市场上的投资机构鱼目混珠，必须寻找值得依赖的、诚实守信的金融机构进行投资管理，这些都需要理财师帮助客户进行选择。理财师在日常工作中应该把握市场中那些长期以来专业、审慎、勤勉的投资机构并提供给投资者做出选择，而不能基于个人利益而有损于投资者的利益。而且，积累型个人账户养老基金由于持续缴费供款，随着时间的推移，将不断积累增长。在基金保值增值的要求下，选择优质产品，可以在安全性基础上进行投资资产组合和产品选择，产生持续的、长期稳定的收益，这是理财师应该为客户做出的重要贡献。

（三）权益维护

养老基金的积累可能产生于参保人的第一份工资单，截至最后一笔的丧葬费。在漫长的积累和发展过程中会伴随着各种风险，如政策风险、市场风险、经济风险、道德风险，还有职业重新选择、跨区域流动等，都可能产生侵害客户权益的事件发生。理财师必须帮助客户识别风险、规避风险。

第四节　老龄化中国养老金产业发展研究

中国的老龄化程度不断加深，也许 21 世纪中叶我们就会在老龄化程度上“超英赶美”。明天我们如何养老？退休规划显然是个人针对这一问题的最佳解决方案。养老金产业与其所提供的养老金产品是开展退休规划所必需的客体。作为清华大学养老金工作室的研究人员，笔者一直关注中国的养老金制度改革与个人退休规划问题，遗憾的是，在多支柱养老金制度尚不完善、个人退休规划理财产品缺失的大背景下，笔者自身也未真正开展切实有效的退休规划。个人退休规划的展开需要国家养老保障体系的完善与养老金产业的发展，本节既着力于界定养老金产业，介绍中国养老金产业的现状，并提出相应的发展策略与建议。

一　养老金产品与养老金产业：定义与特征

养老金产品是指能够为老年人提供退休后所需养老资金的相关产品和服务的总称，包括养老储蓄产品、养老保险产品、养老信托产品、退休规划理财服务等内容。需要指出的是，养老储蓄产品不同于普通的银行储蓄产品。养老储蓄产品是指金融机构针对客户退休养老所开展的锁定账户的储蓄产品，由于养老储蓄产品账户资金锁定时间长（可能长达二三十年），因此这类储蓄产品往往需要国家专项的法规政策支持（例如，有政府补贴或者享受优惠的税收政策，像英国 2008 年的养老金法[①])。本研究所提及的养老保险产品是指商业养老保险产品，这类产品往往在养老储蓄的基础上附加保险功能。养老信托产品是指由信托机构所提供的养老金信托服务，包括职业养老金计划中所涉及的信托服务，也包括养老储蓄与养老保险金支付阶段的信托服务。退休规划理财服务则是指为了实现老年生活财务独立所进行的一系列理财服务，包括养老金规划、老年医疗保健规划、老年教育规划、老年旅游规划等内容。

养老金产业是指提供养老金产品以及相关养老金业务咨询服务的产业。该产业以其提供的产品服务界定，应具有以下特征：第一，金融机构是养老金市场最主要的供给主体。在分业经营的金融体系中，各类金融机构基于其功能应提供不同的养老金产品。商业银行应注重开发提供养老储蓄产品与养老金账户托管服务，人寿保险公司注重提供养老保险产品，信托机构提供养老金信托产品，商业银行、证券公司、寿险公司均可开展退休规划理财服务。第二，中老年群体是养老金市场的需求主体。为退休养老做准备，首先要求个人有收支结余，而根据财务生命周期规律，大多数人往往在进入中年时才具备这样的能力。第三，养老金产品应具有多样化特征。不同类型的养老金产品可满足客户全方位的养老金需求，养老储蓄产品应实现养老储蓄的保值增值，养老保险产品应具有保费豁免等保险特征，养老信托产品应帮助无能力支配养老金的老年人合理支配使用养老金，退休规划理财服务则应结合客户的退休目标综合考察客户的收支结余能力合理构建养老资产组合。

二　老龄化中国为什么要发展养老金产业：现状与趋势

近年来，随着多支柱养老保障体系的构建、企业年金制度的发展以及金融理财业务的发展，金融机构所开发的养老金产品不断丰富。但是与发达国家比较，与我国老龄化程度所产生的相应需求对比，我国养老金产业发展仍相对滞后。

首先，我国养老金制度体系不完善，国家、集体、个人养老责任不

---

① 参见杨燕绥、胡乃军《中英养老金个人账户体系建设比较》，《中国社会保障》2010 年第 3 期。

明确。完善的养老保障制度体系应由社会保障、企业补充保障与个人自我保障三方面制度共同构成。随着城乡居民养老保险制度的试点推广，我国已基本构建了覆盖人人的社会养老保障体系。2004 年以来企业年金制度的发展标志着我国着力构建企业补充养老保障体系，但是我国企业年金制度的税收优惠力度有限①，企业年金的积累对未来个人养老金的补贴程度有限②，而且目前大多数中小企业尚未建立企业年金计划。目前我国个人养老储蓄保障制度是相对缺失的，当前除商业养老保险产品相对成熟外，个人养老储蓄产品、个人养老金信托业务、个人退休规划理财服务基本处于空白状态。

第二，分业经营、分业监管模式限制金融企业发展养老金业务。从西方实践来看，养老储蓄产品最主要的供给主体应该是商业银行，要实现养老金的保值增值就要求经营养老储蓄产品的商业银行涉足资本市场，而分业经营分业监管模式限制商业银行进入资本市场的步伐，这也是我国商业银行未开发养老储蓄产品的重要原因。从资金流的角度来看，养老金业务涉及资金筹集、资产管理、待遇支付等诸多环节，需要发挥金融机构的多项功能，在分业经营分业监管的模式下，上述功能需要由不同类别的金融机构来承担，即同一养老金产品需要多个机构配合开发，而在监管中又将由不同的监管委员会履行其相应的监管职责，例如，我国企业年金业务当前的监管模式即三会（银监会、证监会、保监会）加一司（人力资源和社会保障部基金监督司）协同监管。这种模式可能造成监管过程中政出多门的弊端，还可能因此而影响金融机构开展养老金业务的积极性。

第三，金融机构内部业务部门隔离，金融机构从业人员养老理财观念淡薄。以银行为例，在企业年金计划发展的过程中，中国许多商业银行建立了养老金部，但当前养老金部的主要任务是企业年金的受托、托管与账管工作，养老金部的业务不为绝大多数银行职员了解，银行一线的金融理财人员对养老理财没有概念，不熟悉员工福利特征，不了解养老金政策，不了解退休规划的意义。微观供给主体的缺乏亦是导致退休

---

① 参见张勇《企业年金税收入优惠政策的成本：一个文献综述》，《税务与经济》2006 年第 6 期。

② 参见卢仿先、张洁瑜《企业年金对退休收入替代率的影响》，《统计与决策》2009 年第 16 期。

理财产品缺失的重要原因。

第四，养老理财产品少之又少。中国当前没有养老储蓄产品，没有专业的退休规划理财服务，部分具备一定养老储蓄功能的养老保险产品甚至难抵通胀风险。退休规划的资产配置要实现长期稳健的收益目标，而要做到这一点分散化的资产组合非常重要。养老理财产品的缺乏使得个人退休规划难以开展。

三　老龄化中国怎样发展养老金产业：策略与建议

应该说，无论从宏观国家层面、中观产业层面还是微观企业与产品层面，我国养老金产业发展环境均有待改善。笔者认为，当前我们可以从以下四个方面入手在老龄化趋势日益严峻的中国发展养老金产业。

第一，完善养老保障制度，构建个人养老保障体系。养老是国家、企业、个人共同的责任。尽管中国民众的储蓄倾向高，但大众的养老储蓄倾向却基本为零。因此，要构建个人养老保障体系需要国家首先向民众宣传养老储蓄观念，让个人明确自身的养老责任。同时，国家应该出台专项养老金政策以法律形式明确养老储蓄账户的锁定性质，并应出台税收优惠政策激励个人积极进行养老储蓄。

第二，构建养老金业务的专业监管模式。如上所述，三会加一司的协同监管模式需要各监管机构进行密切的沟通与协调，可能加大监管成本。在这方面，我们可以借鉴英国养老金体系的监管模式，构建专业的个人养老金业务监管委员会。[①] 在专业监管模式下，允许涉足养老金业务的金融机构混业经营，以减少金融机构的经营成本，降低养老金业务的管理成本。

第三，培育退休规划理财服务人才，调动商业银行发展养老金业务的积极性。比较各类金融机构在民众的口碑，在我国，商业银行更为百姓所依赖，因此，要大力发展养老金业务，需要调动商业银行的积极性。国家通过立法与宣传向民众灌输养老储蓄理念的同时，应优先培育商业银行的管理者，使其了解养老理财产品。继而，商业银行需要培育能够开展退休规划理财服务的专业人员，当前国际金融理财师等培训已

---

① 参见胡继晔《养老金体系在富裕国家的变化——以英国为例》，《国际经济评论》2011年第6期。

经将使商业银行的部分理财师具备开展退休规划理财服务的能力，但是银行当前的绩效考核体系限制了理财师进行退休规划理财服务的热情，银行的相关管理文件也制约理财师开展综合的退休规划理财服务。当前，我们在加大人才储备的同时，应注意商业银行理财业务管理理念的提升，要将我们的国际金融理财师由理财产品营销人员转变为真正的理财服务提供者。

第四，建立良好的信托环境，发展养老金信托业务。我国当前的养老金信托业务主要表现为企业年金基金的受托管理。事实上，为了保证养老储蓄账户资金的安全，个人养老理财产品亦应构建信托管理模式。而且，养老金信托业务可以进一步扩展至养老金支付过程中的信托服务，即当老人丧失养老金支配能力时，可以根据信托合同所规定的资金方向合理地为老人配置养老金，以进一步解决老人的后顾之忧。

附录　2009 年 1 月至 2013 年 9 月 OECD 国家所实施的养老金改革细节

	覆盖率	充足性	财务与财政可持续性	工作动机	管理效率	多元化与保证	其他
澳大利亚	废除向私人养老金体系强制缴费的年龄限制（2013）。	2013 年到 2020 年强制性 DC 缴费比例将从 9% 提高到 12%（2013 年改革）①。 从 2009 年 9 月将单身养老金领取者的目标权益提高 12%，夫妻的目标权益提高 3%。单身待遇比例提高到夫妻的 66.3%。	对高收入者提高其缴费的超级年金税，提高老年工作者的免税缴费门槛。2013 年开始生效。2013 年到 2020 年将私人养老金缴费率由基本	从 2017 年到 2023 年，将 1952 年后出生的男性与女性的养老金初始领取年龄由 65 岁逐步提高到 67 岁，废除私人养老金计划强制缴费到 70 岁的年龄限制（2013）。 从 2013 年 7 月起，1949 年 1 月 1 日至 1952 年 6 月 30 日出生的女性的退休年龄提高到 65 岁。	从 2010 年 7 月开始为人数少于 20 人的公司提供新的清算所；将 DC 养老金费用降低 40% 的相关措施（2010 年 12 月）。 开始于 2013 年 7 月实行新的“MySuper”（简单且成本有交往的 DC 产品），该产品		2009 年，作为全国建设经济刺激计划的一部分，对有资格的纳税人提供高达 900 澳元的税收津贴。 引入一个新的养老金补充计划，该计划将 GST 补充、药品补贴、公用事业津贴等联合起来。

① 在最近联邦选举之前，政府——当处于对立方时——宣布将 9.25% 的强制 DC 计划缴费率保持到 2016 年 6 月 30 日，并到 2021—2022 年再逐步将这一比率提高到 12%。

续表

	覆盖率	充足性	财务与财政可持续性	工作动机	管理效率	多元化与保证	其他
澳大利亚		对基本养老金实施新指数化安排（自 2010 年 3 月开始）。单身养老金领取者的基准从男性全部平均周收入的 25% 提高到 27.7%，退休夫妻的基准提高到 41.76。 改革收入相关利率中关于收入的审查（2009 年 9 月）。	工资的 9% 提高到 12%（2013 改革）。 将低收入雇员的政府最大权益和向私人养老金计划的缴费降低 50%（2013）。	引入替代现有（当前已关闭的）养老金奖金计划的向老龄养老金（Age Pension）接受者提供新的更加慷慨的工作津贴。 从 2012 年 7 月 1 日开始逐步结束给予到期工作者的税收抵偿，这一抵偿仅提供给 1957 年 7 月 1 日前出生的人。	从 2014 年 1 月 1 日开始将覆盖新的默认缴费。在 2013 年到 2020 年将雇主的最低缴费义务逐步提高到 12%。① 从 2011 年开始，新的“SuperStream”改革包以改善超级年金计划管理并合并多账户。		自 2010 年 7 月 1 日起为养老金领取者提供“加强提升支付计划”，该计划将每年提升养老金额度。家庭护理人员支付和津贴领取者提供的补充计划，以提升家庭护理人员的津贴水平。
奥地利	将政府为家庭护理人员支付的养老金缴费扩展为较低水平的长期照顾待遇（从 2009 年 1 月开始）。 基于提高养老金期权以补充公共养老金体系这一思考，创造了两个来自 DC 计划的新型的养老金权益（2012）。	为低收入养老金领取者提供一次性总付的养老金（2010）。	最高达 2000 欧元的月养老金在 2011 年完全指数化了。				

续表

	覆盖率	充足性	财务与财政可持续性	工作动机	管理效率	多元化与保证	其他
比利时				2009年1月女性的法定养老金初始领取年龄提高到65岁。自2013年1月，能够提前领取老年退休待遇的年龄限制是60.5岁（而非60岁）+38年的服务年限。2016年这些要求将提高到61岁+40年的服务年限。阻止雇主通过提高参保雇主缴费率的方法使用提前退休计划（从2010年4月开始生效），这一措施的目标 在于阻止雇主过早或者过多地依赖该体系来解雇老工人。			
加拿大	引入一个新的自愿退休储蓄计划（被称为集合的注册养老金计划，pooled registered pension plan），该计划被预期将提高联邦管辖范围(2012)、阿尔伯塔（2013）、萨斯克彻温（2013）的覆盖率。		将魁北克公共缴费第二支柱计划（魁北克养老金计划，完全由雇主和雇员的基金积累）的缴费率由2011年的9.9%提升到2017年的10.8%。自2018年开始，一个自动机制将被实施以保证稳定的计划融资。	在公共缴费计划（加拿大/魁北克养老金计划），针对达到退休年龄（65岁）后延迟退休达5年的工作者将其每月累积率（accrual rate）由0.5%提升到0.7%，最高达到36%。对于60岁到65岁	从2013年开始，将在老年保障计划中实施一个积极的注册制度，该制度通	2012年在联邦管辖范围内的产业和区域内、2013年在阿尔伯塔、2013年在萨斯克彻温引入新的自愿退休储蓄计划（集合的注册养老	从2009年1月到2012年1月，魁北克政府接管破产公司的养老金计划，并管理5年。政府将保证

续表

	覆盖率	充足性	财务与财政可持续性	工作动机	管理效率	多元化与保证	其他
加拿大	关于自动注册制（可能选择退出）的建议（2013），在魁北克拥有五名或以上雇员的雇主的全体雇员加入一个新的自愿退休储蓄计划（被称为自愿退休储蓄计划，the voluntary retirement savings plan）（2013）。			提前领取养老金者，其养老金将每月被减少 0.6% 而非 0.5%。 计划（2012）将使得 2023 年到 2029 年公共非缴费型第一支柱计划（老年保障计划，old age security）的初始养老金领取年龄由 65 岁逐步提高到 67 岁。	过申请待遇、减少行政成本的方式降低年长者的负担。	金计划）。其他省份亦预期通过类似的法律改变 DB 计划的清偿规则，在 DB 计划终止时保护工作者，放松投资规则（2009 年 10 月）。	在养老金计划终止前养老金至少等于被降低的养老金。
美国	作为一项刺激措施，在 2011 年和 2012 年间消减联邦公共养老金（OASDI）的薪资税率。	为所有公共养老金领取者支付 250 美元（2009 年 5 月）。 2010 年推迟根据通货膨胀自动调整养老金的措施，以避免降低养老金待遇。然而，2011 年冻结了养老金待遇增长。	2011 年 12 月，旨在改善社会保障体系的偿付能力鲍尔森计划（“Bowles - Simpson” plan）：提高社会保障薪资税，在提高低收入者养老金 待遇的同时特别地降低中高收入者的养老金待遇。这一计划已经被强烈反对。				

续表

	覆盖率	充足性	财务与财政可持续性	工作动机	管理效率	多元化与保证	其他
智利	最新的一步是2011年7月开始将60%最贫穷的老年人整合进第一支柱统一养老金体系。	免除低收入养老金领取者的健康保障计划缴费，降低中高收入退休人员的上述缴费（2011）。			新的莫德罗（*Modelo*）计划赢得了管理DC账户的合约，使得2010—2012年新进入者的费用比当前的平均水平降低了24%；该计划还以降低30%的费用赢得了2012—2014年的合约。 通过投标缔结残疾和生存保险合同（2011年开始生效）。	允许2010—2011年DC计划资产组合中外国资产的比率由60%上升到80%。 每个投资经理管理的基金根据风险程度由高到低界定为名称“A”到“E”的五支基金，这使得投资选择更加容易。成果可以提前为今后的基金配置进行选择。	向女性和男性收取相同的残疾和生存保险（disability and survivorship，SIS）的保险费。因为男性被预期有更高的风险率，保险费的差额被储存在女性的DC账户上。
捷克共和国			将养老金收入的新封顶线设为平均收入的400%（2010）。 在2013年到2015年，暂时改变老、遗、残养老金的指数规则，这将降低养老金的增长。	每年将退休年龄渐进增长两个月，没有规定的终点；到2041年消除男女间退休年龄上的差异（2011）。 到2019年将全额领取养老金的缴费年限从20年提高到35年（从2010年开始生效）。		在公共养老金待遇下降的背景下，从2013年1月开始，若个人额外交2%的缴费，则将缴费的3%转移到一个DC计划。 创立一个自愿性个人账户的第二支柱，从2013年开始生效。	

续表

	覆盖率	充足性	财务与财政可持续性	工作动机	管理效率	多元化与保证	其他
斯洛伐克共和国			2009 年 6 月前，工作者可以将其 DC 账户的缴费转入公共计划。对于刚工作的人员来说 DC 计划是可选的，但自 2012 年 4 月后变为强制的。		从 2009 年 7 月起降低按资产百分比征收的费用，并将它们与投资收益联系起来。	引入三种基金类型——保守型、混合型与增长型——并从 2012 年 4 月起补充一类新型股指基金。 从 2012 年 4 月起，引入投资绩效保本的规定，但仅限于最低风险（债券）型基金。 2009 年，外国共同基金投资上限由 50% 降为 25%。	
丹麦				从 2012 年 1 月开始缩减自愿性的提前退休计划（VERP or efterlon）的规模；2014—2043 年将领取养老金的合格年龄从 60 岁提高到 64 岁；将付出期间从 5 年降低为 3 年；2012 年，允许在提前退休利益和合格退休年龄时 143300 丹麦克朗的税收减免总额间进行选择。	建立一个集中机构（Payment Denmark – Udbetaling Danmark），以处理几个社会保障待遇的管理与支付问题，从而转移公共责任，提高响应性（2012）。		
爱沙尼亚		从 2013 年 1 月 1 日开始，从公共支柱中向为照顾过 3 岁以下儿童的养老金领取者提供补充养老金。	削减雇主向 DC 账户的缴费（2010 年缴费率为 0，2011 年缴费率为 2%，2012 年缴费率恢复到 4%）将所削减的上述雇主缴费提供给曾抚育孩子长大的养老金领取者以使得政府第一支柱的缴费同步增长（2009）。	从 2017 年到 2026 年，将男性初始养老金领取年龄由 63 岁提高到 65 岁，女性由 60.5 岁提高到 65 岁（2010）。	从 2011 年开始，养老金基金经理不能再收取统一的发行费。从 2011 年开始，年管理费上限与基金所管理的资产规模相关。	在 DC 计划的三支保守（风险最小的）基金设置严格的投资限制；从 2011 年 8 月开始，成员可以每年进行三次基金转换。	

续表

	覆盖率	充足性	财务与财政可持续性	工作动机	管理效率	多元化与保证	其他
芬兰	收入相关制度的覆盖扩展到研究津贴（research grants）的接收者（2009 年 1 月）。	从 2011 年 3 月开始新的普惠的收入关联型最低养老金补充计划。	在 2011 年到 2014 年将联合的雇主/雇员向收入关联计划（TyEL）的缴费每年提高 0.4%。	也许可以将工作期间（最多两年）暂停养老金扩展至收入关联型养老金计划。当前，临时立法适用于 2010—2013 年（2010 年 1 月，当前的政府报告将这一期间扩展至 2016 年年底）。		在 2012 年前临时放松偿付规则，以允许 DB 计划拥有风险较高、收益较高的资产。（2009 年 1 月开始，2010 年 4 月有效性被延长）。	
意大利		提高自雇人在名义账户制（NDC）下向公共养老金计划的缴费率，这将提供更高的养老金待遇（2011）。	从 2012 年开始更快地向名义账户体系转变。于 2012 年引入一项新的提前退休方案，该方案具有更严格的准入要求，以此替代年资养老金。	女性的养老金初始领取年龄从 60 岁提高到 66 岁，到 2018 年该年龄与男性一致；此后两性养老金初始领取年龄都将随着预期寿命的变化而增长。2012 年公共部门女性养老金初始领取年龄由 61 岁提高到 65 岁（2011）。	合并管理公共养老金的三个机构（于 2012 年 3 月 31 日将 INPDAD 和 EMPALS 账户转移给 INPS）。		
德国		2009 年养老金增长 2.41%（而非依据 2005 年规则的 1.76%），但 2010 年没有增长。	2009 年延缓了降低缴费率的法案以保持可持续性。	对于 1964 年后出生的工作者在 2012 年到 2029 年正常的退休年龄由 65 岁提高到 67 岁（2007）。			

续表

	覆盖率	充足性	财务与财政可持续性	工作动机	管理效率	多元化与保证	其他
匈牙利		允许工作者退出私人支柱，但是退出后不选择进入公共支柱者会面临惩罚（例出从 2012 年 1 月开始不再被授予政府养老金资格）。 从 2009 年 7 月开始取消第 13 个月养老金，当 GDP 增长率达到 3.5% 或以上时给予奖金。	如果 GDP 增长率是 3% 或以下，养老金与价格指数化挂钩。2010—2011 年，与平均工资和价格指数化挂钩。从 2012 年开始与通过膨胀指数化挂钩。从 2013 年开始对养老金待遇征税。	从 2012 年到 2017 年，养老金初始领取年龄逐渐由 62 岁提高到 65 岁；建议降低并最终撤销执法人员提前退休，对其他工作人员的提前退休也实施更加严格的条件（2011）。		从 2009 年开始，私人养老基金被强制要求建立一个自愿的生命周期组合。这个系统向成员提高三个不同组合（保守型、平衡型和增长型）的选择权。然而，养老基金国有化使得这个规则大部分是无关的。	从 2010 年 11 月到 2011 年 12 月，将强制性 DC 计划的缴费转移至公共体系。将政府养老金体系由现收现付制转变为基金制（2013 年 1 月开始）。在 2011 年 12 月关闭强制性 DC 体系，将其资产（146 亿美元）转移给政府。
法国	将现金性产妇津贴（cash maternity benefits）算入养老金收入（2010 年 11 月）。	对于导致 10% 以上伤残的危险性艰苦岗位养老金初始领取年龄仍然是 60 岁。如果 10% 以上伤残人士在艰苦岗位工作了 17 年以上或者永久性工作相关残疾达到 20% 以上，上述年龄被下调。在后一种情况下，持续工作要求将不适用（2010 年 11 月）。	到 2020 年公务员缴费率逐渐由 7.85% 提高到 10.55%（2010）。	（在满足缴费条件的情况下）到 2017 年最低的初始养老金领取年龄由 60 岁提高到 62 岁（2012 年修订）；存在了在 60 岁提前退休的可能性（2012）；领取全额养老金的退休年龄由 65 岁提高到 67 岁（2011 年 11 月）；从 2009 年开始延迟退休的增量提高到 5%；到 2010 年 1 月雇主必然对其雇佣的 50 岁以上的工作人员提供行动计划。2012 年公共部门工作者领取全额养老金的缴费年限提高了。新要求取决于公务员的出生年份，当前在 40 年到 41.5 年。			于 2011 年而非 2020 年开始撤销养老储蓄基金计划（fonds de réserve pour les retraites）以资助经济恢复。

续表

	覆盖率	充足性	财务与财政可持续性	工作动机	管理效率	多元化与保证	其他
以色列	从2009年开始强制型DC职业养老金计划，从2010年1月开始扩展该计划的覆盖范围。从2013年开始，雇员缴费率由2.5%提高到5%，雇主缴费率由2.5%提高到10%。	补偿自愿型私人计划与危机相关损失的50%，补偿上限为over－55s的15%（2009年1月）。				于1995年开始储蓄的个人可以将其退休储蓄在人寿保单准备基金（provident funds）间进行转换而无须面临罚款或税收（2009）。	
希腊		对年老者实行额度360欧元的新的家计调查型非缴费养老金（2010）。 收入低于2500欧元的养老金领取者的季度津贴被替代为每月800欧元的新型平加奖金（flat bonus）（2010年）。 为自我雇佣者建立一支团结基金（solidarity fund）（2011年6月）。 于2009年提供针对低收入养老金领取者的一次性、家计调查型、免税的收益（团结基金收益）（但随即于2010年被废除了）。	在2011—2015年强制性公共养老金增长被冻结（在最初措施后又延长了两年）（2011年6月）。 从2014年开始养老金与CPI指数挂钩（而不是改变公务员的养老金）（2010年的改革）。 从2011年开始停止最大达养老金收入10%的季节津贴，从2013年开始降低针对较低养老金收入者的资金。 从2011年开始公务员和公共企业雇员的一次性总付的退休收入至少减少10%。 提高社会保障基金的缴费率（2011年6月）。	2011—2013年女性退休年龄由60岁提高到65岁（2010年改革）。 所有人员全额养老金的初始领取年龄由65岁提高到67岁（2012年11月）。 从2015年开始为领取全额养老所要求的缴费期限由37年提高到40年，保险统计的每年提前退休的比率降低6%（2010年7月改革）；从2011年开始提前退休年龄从53岁提高到60岁；从2020年开始养老金领取年龄与预期寿命相关。	将13个养老金计划合并为3个（2010年7月）。 实施单一而统一的工资单和保险缴费支付办法以降低避费行为并提高社会保障缴费的收缴（2011年6月）。 从2009年1月开始为所有工作人员建立强制性的社会保障记录。		

续表

	覆盖率	充足性	财务与财政可持续性	工作动机	管理效率	多元化与保证	其他
希腊		在团结收益（solidarity benefits）的收入调查中引入资产；降低 1000 欧元以上月养老金收入，降低水平依据收入在 5% 到 15%（2011 年）。 每月养老金超过 1400 欧元的人将被征收入 5%—10% 的税（从 2010 年 8 月开始）。	平均年收益率由 2% 降至 1.2%（2010），从而导致收入相关型养老金水平的下降。				
挪威		新的收入核查型养老金以取代当前统一费率的缴费型公共养老金。新的养老金被担保最小和当前法律下的最低养老金水平一样高。	从 2011 年 1 月开始的名义账户体系：1963 年以后出生的全部人口与 1954—1962 年出生的部分人口；当全职工作年限达不到 20 年时（based on full - career earnings not 20 best years），养老金与预期寿命相关（2011）。 支付中养老金对工资的指数为 0.75%。	规定 62—75 岁的弹性退休年龄，养老金待遇依据退休的效年龄调整（2011）。个人可以将工作和养老金领取结合起来，而非必须推迟领取养老金。			
韩国	从 2010 年 12 月起将强制型职业/服务支付（severance - pay）计划扩展至人数少于 5 的公司（大约涉及 150 万人）。		从 2009 年到 2028 年公共养老金体系的目标替代率由 49.5% 降至 40%（2007 年 7 月）。		为社会保障缴费的收集和监控建立一个统一的电子化信息系统（2010）。		

续表

	覆盖率	充足性	财务与财政可持续性	工作动机	管理效率	多元化与保证	其他
卢森堡	向自愿型保险的最低月缴费额由300欧元降至100欧元（2012—2013）。		养老金调整额降至50%（2012）。 到2052年，联合缴费率（雇员、国家和雇主）将从覆盖工资的24%逐步增长到30%（2012）。	到2052年领取全额养老金所要求的缴费年限由40年增长到43年（2013）。 采取较低的增长率以鼓励人们工作更长时间。为了获取相当于当前水平的养老金，参保人将不得不多工作近三年（2012）。			
日本	对于公司养老金，雇员可以直接向雇主提供的DC计划供款而不需要通过他们的雇主（2012年1月开始生效）。 将自愿型DC计划的覆盖范围扩展至60岁及以上的工作者（2012年1月）。 将获取国民养老资格的年限由25年缩短至10年（2012年出台，2015年10月开始生效）。 将雇员养老金保险扩展至更多的兼职工作者（2012年出台，2017年10月开始生效）。	为低收入年老的养老金领取者提供福利待遇（2012年出台，2015年10月生效）。 免除母亲因为生育离职期间向雇员养老保险的缴费（2012年出台，2014年4月生效）。	从2013年10月到2015年4月取消2.5%的额外养老金支付（2012年的政策措施）。 通过提高消费税率，永久性地将中央政府的基本养老金负担降低了50%（2012年出台，2014年4月生效）。		从2010年1月开始的新日本养老金服务（new japan pension service）以较低的成本运行公共体系。 统一雇员养老金体系：将公务员和私人学校雇员纳入雇员养老金体系（2012年出台，2015年10月生效）。		不同类型的工作人员可以在2012年10月到2015年9月补足2—10年的缴费记录上的差异。 通过取消雇员养老基金（EPFs）的立法。对于由于不足以支付退出待遇而陷入负债状态的雇员养老基金必须在5年内解散。其他基金可以继续。

续表

	覆盖率	充足性	财务与财政可持续性	工作动机	管理效率	多元化与保证	其他
日本	将为幸存家庭提供的基本养老金扩展至没有母亲的家庭（2012 年出台，2014 年 4 月生效）。						但是必须每年通过资产审查。不再建立新的雇员养老基金。鼓励财务健全的雇员养老基金转换为其他类型的养老金计划。（2013 年 6 月出台，2014 年 4 月生效）。
墨西哥		2013 年 3 月，针对年龄 65 岁而又没有其他养老金的墨西哥人建立了一项新的非缴费型养老金。 对于收入低于最低工资的养老金领取者免除其收入税。			在个人账户体系中重新建立养老基金机构（SIEFOREs）（2013）。	2011 年实施新规则，该规则允许退休账户持有人更多的基金选择，促进管理公司间的竞争（2012）。	
冰岛							2008 年危机生自愿性养老金计划的成员被允许将资金从账户撤回（2009 年 1 月）。 大量 DB 养老基金被用于建立冰岛投资基金（IIF）以稳定国内经济并帮助其从危机中恢复（2009 年 12 月）。

续表

	覆盖率	充足性	财务与财政可持续性	工作动机	管理效率	多元化与保证	其他
葡萄牙	2009 年 3 月后新加入银行部门的员工自动被公共养老金体系所覆盖。	不再向月收入高于 1100 欧元的养老金领取者支付 13 个月和 14 个月养老金。 银行账户高于 100000 欧元的人员不具备领取收入支持补贴的资格（income support allowance）（2013）；在待遇更新时引入了更加严格的其他条件。	2011 年冻结公共养老金。私人缴费率由 11% 提高到 18%，相反削减雇主的缴费率（2013）。采取这一措施的目的是降低劳动力成本。 引入向月收入高于 1500 欧元的人员征收特殊的养老金缴费这一规定（2010—2012）。	降低 65 岁以上工作者的社会保障缴费率，以鼓励延长工作期（2009 年 9 月）。2012 年规定，在 2014 年前暂停被公共体系覆盖的雇员提前退休。		针对社会保障储备基金（social security reserve fund，FEFSS）设立新规则，这些规则保障其几乎避免债务状态，并保证的一些投资灵活性（2009）。	
荷兰						资金不足的 DB 计划的恢复期暂时由 3 年增加到 5 年（2009 年 2 月）。	

续表

	覆盖率	充足性	财务与财政可持续性	工作动机	管理效率	多元化与保证	其他
波兰	2012 年引入新的第三支柱——自愿储蓄工具（IKZE），以补充当前的自愿退休账户（IKEs）。		从 2011 年 5 月开始，由公开养老基金管理的部分雇员向第二支柱个人账户的缴费被转移到新创立的由波兰社会保险机构（ZUS）管理的第一支柱的子账户。结果，DC 账户的缴费率由 7.3% 降低至 2.3%；但是这一比率将在 2013 年到 2017 年逐步提高到 3.5%。剩余的 5%（逐步降至 3.8%）进入新的子账户，进入比率与前 5 年名义 GDP 增长率指数挂钩。这一转变被认为对于降低波兰的预算赤字是必要的。	2013 年到 2020 年男性的退休年龄逐步由 65 岁提高到 67 岁，2013 年到 2040 年女性的退休年龄逐步由 60 岁提高到 67 岁，最终，两性的退休年龄均调整到 67 岁；提前退休（女性 62 岁、男性 65 岁）可能将使得养老金减少 50%（2012）。 于 2009 年开始废除了几个早期的退休计划。		减少对 DC 账户的投资限制，包括从 2020 年起允许股票份额由 40% 提高到 62%（2011）。	
瑞士			2009 年强制型私人养老金的最低收益率由 2.75% 降至 2%，2012 年起降至 1.5%。 2012 年，高薪受聘被保险人的最大缴费额提高至 19350 瑞士法郎（最低缴费额的 50 倍）。			下调不动产投资与抵押供款上限（2009）。	

续表

	覆盖率	充足性	财务与财政可持续性	工作动机	管理效率	多元化与保证	其他
土耳其				到2048年男性养老金初始领取年龄由60岁提高到65岁，女性由58岁提高到65岁（2006）。		2010年首次允许养老基金为了投资目的使用衍生品。 取消政府向私人养老金缴费的工资进行的税收入减免，其目的在于鼓励国内储蓄（2012）。	从2013年1月开始，政府匹配个人缴费额的25%，最高达978土耳其里拉。参与者将通过一个渐进的既得系统得到政府缴费——3年后得到15%，6年后35%，10年后60%，65岁退休年龄时得到100%。针对净收益征税，而此前是针对累积价值征税。
新西兰		向KiwiSaver个人养老储蓄计划的默认缴费率在2009年由4%削减到2%，但从2013年4月开始增加到3%。 从2013年4月开始，雇员和雇主被要求的最低缴费率由收入的2%提高到3%（2011）。	从2011年7月，为KiwiSaver计划成员提供税收抵免下降了50%，抵免上限为521新西兰元。 2009年取消了向KiwiSaver账户缴费的雇主的税收抵免。 2012年4月，雇主和雇员的缴费均不再享受免税待遇。				在2009年推迟向公共储备基金（新西兰超级年金，New Zealand Superannuation Fund）的缴费，计划于2016—2017年恢复支付（此最初的计划早3年）。 退休委员会建议（2010年12月）： （1）到2023年养老金初始领取年龄由65岁提高到67岁，新的家计调查型养老金待遇的领取年龄为65—66岁； （2）将工资指数调整为工资：价格占比分别为50%； （3）关注KiwiSaver税收激励的成本，到目前为止大约是缴费的40%。 财政部的回复建议（2009年10月）如下：（1）养老金初始领取年龄由65岁提高到69岁；或者（2）调整工资对价格的指数；或者（3）提高家计调查的基本养老金。

续表

	覆盖率	充足性	财务与财政可持续性	工作动机	管理效率	多元化与保证	其他
斯洛文尼亚			2011 年（以及如果通货膨胀率低于 2% 的 2012 年）冻结养老金（2010 年 9 月）。	建议 2021 年至 2024 年男性的正常养老金初始领取年龄由 63 岁提高到 65 岁，女性由 61 岁提高到 63 岁；对于提前退休者获取全额养老金资格的年限男性由 40 年提高到 43 年，女性由 37.25 年提高到 41 年。但这一建议在 2011 年 6 月被全民公决否决。			
瑞典		2009 年对 65 岁以上者引入提高的基本扣除（enhanced basic deduction），2010 年和 2011 年再次增长。	名义账户制下平衡机制的改变：从 2009 年，依据过去三年而非过去一年平准基金（the buffer fund）平均价值计算。这意味着 2010 年养老金削减了 3% 而非 4.5%。	作为 2007 年改革的部分措施，2009 年和 2010 年加强了收入税抵免（earned income tax credit，EITC），以鼓励劳动者中的劳动力供给。65 岁以上的工作者税收抵免额更高。2009 年开始简化老年工作者的 EITC 公式。2011 年，65 岁以下者税收抵免的最高额度为 21249 瑞典克朗，而 65 岁以上者是 30000 瑞典克朗。 65 岁以上雇员的社会保障缴费更低。	2010 年 1 月瑞典养老金机构（Swedish Pension Agency）接收了两个管理国民养老金的独立机构的工作。 2010 年起提供由 AP7 管理的新基金，这代表了低成本的政府选择，该基金可以替代私人部门的投资选择。	2012 年检查了基金的投资规则和管制措施。	

续表

	覆盖率	充足性	财务与财政可持续性	工作动机	管理效率	多元化与保证	其他
西班牙		从2012年1月起将已退休以及65岁以上没有公共养老金领取资格的遗属待遇由死者可获养老金收入的52%提高到60%（受收入限额限制）。	从2019年而非2027年开始每五年依据预期寿命变化调整养老金体系相关参数［2011年改革；预期在当前（2013年9月）讨论的改革建议中包含连接时点］。	2013年至2027年正常养老金初始领取年龄由65岁提高到67岁，年龄达到65岁县域缴费年限达到38.5年可领取全额养老金（2011年改革，自2013年生效）；被预期于2019年而非2027年开始可持续性调整（2013年9月的改革建议）；养老金提前领取年龄由61岁提高到63岁（但在经济危机时仍然是61岁）；领取全额养老金的缴费年限由35年提高到37年；提前退休的缴费年限由30年提高到33年。2011年4月的修订案允许部分退休：接近退休年龄的工作者兼职工作并领取部分降低的养老金。然而，必然基于全职岗位缴费社会保障缴费。 对退休年龄后工作的激励是每推迟一年领取养老金，养老金水平提高2%—4%（2011年改革）。			

续表

	覆盖率	充足性	财务与财政可持续性	工作动机	管理效率	多元化与保证	其他
英国	2012 年 10 月起，大型雇主（雇佣 12000C 以上名雇员者）必然使其雇佣人员自动注册进入公司养老金计划或者政府运营的国民雇佣储蓄信托（national employment savings trust，NEST）；中型雇主（雇佣 50 名以上者）和小型雇主（受雇人少于 50 人者）分别于 2013 年 6 月和 2015 年 5 月起执行上述政策。2016 年缴费率将从 2012 年占总收入的 2% 提高到 5%，2017 年提高到 8%。	一次性支付给养老金领取者 60 英镑（2009 年 1 月）。从 2011 年 4 月起，基本政府养老金将随 CPI、收入增长率和 2.5% 中的最高者增长。	2012 年到 2016 年，雇主和雇员的缴费率都将提高 1% 到 2%。引入 1% 的缴费相关税收抵免。2017 年 10 月，雇主支付 3%，雇员支付 4%（2011 年养老金法案）（Pensions Act 2011）。	2018 年使初始养老金领取年龄统一为 65 岁。到 2020 年将初始养老金领取年龄提高到 66 岁，到 2026 年再由 66 岁提高到 67 岁（2010 年 10 月出台，2011 年和 2012 年 1 月的修订案加速了改革的步伐）。取消了默认退休年龄（default retirement age，DRA）65 岁这一规定，以为工作者提供此后继续留在劳动力市场的更大机会。从 2011 年 10 月起，雇主不能使用默认退休年龄这一规定强迫雇员退休。	在 2010 年计划的国民雇佣储蓄体系于 2012 年开始实施。其目的在于相比于当前的 DC 计划显著地降低投资—管理费用。	2010 年计划的国民雇佣储蓄体系于 2012 年开始实施。	2013 年 1 月，工作和养老金部公布了一份法律草案，该草案要引入一个替代现存的多支柱公共养老金体系的统一费率的单一支柱养老金（single – tier pension，STP）。在 2016 年 4 月开始实施 STP。据预期，这一改革将尤其使得由于工作史而预期获得少量附加养老金（addition pension）的群体获益。这代表政府体系的显著简化，并为退休储蓄奠定一个明确的基础。政府还立法加速提高国民养老金领取年龄，并基于以下原则引入常规的检查过程来设立健康标准（SPa），这一原则即成年生命的一个固定部分应用于退休后的生活。提高公共部门工作者的缴费率，修订针对下议院议员的 DB 计划（2010 年）。

资料来源：OECD，“Recent Pension Reforms and Their Distributional Impact”，in Pensions at a Glance 2013：OECD and G20 Indicators，2013，OECD Publishing（http：//dx. doi. o:g/10. 1787/pension_ glance – 2013 – 4 – en）。

参考文献

1. Aaron, H. , "The Social Security Paradox", *Canadian Journal of Economics and Political Science*, Vol. 32, 1966.
2. Abeysinghe, T. and Choy, K. M. , "The Aggregate Consumption Puzzle in Singapore", *Journal of Asian Economics*, Vol. 3, 2004.
3. Baldwins, F. S. , "Old age pension schemes: A criticism and a program", *Quarterly Journal of Economics*, Vol. 24, No. 4, 1910.
4. Barr, N. , "Reforming Pensions: Myths, Truths, and Policy Choices", *International Social Security Review*, Vol. 55, No. 2, 2002.
5. Barr, N. , "International Trends in Pension Provision", *Accounting and Business Research*, Vol. 39, No. 3, 2009.
6. Barrientos, A. , "Pension Reform, Personal Pension and Gender Differences in Pension Coverage", *World Development*, Vol. 26, No. 1, 1998.
7. Barrientos, A. , "New Strategies for Old – age Income Security in Low Income Countries", Paper for Technical Commission on Old – age, Invalidity and Survivors' Insurance World Social Security Forum, Moscow, 10 – 15 September, 2007.
8. Barrientos, A. and Lloyd – Sherlock, P. , "Non – contributory Pensions and Social Protection", *Issues in Social Protection*, published by the Social Protection Sector, International Labour Organization, 2002.
9. Bärsch – Supan, A. , Härtl, K. , & Ludwid, A. , "Aging in Europe: Reform, International Diversification, and Behavioral Reactions", *American Economic Review*, Vol. 104, No. 5, 2014.
10. Bärsch – Supan A. H. and Wilke, C. B. , "Shifting Perspectives: German Pension Reform", *Intereconomics*, Vol. 40, No. 5, 2005.

11. Bertranou, F. M., "Pension Reform and Gender Gaps in Latin America: What are the Policy Options", *World Development*, Vol. 29, No. 5, 2001.

12. Bertranou, F. M., Rofman, R. and Grushka, C., "From Reform to Crisis: Argentina' s Pension System", *International Social Security Review*, Vol. 56, No. 2, 2003.

13. Bertranou, F. M., van Ginneken, W. and Solorio, C., "The Impact of Tax – financed Pensions on Poverty Reduction in Latin America: Evidence from Argentina, Brazil, Chile, Costa Rica and Uruguay", *International Social Security Review*, Vol. 57, No. 4, 2004.

14. Blanchet, D., "Pension Reform in France: Where Do We Stand?", *Intereconomics*, Vol. 40, No. 5, 2005.

15. Bloom, D. E. and Williamson, J. G., "Demographic Transitions and Economic Miracles in Emerging Asia", *World Bank Economic Review*, Vol. 12, No. 3, 1998.

16. Bonin, H., "15 Years of Pension Reform in Germany: Old Successes and New Threats", Geneva Papers on Risk & Insurance – Issues & Practice, Vol. 34, No. 4, 2009.

17. Bonoli, G., "Two Worlds of Pension Reform in Western Europe", *Comparative Politics*, Vol. 35, No. 4, 2003.

18. Bonoli G. & Palier, B., "WhenPast Reforms Open New Opportunities: Comparing Old – age Insurance Reforms in Bismarckian Welfare Systems", *Social Policy & Administration*, Vol. 41, No. 6, 2007.

19. Bovenberg, A. L., "Financing Retirement in the European Union", *International Tax and Public Finance*, Vol. 10, No. 6, 2003.

20. Breyer, F., "On the Intergenerational Pareto Efficiency of Pay – as – you – go Financed Pension Systems", *Journal of Institutional and Theorctical Economics*, Vol. 145, No. 4, 1989.

21. Calvo, E. and Williamson J. B., "Old – age Pension Reform and Modernization Pathways: Lessons for China from Latin America", *Journal of Aging Studies*, Vol. 22, 2008.

22. Charlton, R., "Social security beyond pension reform", *Public Finance*

and Management, Vol. 5, No. 2, 2005.

23. David E. Bloom, Jeffrey G. Williamson., "Demographic Transitions and Economic Miracles in Emerging Asia", *World Bank Economic Review*, Vol. 12, No. 3, 1998.
24. Diamond, Peter A., "National Debt in a Neoclassical Growth Model", *American Economic Review*, Vol. 55, 1965.
25. Disney, R. and Emmerson, C., "Public Pension Reform in the United Kingdom: What Effect on the Financial Well Being of Current and Future Pensioners?", *Fiscal Studies*, Vol. 26, No. 1, 2005.
26. DWP, "Security in Retirement: towards a New Pensions System", 2006, 英国劳动与养老金部网站（www. dwp. gov. uk/pensionsreform）。
27. Esteban Calvo, John B. Williamson, "Old – age Pension Reform and Modernization Pathways: Lessons for China from Latin America", *Journal of Aging Studies*, Vol. 22, No. 1, 2008.
28. Even, W. E. and Macpherson, D. A., "Gender Differences in Pensions", *The Journal of Human Resources*, Vol. 29, No. 2, 1994.
29. Fehr, H. and H. Jess, "Who Benefits from the Reform of Pension Taxation in Germany?" *Fiscal Studies*, Vol. 28, No. 1, 2007.
30. Feldstein, Martin, "Would Privatizing Social Security Raise Economic Welfare?" mimeo, Harvard University, August 1995.
31. Feldstein, Martin, "Social Security Pension Reform In China", *China Economic Review*, Vol. 10, 1999.
32. Forman, J. B., "Should We Replace the Current Pension System with a Universal Pension System?", *Journal of Pension Benefits: Issues in Administration*, Vol. 16, No. 2, 2009.
33. Frericks, P., Knijn, T. and Maier, R., "Pension Reforms, Working Patterns and Gender Pension Gaps in Europe", *Gender, Work & Organization*, Vol. 16, No. 6, 2009.
34. Gorman, M., "SecuringOld Age: The Case for 'Social' Pensions in Developing Countries", *Public Finance and Management*, Vol. 5, No. 2, 2005.
35. Grech, A., "Assessing the Sustainability of Pension Reforms in Europe",

Journal of Comparative Social Welfare, Vol. 29, No. 2, 2013.

36. Grech, A., "Evaluating the Possible Impact of Pension Reforms on Elderly Poverty in Europe", *Social Policy & Administration*, Vol. 49, No. 1, 2015.
37. Hallerberg, M, "Challenges for the German Welfare State Before and After the Global Financial Crisis", *CATO Journal*, Vol. 33, No. 2, 2013.
38. HelpAge International, "Feasibility: Countries with a social pension", 2007, (http://www.helpage.org/Researchandpolicy/Socialprotection/PensionWatch/Feasibility).
39. Hinrichs, K. and Aleksandrowica P., "Reforming European Pension Systems for Active Ageing", *International Social Science Journal*, Vol. 58, No. 190, 2006.
40. Holzmann, R., and Hinz, R., *Old – age income support in the twenty – first century: An international perspective on pensions systems and reform*, Washington, DC: World Bank, 2005.
41. Holzmann, R., and Stiglitz, J., *New Ideas about Old Age Security: Towards Sustainable Pension Systems in the 21st Century*, Washington, DC: World Bank, 2001.
42. IDPM, *Non – contributory Pensions and Poverty Prevention. A Comparative Study of Brazil and South Africa*, Manchester: Institute for Development Policy and Management, 2003.
43. James, E., "Coverage under Old Age Social security programs and protection for the uninsured: What are the issues?", in N. C. Lustig (ed.) *Shielding the Poor Social Protection in the Developing World*, Washington DC: Brookings Institution Press and InterAmerican Development Bank, 2001.
44. James, E., A. C. Edwards and R. Wong, "The Gender Impact of Pension Reform: A Cross – Country Analysis", Policy Research Working Paper 3074, The World Bank, Poverty Reduction and Economic Management Network, Gender Division, 2003.
45. Johnson, J. K. M. and Williamson, J. B., "Do Universal Non – Contributory Old – Age Pensions Make Sense for Rural Areas in Low – Income

Countries?", *International Social Security Review*, Vol. 59, No. 4, 2006.

46. Johnson, J. K. M. and Williamson, J. B., "An Assessment of the Importance and Feasibility of Universal Non – Contributory Pension Schemes for Low – Income Countries", *Social Protection in an Ageing World. International Studies on Social Security*, Vol. 13, No. 4, 2008.
47. Kangas, O. & Palme, K., "Does social policy matter? Poverty cycles in OECD countries", *International Journal of Health Services*, Vol. 30, No. 2, 2000.
48. Kildal, N. & Kuhnle, S., "Old age pensions, poverty and dignity: Historical arguments for universal pensions", *Global Social Policy*, Vol. 8, No. 2, 2008.
49. Kotlikoff, Laurence J., "Simulating the Privatization of Social Security in General Equilibrium", forthcoming in *Privatizing Social Security*, Martin S. Feldstein, ed., University of Chicago Press, 1998.
50. Kotlikoff, Laurence J., "Privatizing of Social Security: How It Works and Why It Matters", in*Tax Policy and the Economy*, Vol. 10, James M. Poterba, ed., MIT Press, 1996.
51. Krivoshchekova, E., Okuneva, E. and Okunev, V., "Mandatory Pension Insurance: Russian Pension Reform – Theory and Practice", *Problems of Economic Transition*, Vol. 50, No. 2, 2007.
52. Kuznets, S., National Product Since 1869. New York: National Bureau of Economic Research, Princeton University Press, 1946.
53. Lee, R. and Mason, A., "What is the Demographic Dividend?", *Finance and Development*, Vol. 43, No. 3, 2006.
54. Leitner, S., "Sex and Gender Discrimination within EU Pension Systems", *Journal of European Social Policy*, Vol. 11, No. 2, 2001.
55. Lindbeck, A. and Persson, M.. "The Gains from Pension Reform", *Journal of Economic Literature*, American Economic Association, Vol. 41, No. 1, 2003.
56. Maier, R., de Graaf W. and Frericks P., "Pension Reforms in Europe and Life – course Politics", *Social Policy and Administration*, Vol. 41,

No. 5, 2007.

57. Martin, G. D., "Gender Discrimination in Pension Plans", *The Journal of Risk and Insurance*, Vol. 43, No. 2, 1976.

58. Mason, A., "Population and Economic Growth in East Asia", *Population Change and Economic Development in East Asia: Challenges Met, Opportunity Seized.* Stanford: Stanford University Press, 2001.

59. Mason, A. and Lee, R., "Reform and Support Systems for the Elderly in Developing Countries: Capturing the Second Demographic Dividend", *Genus*, Vol. LXII, No. 2, 2006.

60. Mitchell, O. S. and Bodie, Z., "Pensions for an Aging World", *Benefits Quarterly*, Vol. 12, No. 1, 1996.

61. Müller, K., "Post – socialist pension reform: Contributory and non – contributory approaches", *Public Finance and Management*, Vol. 5, No. 2, 2005.

62. Müller, K., "Contested Universalism: From Bonosol to Renta Dignidad in Bolivia", *International Journal of Social Welfare*, Vol. 18, No. 2, 2009.

63. Myles, J. and Pierson, P., "The Comparative Political Economy of Pension Reforms", In P. Pierson (ed.), *The New Politics of the Welfare State*, Oxford: Oxford University, 2001.

64. Oksanen, H., "The Chinese Pension System: First Results on Assessing the Reform Options", *European Economy*, Economic Paper 412, European Union, 2010.

65. Overbye, E., "Extending social security in developing countries: A review of three main strategies", *International Journal of Social Welfare*, Vol. 14, No. 4, 2005.

66. Pal, K., Behrendt, C., Léger, F., Cichon, M. and Hagemejer, K., "Can low income countries afford basic social protection? First results of a modelling exercise", Discussion paper No. 13. Geneva, International Labour Office – Social Security Department, 2005.

67. Qi, L, and Prime, P. B., "Market Reforms and Consumption Puzzles in China", *China Economic Review*, Vol. 20, No. 3, 2009.

68. Raffelhuschen, B., "Funding Social Security through Pareto – Optimal

Conversion Policies", Public Pension Economics, Bernhard Felderer, ed., Journal of Economics/Zeitschrift fur National`konomie, Vol. 7, No. 1, 1993.

69. Samuelson, Paul, A., "An Exact Consumption Loan model of interest with or without the social contrivance of money", *Journal of Political Economy*, Vol. 66, 1958.

70. SCOR, "Pension Funds: a European Overview", 2005, SCOR 网站 (www.scor.com/www/fileadmin/uploads/publics/NT2005_20_en_NTS20en.pdf)。

71. Shen C. and Williamson, J. B., "Does a Universal Non – Contributory Pension Scheme Make Sense for Rural China?", *Journal of Comparative Social Welfare*, Vol. 22, No. 2, 2006.

72. Sin, Y., "Pension Liabilities and Reform Options for Old Age Insurance", Working Paper No. 2005 – 1, World Bank, 2005.

73. Spremann, K., "Intergenerational Contracts and Their Decomposition", Zeitschrift Fur Nationalokonomie, Vol. 44, No. 3, 1984.

74. Vara, María Jesús, "Gender Inequality in the Spanish Public Pension System", *Feminist Economics*, Vol. 19, No. 4, 2013.

75. Verbon, H., *The Evolution of Public Pension Schemes*, Springer, 1988.

76. Willmore, L., "Universal age pensions in developing countries: The example of Mauritius", *International Social Security Review*, Vol. 59, No. 4, 2006.

77. Willmore, L., "Universal Pension for Developing Countries", *World Development*, Vol. 35, No. 1, 2007.

78. World Bank, "Old Age Security: Pension Reform in China", China in 2020Series, Washington, DC, 1997.

79. World Bank, "From Poor Areas to Poor People: China's Evolving Poverty Reduction Agenda—An Assessment of Poverty and Inequality in China", 2009, 世界银行网站 (http://www.worldbank.org.cn/china)。

80. Yang Y., Williamson, J. B. and Shen, C., "Social Security for China's Rural Aged: A Proposal Based on a Universal Non – Contributory Pension", *International Journal of Social Welfare*, Vol. 19, No. 2, 2010.

81. Zhao, Yaohui; John Strauss; Albert Park and Yan Sun, China Health and Retirement Longitudinal Study, Pilot, User's Guide, National School of Development, Peking University, 2009.

82. 白重恩、赵静、毛捷:《制度并轨预期与遵从度:事业单位养老保险改革的经验证据》,《世界经济》2014 年第 9 期。

83. 北京大学中国经济研究中心宏观组:《中国社会养老保险制度的选择:激励与增长》,《金融研究》2000 年第 5 期。

84. 财政部财政科学研究所课题组:《我国事业单位养老保险制度改革研究》,《经济研究参考》2012 年第 52 期。

85. 蔡昉:《中国劳动力市场发育与就业变化》,《经济研究》2007 年第 7 期。

86. 蔡昉:《未来的人口红利——中国经济增长源泉的开拓》,《中国人口科学》2009 年第 1 期。

87. 蔡亮、邓芸辙:《从三支柱到五支柱——对世界银行养老金改革报告的评述》,《法制与社会》2008 年第 1 期。

88. 陈卫:《中国未来人口发展趋势:2005—2050 年》,《人口研究》2006 年第 4 期。

89. 陈永昌:《国外关于贫困线确定方法的研究》,《统计研究》1990 年第 5 期。

90. 陈卫民:《中国城镇妇女就业模式及相关的社会政策选择——社会性别视角的分析》,《中国人口科学》2002 年第 1 期。

91. 陈奕:《企业养老保险制度中性别利益差异原因探讨》,《统计与决策》2011 年第 1 期。

92. 陈作清、李远平、吴霞、李宁:《基于灰色预测的我国人口预测模型分析》,《中南民族大学学报》(自然科学版)2008 年第 1 期。

93. 程恩富、黄娟:《机关、事业和企业联动的"新养老策论"》,《财经研究》2010 年第 11 期。

94. 成欢、蒲晓红:《事业单位养老保险改革存在的争议及思考》,《经济体制改革》2009 年第 5 期。

95. 程永宏:《现收现付制与人口老龄化关系定量分析》,《经济研究》2005 年第 3 期。

96. 邓大松、刘昌平:《中国企业年金制度研究》,人民出版社 2004

年版。

97. 董克用、孙博：《从多层次到多支柱：养老保障体系改革再思考》，《公共管理学报》2011 年第 1 期。
98. 董尚雯：《我国社会保险经办机构能力提升探索》，《经济研究参考》2014 年第 17 期。
99. 杜鹏、翟振武、陈卫：《中国人口老龄化百年发展趋势》，《人口研究》2005 年第 6 期。
100. 封进、宋铮：《中国人口年龄结构与养老保险制度的福利效应》，《南方经济》2006 年第 11 期。
101. 冯兰瑞：《社会保障社会化与养老基金省级统筹》，《中国社会保障》2002 年第 10 期。
102. 冯晓增：《应实行商业养老保险税收优惠》，《中国金融》2008 年第 7 期。
103. 高庆波、潘锦棠：《中国企业职工养老保险制度转变前后性别利益的比较分析》，《妇女研究论丛》2007 年第 9 期。
104. 郭振华：《从决策非理性谈必须实施养老保险税收优惠政策》，《保险研究》2010 年第 2 期。
105. 郭志刚：《中国的低生育率与被忽略的人口风险》，《世界经济评论》2010 年第 6 期。
106. 何立新、佐藤宏：《不同视角下的中国城镇社会保障制度与收入再分配——基于年度收入和终生收入的经验分析》，《世界经济之源》2008 年第 5 期。
107. 何平、华迎放：《灵活就业群体的社会保险》，《中国劳动》2005 年第 11 期。
108. 贺菊煌：《中国人口与经济长期预测模型》，《数量经济技术经济研究》2001 年第 9 期。
109. 贺瑛、华蓉晖：《对拉美各国“三支柱”养老金体系的反思》，《中国社会保障》2012 年第 12 期。
110. 黄德武：《中国农村养老保险制度发展与对策研究》，《金融经济》2010 年第 12 期。
111. 黄劲松：《中国养老金制度存在的缺陷及政策建议》，《中国发展观察》2008 年第 2 期。

112. 侯向群:《社会养老保险制度改革的帕累托有效性研究综述》,《消费经济》2009 年第 2 期。

113. 胡继晔:《养老金体系在富裕国家的变化——以英国为例》,《国际经济评论》2011 年第 6 期。

114. 贾康、张晓云、王敏、段学仲:《关于中国养老金隐性债务的研究》,《财贸经济》2007 年第 9 期。

115. 李连友、蒋菲:《我国企业年金发展迟滞的原因分析》,《湖南大学学报》2003 年第 3 期。

116. 李绍光:《建立一个多重的复合型养老金制度》,《经济研究参考》1998 年第 5 期。

117. 李绍光:《中国需要一个什么样的养老金制度(上)》,《中国经贸导刊》1998 年第 21 期。

118. 李绍光:《养老金:现收现付制和基金制的比较》,《经济研究》1998 第 1 期。

119. 李永胜:《人口预测中的模型选择与参数设定》,《财经科学》2004 年第 2 期。

120. 刘婷:《十年历程 任重道远——对机关事业单位社会养老保险制度改革的问题及思考》,《福建劳动和社会保障》2002 年第 3 期。

121. 刘同昌:《人口老龄化背景下建立城乡一体的养老保险制度的探索》,《山东社会科学》2008 年第 1 期。

122. 刘秀红:《养老保险改革过程中的性别受益变化分析》,《人口与经济》2010 年第 5 期。

123. 刘元春、孙立:《“人口红利说”:四大误区》,《人口研究》2009 年第 1 期。

124. 刘子兰、刘雪梅:《英国职业养老金计划监管探析》,《国际经贸探索》2006 年第 3 期。

125. 龙玉其:《国外职业年金制度比较与启示》,《中国行政管理》2015 年第 9 期。

126. 路和平、杜志农:《基本养老保险基金收支平衡预测》,《经济理论与经济管理》2000 年第 2 期。

127. 罗遐:《1980 年代中期以来中国贫困问题研究综述》,《学术界》2007 年第 6 期。

128. 吕伟、李放：《江苏城乡居民社会养老保险财政补贴可持续性研究》，《经营管理者》2015 年第 5 期。
129. 马宁：《税收优惠养老保险模式的最优选择——基于个人所得税税率的效应分析》，《保险研究》2014 年第 9 期。
130. 马斌、蒋莹、叶青：《关于缩小企业与机关事业单位养老金差距的研究述评》，《经济与管理》2013 年第 6 期。
131. 门可佩、官琳琳、尹逊震：《中国人口发展预测研究》，《统计与决策》2007 年第 22 期。
132. 莫迪利亚尼、莫拉利达尔：《养老金改革反思》，中国人民大学出版社 2010 年版。
133. 社会保险经办机构能力建设课题组：《中国社会保险经办机构能力建设回顾与发展》，清华大学公共管理学院工作论文，2008 年 5 月。
134. 孙博、董克用、唐远志：《生育政策调整对基本养老金缺口的影响研究》，《人口与经济》2011 年第 2 期。
135. 孙江超：《我国人口老龄化及农村养老保障体系的构建》，《特区经济》2011 年第 5 期。
136. 孙娜娜、刘黎明：《农村养老保险收支测算研究——以北京市为例》，《调研世界》2015 年第 3 期。
137. 汪泽英、曾湘泉：《中国社会养老保险收益激励与企业职工退休年龄分析》，《中国人民大学学报》2004 年第 6 期。
138. 王丰：《人口红利真的是取之不尽、用之不竭的吗?》，《人口研究》2007 年第 6 期。
139. 王丰、安德鲁·梅森：《中国经济转型过程中的人口因素》，《中国人口科学》2006 年第 3 期。
140. 王海东、李珍：《基本养老保险制度下女性养老金水平研究——兼析养老金性别差异》，《社会保障研究》2013 年第 1 期。
141. 王黎明：《建立健全中国农村社会养老保险制度必要性和可行性分析》，《地方财政研究》2007 年第 6 期。
142. 王晓军：《对我国养老保险制度财务可持续性的分析》，《市场与人口分析》2002 年第 2 期。
143. 王晓军、王燕、康博威：《我国社会养老保险不同类型人群养老金替代率的测算》,《统计与决策》2009 年第 20 期。
144. 王晓军、赵彤:《中国社会养老保险的省区差距分析》,《人口研究》2006 年第 2 期。
145. 王美艳:《转轨时期的工资差异:歧视的计量分析》,《数量经济技术经济研究》2003 年第 5 期。
146. 王雯、李珍:《2012 年英国强制性第二支柱养老金改革及其对中国的启示》,《社会保障研究》2013 年第 4 期。
147. 王燕、徐滇庆、王直、翟凡:《中国养老金隐性债务、转轨成本、改革方式及其影响——可计算一般均衡分析》,《经济研究》2001 年第 5 期。
148. 王震:《非正规就业者面临的养老保障困难》,载于中国社会科学院经济研究所课题组论文集:《农村迁移工人养老保险设计的性别影响》,2009 年。
149. 王智慧、刘芳:《各种内外生交易费用权衡折中原理》,《商场现代化》2005 年第 2 期。
150. 魏杰、王韧:《结构变迁、财政转型与中国社会保障体系的改革路径》,《学习与实践》2006 年第 7 期。
151. 徐海霞:《企业年金的国际比较及我国企业年金制度改革的探析》,《改革与战略》2010 年第 9 期。
152. 许晓茵:《养老金制度中的社会性别倾向》,《妇女研究论丛》,2006 年第 4 期。
153. 严浩:《人口生育指标和预测参数的选择研究》,《宏观经济研究》2007 年第 7 期。
154. 杨德清、董克用:《普惠制养老金——中国农村养老保障的一种尝试》,《中国行政管理》2008 年第 3 期。
155. 杨晓凯:《经济学原理》,中国社会科学出版社 1998 年版。
156. 杨燕绥、胡乃军:《中英养老金个人账户体系建设比较》,《中国社会保障》2010 年第 3 期。
157. 杨燕绥、李学芳:《职业养老金实务与立法》,中国劳动社会保障出版社 2009 年版。
158. 杨燕绥、鹿峰、王梅:《事业单位应引领中国养老金结构调整》,《中国金融》2010 年第 17 期。

159. 杨燕绥、鹿峰、王梅：《事业单位养老金制度的帕累托改进条件分析》，《公共管理学报》2011 年第 1 期。
160. 杨燕绥、朱祝霞：《社会保障税的税源与税率研究——基于 2010—2050 年人口预测数据》，《财贸研究》2011 年第 6 期。
161. 阳义南、董克用：《供款型 + 非供款型：扩大中国农村养老金制度覆盖面的政策选择》，《农业经济问题》2009 年第 1 期。
162. 阳义南、申曙光：《通货膨胀与工资增长：调整我国基本养老金的新思路与系统方案》，《保险研究》2012 年第 8 期。
163. 仰映：《企业与机关事业单位基础养老金差距的研究》，复旦大学硕士学位论文，2010 年。
164. 俞承璋、孙谦、俞自由：《影响我国养老保险收支平衡的因素分析及对策》，《财经研究》1999 年第 12 期。
165. 于学军：《对第五次全国人口普查数据中总量和结构的估计》，《人口研究》2002 年第 3 期。
166. 袁继红：《论老龄化时代的社会性别平等》，《求索》2004 年第 5 期。
167. 翟振武：《中国人口规模与年龄结构矛盾分析》，《人口研究》2001 年第 3 期。
168. 张晖、何文炯：《中国农村养老模式转变的成本分析》，《数量经济技术经济研究》2007 年第 12 期。
169. 张芳芳、杨燕绥：《我国事业单位养老金制度改革试点的困境解析》，《统计与决策》2012 年第 17 期。
170. 张桂荣：《养老保险多缴多得》，《天津社会保险》2009 年第 5 期。
171. 张锦：《浅析澳大利亚养老金体系改革》，2007 年，国研网（http：//www. drcnet. com. cn）。
172. 张车伟：《人口红利必然带来经济增长吗?》，《中国青年报》2007 年 6 月 24 日。
173. 张初兵、荣喜民、常浩：《西方养老金最优化管理研究综述》，《保险研究》2011 年第 9 期。
174. 张晶、黄本笑：《商业养老保险税收优惠模式的最优选择——基于一般均衡的角度》，《武汉大学学报》（哲学社会科学版）2014 年第 1 期。

175. 张思锋、王立剑、张文学：《人口年龄结构变动对基本养老保险基金缺口的影响研究——以陕西省为例》，《预测》2010 年第 2 期。
176. 张祖平：《企业与机关事业单位离退休人员养老待遇差异研究》，《经济学家》2012 年第 8 期。
177. 赵秀斋：《国外养老保险“名义账户”的实践 ——制度比较与基本评价》，中国社科院社会保障实验室工作论文，WP No. 027 - 20150916，2015 年。
178. 赵耀辉、徐建国：《中国城镇养老保险体制改革中的激励机制问题》，《经济学季刊》2001 年第 1 卷第 1 期。
179. 郑秉文：《养老保险“名义账户”制的制度渊源与理论基础》，《经济研究》2003 年第 4 期。
180. 郑秉文：《事业单位养老金改革路在何方》，《河北经贸大学学报》2009 年第 5 期。
181. 郑秉文、孙守纪：《强制性企业年金制度及其对金融发展的影响——澳大利亚、冰岛和瑞士三国案例分析》，《公共管理学报》2008 年第 2 期。
182. 郑伟：《中国农村社会养老保险困境反思》，《保险研究》2007 年第 11 期。
183. 郑伟、孙祁祥：《中国养老保险制度变迁的经济效应》，《经济研究》2003 年第 10 期。
184. 周敏凯、周薇：《试析全球贫困线问题与中国拟定贫困线新标准》，《中国行政管理》2008 年第 10 期。
185. 邹湘江、吴丹：《人口流动对农村人口老龄化的影响研究》，《人口学刊》2013 年第 4 期。
186. 朱玲：《社会养老保险制度设计的性别影响》，《读书》2009 年第 8 期。
187. 朱玲：《城镇职工养老保险制度对农村迁移工人生计的影响》，载于中国社会科学院经济研究所课题组论文集：《农村迁移工人养老保险设计的性别影响》，2009 年。
188. 朱玲：《社会保障体系的公平性与可持续性研究》，《中国人口科学》2010 年第 5 期。